本书获厦门理工学院学术专著出版基金资助

新锐

经管学术系列

回归本原

——风险视角下的投资研究

曹 明 著

厦门大学出版社
XIAMEN UNIVERSITY PRESS
国家一级出版社
全国百佳图书出版单位

图书在版编目(CIP)数据

回归本原:风险视角下的投资研究/曹明著.—厦门:厦门大学出版社,2018.11
(新锐经管学术系列)
ISBN 978-7-5615-7069-2

Ⅰ.①回… Ⅱ.①曹… Ⅲ.①投资—研究 Ⅳ.①F830.59

中国版本图书馆 CIP 数据核字(2018)第 198648 号

出 版 人	郑文礼
责任编辑	江珏玙
封面设计	蒋卓群
技术编辑	许克华

出版发行	厦门大学出版社
社 址	厦门市软件园二期望海路 39 号
邮政编码	361008
总 编 办	0592-2182177 0592-2181406(传真)
营销中心	0592-2184458 0592-2181365
网 址	http://www.xmupress.com
邮 箱	xmup@xmupress.com
印 刷	厦门市金凯龙印刷有限公司

开本	720 mm×1 000 mm 1/16
印张	14
插页	2
字数	238 千字
版次	2018 年 11 月第 1 版
印次	2018 年 11 月第 1 次印刷
定价	46.00 元

厦门大学出版社
微信二维码

厦门大学出版社
微博二维码

前言　回归本原

现代意义上普通大众均可参与的投资，是经济发展到一定阶段，人们的产出在满足基本生活所需的基础上有了剩余，有了储蓄，才有了对未来的投资。但人类通过对生活资料和生产资料的占有、使用、租赁、交易等行为来获得收益的行为，则可以追溯到遥远的古代。因此，投资有其久远的历史。当然，在不同的历史发展阶段，人们投资的标的物和投资方式等也在与技术进步和社会发展共同演进。比如，在农业社会，土地是最重要的生产资料，房屋是最重要的生活资料，因此，土地和房屋成为人们投资的主要对象；到了工业社会，工厂成为大规模、高效率生产的代表，对于公司股权和债权的投资就应运而生了。到了近现代，各种各样的投资工具（包括共同基金、风险投资、政府债券、外汇、期货等等）帮助人们实现不同的收益目标，从而也促进了就业的增加和经济社会的发展。通过投入资源来实现收益目标，无论是人民群众自发的逐利行为还是国家严格计划下的统一行动，一直是人类社会发展的核心推动力。

在不同的历史时期、国家、区域、行业、社会制度、宗教、文化背景下，投资的方式千差万别、百花齐放：既有追逐行情走势、追涨杀跌的弄潮儿，也有人弃我取、众人皆醉我独醒的逆向选择；既有古希腊哲学家泰勒斯利用橄榄油榨油设备的期权获利良多，也有卫国商人吕不韦在子楚身上奇货可居的政治投机。投资的结果五花八门、千姿百态：既有收获财富的宝贵经验，也有痛失资本的惨痛教训，还有出乎众人所料、啼笑皆非的荒唐结果。尽管投资实践的差异很大，但它们的一个共同特征是：几乎所有的投资都蕴含着风险，投资者既有可能赚得盆满钵满，也有可能倾家荡产，而更多的则是获得合理的利润。在投资中，风险与收益就像剑的双刃，如影随形，相伴相生。

对每一个投资者来讲，投资是为了获取收益，是冲着收益去的，而不是单纯地要承担风险。但是这个收益是在未来发生的，在时间上与投资的时间是分离的，因此收益只是投资者目前的预期，不一定是现实的最终结果。从这个意义上,我们可以把投资的风险定义为未来发生投资损失或者收益低于预期的可能性。事实上,实际的收益既有可能低于你的预期,也有可能超出你的预期,因此,在现代金融学中,我们可以进一步把风险定义为预期收益的波动性,可以用预期收益的方差来衡量。收益的波动性越大,投资的风险就越大;收益的波动性越小,投资的风险就越小。投资收益就是在这样的波动性中,在结果既有可能这样也有可能那样的情况下,在未来实现的。

就风险与收益的高低而论,可以把投资分成四种组合类型:高风险高收益、高风险低收益、低风险高收益、低风险低收益。人们经常讲,高风险高收益,似乎高风险是高收益的充分条件,其实不然,如果一个高风险的投资一定会实现高收益,就谈不上有风险了,而是无风险高收益了。同理,低风险也不一定意味着低收益。在现实中,卓越的投资研究是有可能实现低风险高收益的投资的。我们需要避免的是高风险低收益,这往往意味着定价偏高或者风险收益不对等。以上四种类型的投资在现实中屡见不鲜。

收益的实现既与投资标的物的风险性高低有关,也与投资的成本高低有关,因为收益的计算本质上是回报与成本的比较。如果说回报是在未来的,是变动的,是投资者难以控制的;但成本是现在的,是需要谈判或等待更好的时机的,是投资者可以控制的。同样的投资,更低成本的投入在未来获得的收益会更高。从这个意义上讲,同样的投资标的,如果能以更低的价格获得,那就意味着更低的投资风险或更高的预期投资收益。

投资者喜欢收益,不喜欢风险;喜欢获得收益,但不喜欢承担风险;喜欢听到一个投资的收益性,不喜欢听到一个投资的风险性。因此,证券的发行者往往投其所好,发行时只强调证券的收益性,闭口不谈其风险性。比如说,在债券的评级中,根据证券发行者的还本付息能力,有所谓投资级债券和投机级债券(风险较大)之分,但投机级债券在市场上出现时经常是以高收益债券命名的,只强调其预期收益比较高的一面,而掩盖其风险大的现实。只有当现实中,高收益债券最后没有办法还本付息时,这样的高风险才浮出水面,才会让投资者体会到高风险的真正含义。其实,民间的高利贷也有类似之处,高利贷的收益在整体上和本质上是不可持续的,因此,极有可能出现无法偿还或者欺诈事件,成为高利贷债权人最终要面对的噩梦。当今社会上几乎所有的投资骗局,比如传销骗局、外汇投资骗局、贵金属投资骗局、艺术品投资骗局等,其基本方法就是极尽夸大投资的高收益性,让投资者看不到或意识不到风险。但是也有的投资者明明知道这样的投资蕴含着极大的风险,却以为能火中取栗、快速致富,最终落得个鸡飞蛋打、血本无归。

因此,从风险视角来研究投资、观照投资,充分揭示投资中固有的风险,才有可能还原投资的本来面目,让投资者充分认识到:投资是面向未来的,而未来有可能发生许多意想不到的变化,从而给预期的(也是希望得到的)投资收益带来不确定性;这种不确定性越高,风险就越大,在市场上该证券就应该给予投资者更高的预期回报,以作为承担更高风险的补偿。但这种更高的预期回报,仍然是有可能实现不了的。天底下没有免费的午餐,投资者要慎重地选择投资工具,承担合理的风险,以获取相应的回报。

股票投资、债券投资、外汇投资、期货投资、房地产投资、基金投资、天使投资、风险投资、私募股权投资等投资工具,从本质上讲,都是买方和卖方之间的合约,各有其权利和义务关系,也各自具有其特殊的收益和风险结构,可以实现不同的投资目标,适合能够承担不同风险的投资者。每一种投资工具也有不同的投资策略和投资技巧,需要详细地加以研究和选择。投资者如果对此没有深入的了解就贸然投资,只是简单地希望获得更好的收益,那么就有可能面临巨大的风险。

俗语说:不熟不做。这句话也适用于投资,说的是在创办企业中或在投资中,你只有充分地了解这个行业、这个产品、这个交易等等,你做起来才可能得心应手、应对自如。只有熟悉,你才能很好地控制投资中的风险。从风险的角度来看投资,就如于最黑暗时盼望黎明,就如于山脚处仰望山巅,你很清楚在投资中要承受什么风险、将会得到怎样的收益。这种客观理性的审视,可以避免投资中的大部分陷阱和不该承担的额外风险。

回归本原,首先要回到投资发展的缤纷历史空间。太阳底下没有新鲜事,我们要看投资在世界范围内是如何从基本的经济活动中生发出来,是如何在不同的社会制度、宗教文化背景和经济环境下与人们的生产、生活纠缠在一起,又是如何从混乱纷扰中形成交易的秩序和标准的操作,变成实现经济功能的一种工具,从而在不同的时期和国度具有普遍的意义。从这个意义上讲,投资是一门科学,它有自己的理论体系和概念框架,具有普遍的规律,现代金融学和投资学的快速发展,有其坚实的实践基础。在现实中,人们很容易把投资与赌博混为一谈,只要涉及未来的不确定性和风险性,就认为是赌博,其实不然。投资与赌博,在风险和收益的计算上有着本质的差别。

回归本原,其次要回到投资发生的内在逻辑世界。看投资者在追求未来不确定的收益中如何承担风险,如何界定这样的风险,如何预测未来的收益和索取相应的回报,在风险与收益的权衡中,不同的投资者又是如何选择的,从而在一般的意义上,对不同的投资工具形成相对完整的风险收益组合特征的认知,并准确评估自己承担的风险是什么以及自己能承受多大的风险。当然,从历史的角度,一个投资工具从形成、发展到成熟,都会经历投资者之间、政府与投资者之间等等的钩心斗角、巧取豪夺、腐败甚至欺诈,但也一定会从混乱纷扰中逐渐发展出秩序和规范,发展为成熟的金融市场。一般而言,投资者之所以愿意持有某种货币并在某个市场上进行投资,主要考虑的是该市场中金融工具的安全性、收益性、市场的深度和流动性。

香港证监会前主席沈联涛认为,一个好的金融市场对于投资者而言,最重要的只有三件事:第一,任何市场或金融产品都必须保护投资者的产权并为其创造价值;第二,交易成本要低,要方便客户;第三,信息高度透明,让投资者理解他们购买的是什么东西。[1]

回归本原,最后还要回到对于投资者行为的清醒认识上。近年来行为经济学和行为金融学的勃然兴起表明,人们在投资中存在普遍的、系统的行为偏差,人们的意志、情感、情绪等也和理性一起参与了投资决策,现实中的投资者与传统经济学和金融学中认为的理性的投资人相去甚远。个体行为的理性、非理性与集体行为的理性、非理性有着非常复杂的逻辑关系和组合关系,并不是单一的从个体的理性到集体的理性。"认识你自己"——古希腊德尔斐神庙门楣上镌刻的神谕在投资中也是历久弥新的醒世恒言。投资的世界里没有神,没有能够洞悉未来、无所不知、无所不能的神,有的只是带着各种各样缺陷、深受愚昧、迷信、盲目、冲动、贪婪、犹豫、害怕、恐惧等等困扰的普通人,这些个人的非理性最终导致不同的投资收益和风险。从这个意义上讲,投资者最大的敌人,不是其他的投资者,也不是政府、公司或其他的什么人,而是他自己。

2013 年诺贝尔经济学奖获得者罗伯特·希勒在《金融与好的社会》一书的结尾处写道:"实现我们的目标以及增强人类价值观的关键在于维持并持续改进民主化的金融体系,一个能够全面考虑多元化的人类动机和驱动力的体系。我们需要的是允许人们通过复杂且有激励作用的交易推进自己目标的体系、允许我们的攻击性和对权力的渴求有施展空间的体系,它必须是一个能够将难以避免的人类冲突引导到可以控制的角斗场里的体系,而其创造的角斗场从实质上讲必须是和平且有建设性的。"[2]各种各样的投资市场就是这样的角斗场,它们承载着投资者的希望、渴求和野心,它们也承载着建设性的社会经济功能,它们必将得到更好的民主化的监管和引导,当然,良好的基本制度设计和有效的法律救济也不可或缺、至关重要。

本书第一章对投资中的陷阱和泡沫进行研究,探讨历史上和现实中的各种案例,引发读者对于收益与风险的思考。第二章到第八章,则分别介绍债券投资,股份公司与股票市场,股票投资,外汇投资,期货投资、天使投资、风险投资和私募股权投资,房地产投资,主要研究具体的投资工具,从它的权利义务关系、收益和风险结构出发,研究其发展历史,从中揭示该投资工具会面临何种风险,以及人们采用什么办法去权衡风险和收益的关系;运用现代投资理论和方法,研究其特有的和一般的风险,探讨实现收益的投资技巧和投资策略;对各类投资典型案例进行全面剖析,鉴古而知今。第九章则从现代金融理论出发,对投资中的风险与收益进行综述和总结。第十章探讨投资中的动物精神,聚焦于投资中的投资者行为偏差,把我们从理想的理论世界拉回到投资市场的现实,让读者认识到投资者自身的盲目、非理性等等,尽力避免无效的交易行为。

在前八章中,每一章都有"收益与风险素描",从总体上对该投资工具的收益和风险特征进行描述,并对该章的主要内容进行摘要;每章开始时有"经典阅读",导入本章的阅读;每章结束时有"延伸阅读",对本章内容做进一步的发挥。"经典阅读"和"延伸阅读"这两者并未做严格的区分,只是希望能从专家学者的论述、历史故事或名著的精彩片段中,进一步了解投资的缤纷多彩,扩展投资者的视野,提升投资者思考的深度和广度。

总而言之,投资市场既是一个物欲横流、利益交织的场所,又是一个汇集众多信息、汇聚众人智慧且极富创造力和商机的地方,还是一个危机四伏、险情不断的场所,同时,也是一个极富人性的地方,各色人等在此上演人生的精彩大戏。在投资中,只有知己知彼,才能百战百胜。投资者既要对各种投资工具有全面和深入的了解,又要对面临的市场环境、投资者自身的缺陷和不足有深入的认识。从风险视角来看投资,是投资的正本清源之举,是投资中无可回避的题中之意;从风险视角来看投资,可以让我们不畏浮云遮望眼,可以更加客观、理性、全面和历史地认识投资;从风险视角看投资,可以让我们更好地认识自己,在投资的大海里行得更稳、走得更远。

前言注释

[1]沈联涛.监管:谁来保护我的投资[M].江苏文艺出版社,2010:30.

[2]罗伯特·希勒.金融与好的社会[M].中信出版社,2012:349.

目　录

第一章　投资中的陷阱与泡沫

收益与风险素描

　　古往今来,欺诈行为往往都打着投资之名,上当受骗的投资者不计其数。它的伎俩有二:一是诱之以高利,趋利的本能使得投资者眼中只有收益,很容易看不到风险或者忽视风险;二是故意混淆风险与收益的关系,强调的是高风险带来高收益的一面,并用各种方法证明高收益一定会实现,比如,用后来投资者的本金支付前面投资者的利息(典型的庞氏骗局),或者借用名人(名人为虚假投资站台做广告)、借用高大上的时髦词汇等等(如互联网金融)来引人入瓮,骗取钱财。

　　市场泡沫则是另外一种风险,面对新事物、新产品、新技术等等,在群体性的投资情绪高涨的情况下,投资资产的价格不断创下新高,并且市场普遍认为还有无限的上涨可能,这类击鼓传花似的价格上涨游戏一定会随着鼓声的停止而轰然崩塌。历史上的这类资产价格泡沫,在各种文化和国家背景下屡见不鲜,不仅有众多普通人参与,甚至权贵和政府也参与其中,为了牟取暴利而赤膊上阵,促成了泡沫在短时间里的形成、发展、膨胀和破灭。泡沫几乎总是无一例外地以流动性的收紧、资产价格的大跌和投资者的大规模损失而收场。

　　这两类不断发生的偏离投资者本意的投资行为可以让我们认识到投资的复杂性和专业性,但是仅仅停留在"哀其不幸,怒其不争"的层面,并不能解决广大普通投资者的问题,因为这里涉及的既有欺诈犯罪的法律问题,也有利益冲突、信息不对称等等制度安排问题,还有投资者轻信偏信的个人投资能力和素养问题,因此,有效的法律救济、政府的强力监管、行业协会的市场洞察、市场参与者之间的利益制衡、投资者教育和投资者适当性管理等等都非常重要,是规范投资市场和保护投资者利益的必由之路。

经典阅读　　　　　　　　旁氏融资、连环信、传销骗局和投资狂热

　　庞氏融资、连环信（chain letter）、传销骗局（pyramid schemes）、投机狂热几个词的含义或有相通之处。它们都是指今天的资产价格不可能延续到未来，因此，这种融资行为是不可持续的。庞氏融资甚至许诺给存款人的月收益率达到30％、40％或50％。采用庞氏融资伎俩的企业家通常声称自己发现了独特的生产工艺，因此能够获得更高的收益。因为有越来越多的人被其许诺的高收益率所吸引而将资金存入其中，因此，他们在前几个月能够兑现其承诺的高收益。但到了第四个月或第五个月，庞氏骗子们收到的资金不足以支付其应该偿付给以前存款人的利息，他们只能选择携款潜逃或者锒铛入狱。

　　连环信是传销骗局的一种形式，其程序一般是某人收到一封信，信中要求他将1美元（或10美元或100美元）存入某一账户（这一账户通常为传销骗局上层的账户），并在五日内将这封信转发给五个亲朋好友。收信人每存入1美元，他就会在三十日后收到64美元的"投资"收益。

　　传销骗局销售的通常是某种债券、化妆品或滋补品，参与传销的人员根据其销售业绩计提报酬，与普通销售不同的是，他们将商品销售给参与传销的人员，再由他们将商品销售给其下家。

　　投资泡沫是指投资者投资房地产或证券资产的行为，其投资并不是为了获得资本本身的回报，而是为了将该资产以更高的价格卖出获得资本利得。这是一种"博傻（the greater fool）"行为，每个人都认为自己不是最傻的人，都指望能找到愿意以更高的价格购买其股票或房产或棒球票的傻子。

　　投机狂热形容一种病态的投资行为，当某种投资品的价格上涨，交易量扩大时，投资者不顾一切地在价格进一步上涨前买入它。泡沫一词也隐喻了当该种投资标的的价格停止上涨势头时，很可能（甚至一定）迎来价格大跌。

　　连环信和传销骗局一般不会产生宏观上的影响，但会影响社会经济的某一方面或对进入这一骗局的投资者的收入分配产生影响。资产价格泡沫常常会影响整个经济环境，提升经济增长预期，从而增加企业和家庭的消费支出，最终迎来泡沫的破灭。

　　——摘自查尔斯·P.金德尔伯格.疯狂、惊恐和崩溃——金融危机史[M].中国金融出版社,2014:17—18.

第一节　庞氏骗局

1918 年 11 月 11 日,德国战败,停战协定签署,第一次世界大战结束了。美国开始进入 11 年的柯立芝-胡佛繁荣期,直到 1929 年 11 月 13 日股市大崩溃。1920 年,广播电台开始进入美国人的生活,体育运动也成为美国人痴迷的爱好,当时,还有一种新游戏开始风靡美国,这就是中国的麻将。在经济复苏的背景下,老百姓的投资情绪逐渐高涨。

你愿意投资美元期票吗? 如果该期票许诺每 90 天的收益是 50%,你愿意吗? 1920 年的一天,很多美国人第一次听说一个叫查尔斯·庞氏的人,人们非常怀疑这个背景不明的意大利移民,他能够实现这么不可思议的收益吗?

庞氏发现在一些欧洲国家用 1 美分买进的邮政回信礼券(一种在其他国家使用的邮资预付的邮票),在美国可以兑换成 6 美分的邮票。卖出这些邮票,就可以轻松获得 500% 的利润! 因此,他急于通过发行期票来融资,同时也给投资者以丰厚的回报。

他宣称已在欧洲请人购买邮政礼券,这个诱人的期票使庞氏成为家喻户晓的人物,人们觉得机会难得、机不可失,钱迅速流向他的证券交易公司,起初似涓涓细流,很快就像滔滔大河。到了 1920 年 7 月,庞氏一个星期就收到 100 万美元,员工们只好把钱堆在庞氏储藏室里和办公室的抽屉里,庞氏从中取出一点点,在列克星敦的富人区买了一栋价值 30 000 美元的豪华别墅,他同时还购买了汉华信托银行的大量股份,成为控股股东,而仅仅在一年前,这家新成立的银行还拒绝贷款给他。

庞氏在报纸上成功地演绎了一部典型的美国创业故事:移民到美国,努力工作,最后发现成功的机遇并且抓住了它。实际情况是,庞氏到了美国没多久,就被直接转移到加拿大,在那里蹲了 20 个月的班房,罪名是参与一宗汇款诈骗案。出狱刚 10 天,他又参与了贩卖 5 名意大利人到美国,这一举动使得他又被判了两年监禁。

庞氏隐瞒的不仅仅是这些牢狱经历,更关键的是他的邮政礼券套利计划根本行不通。原因很简单,不是所有人都可以买到足够多的邮政回信礼券,兑换成邮票,再卖出邮票完成赚钱计划的。每年发行的所有回信礼券也就是 75 000 美元,1919 年甚至低到只有 58 560 美元,根本不可能支付每个月上百万美元投资的利息。

《波士顿环球时报》的一名记者,经过一些调查研究,于 1920 年 7 月 17 日发表了一篇文章,对该计划的可行性提出了一些问题。这篇文章给庞氏的办公室带来第一波围攻风潮,最后他不得不报警来驱散人群。同时也引起了马萨诸塞州地方检察官佩尔蒂埃先生的关注。没有人能够控告庞氏,因为到目前为止他如实地按照期票上的约定,按期支付了所有的利息。他甚至比期票上规定的日期还提前了,仅仅是 45 天。但是,佩尔蒂埃还是怀疑,并要求这个神奇人物从 7 月 26 日起停止接受新的期票,直到审计官做出此计划可行的结论为止。

与此同时,《波士顿环球时报》继续深入追击,8 月 2 日的文章才是真正具有爆炸性的:不仅套利计划不可行,而且庞氏还有犯罪前科,文章还配发了庞氏在监狱的头像。庞氏在那天早晨看到这篇文章后,立刻跑到银行取走 200 万美元,躲进位于萨拉托加温泉疗养胜地的美国大酒店,在那里他继续豪赌。

实际的审判对庞氏不利。法庭揭露的一件事实是,庞氏融到的资金足足可以购买 1.8 亿邮政礼券,检察官问他的助手,公司的办公室是否有邮政礼券,助手回答道:"确实有,一两张,是当样品用的"。此话引得哄堂大笑,包括庞氏本人。法庭发现庞氏的唯一商务活动是 45 美元的税务收据,那是持有 5 份电话公司股票的红利。庞氏最后被判在联邦监狱服刑 5 年,三年半后,他又被马萨诸塞州地方当局判定有罪,入狱 7～9 年。[1]

出狱后,庞氏又干了几件类似的勾当,因而蹲了更长时间的监狱。1934 年,庞氏被遣送回意大利,他又想办法去骗墨索里尼,但没有成功。1949 年,庞氏在巴西的一个慈善堂去世,死去时,这个庞氏骗局的发明人几乎身无分文。

庞氏这个名字已经被永久地记入金融史了。庞氏骗局是主观故意的金融犯罪。投资者千万要记住,你在贪图别人的高利息时,人家却在惦记着你的本金。

伯纳德·麦道夫(Bernard L.Madoff),曾担任美国纳斯达克股票市场公司董事会主席,堪称世界金融史上的传奇人物,他花费了长达 30 年左右的时间,精心策划了美国有史以来最大的诈骗案。他的手段是典型的庞氏骗局,他以虚设的投资项目为诱饵,承诺 10％～15％的并不离谱的收益率,这个收益率略高于股票市场平均收益率,但远高于债券市场收益率,似乎比庞氏骗局更可靠和稳健,因此吸引了金融机构、个人投资者甚至资深银行家们的巨额资金。麦道夫非常低调,刻意保持神秘,他摸透了富人们的心理,不接受投资者主动上门,而是"邀请"客户加入。麦道夫在过去的 30 年中只进行了不超过 20 次的交易,他玩的游戏就是用后来投资者的钱支付前面的投资者的回报,这样的游戏一直持续到 2008 年。当年发生的世界范围的次贷危机,使得很多客户资金紧张,纷纷赎回在麦道夫公司的投资,开始时,麦道夫还能勉力维持,但到 2008 年 12 月初,有一个客户要求赎回 70 亿美元,这个骗局终于露馅。麦道夫总共骗取共约 650 亿美元资金,受害者中不乏世界范围的知名银行、对冲基金、金融机构、政要与众多明星。

2017 年 9 月,北京市第一中级人民法院对轰动全国的"e 租宝案"进行公开宣判,2017 年年底,"钱宝网"又骗了更多的想要获得高收益的人。在 2017 年之前的两三年内,陆续发生云南泛亚、石家庄卓达新材、3M、中晋理财等多个理财诈骗案件。每一个诈骗案,都只是庞氏骗局的改版,骗术并不高明,故事也不动听,却总有人上当。甚至有的投资者还说知道是骗局,却深陷其中,自以为能够火中取栗,结果本金都打了水漂。

罗伯特·希勒在 2000 年出版的《非理性繁荣》一书中,将庞氏骗局这个术语推广到更一般的情况,泛指那些脱离经济基本面的金融市场泡沫。他将这些情况称为"自然发生的庞氏骗局"。因为它们是自发形成的,所以它们是自然的;但他们又属于"庞氏骗局",因为投资者只是希望不断有新人加入,好卖出他们手中的东西从中获利,而商务活动本身不能给他们带来正的收益。[2]

第二节　"安贵"迷局

2017 年 9 月 8 日,中央电视台一台《今日说法》节目披露了一个电子交易平台,它引来 51 万注册用户,短时间内财富翻倍的美梦让各地股民趋之若鹜。结果投资者倾其所有,最后血本无归,是投资失策还是惨遭欺诈?从 2017 年 2 月开始,网上陆续有人发帖,举报安徽省淮南市一家叫作"安贵"的公司涉嫌诈骗,举报帖称这家"安贵"公司以金融投资的名义,骗取客户的巨额财产。

"安贵"的全称是安徽安贵大宗商品电子商务现货市场有限公司,于 2014 年成立,旗下又成立了文化艺术品交易平台,邮币卡等文化艺术品就在这个平台上交易。这个交易平台吸收了很多会员公司,会员公司负责具体的交易。它涉嫌诈骗的具体做法是:

1.大牛讲师忽悠投资者进入交易市场

会员公司通过网络在山东等地找来能说会道的讲师,在网上的语音直播间先向股民推荐股票,取信于股民。又找来很多托,在网上大肆渲染讲师推荐股票的水平高,让大家赚了大钱。然后向股民推荐安贵的邮币卡交易。"大师"宣称"先来的先吃螃蟹,先吃螃蟹的先赚钱",忽悠股民入市,说"抢到就是钱",诱惑投资者进场买入。1981年发行的江苏省絮棉票,在交易平台上短短几天时间就从311元涨到了400元,吸引了大批投资者入市。

2.谁在获利

平台上交易的资金通过一家银行的第三方支付平台保存和支付,似乎资金是安全的。但对各个账户交易情况的统计显示:总共有661人盈利,绝大多数的账户是亏损的。少数盈利账户盈利的金额都特别大。比如说,祝勤友获利2255万元,他是会员公司淮南"信投财富"公司的股东,周艺谋获利1506万元,他是淮南"信投财富"公司的法定代表人,周艺谋在平台的账户有明显的自买自卖情况。"信投财富"公司还有一位股东叫何彬,这个何彬正是安贵公司的负责人。祝勤友实际上是何彬的私人助理,替他买原始的票证,然后高价卖给会员公司进行炒作,也是整个交易链条中最赚钱的部分,炒到几百元的江苏省絮棉票在现货市场价格只有1毛钱1张。

热门的马达加斯加蓝宝石1号,是由另一家会员公司"银客众筹"负责运作的,开始交易时,所有的筹码都在会员公司手中,"银客众筹"中一个叫王鹏的人在安贵平台也有交易账户,获利2400万元,而所谓的蓝宝石现货价格是20元,在平台上涨到400多元。"银客众筹"的负责人黄美会承认有操纵价格的行为,会员公司是最大的庄家,控制绝大多数的票,以自买自卖的方式推高价格,以吸引投资者进入,等手中的票出得差不多了,就不再维持价格,价格自然就跌下来了。

登记的受害人有300多位,涉及金额2亿多元。

3.相关的法律规定

根据国发〔2011〕38号文件《国务院关于清理整顿各类交易场所切实防范金融风险的决定》,除依法批准或国务院批准的金融资产交易的场所之外,任何交易场所都不能进行电子撮合交易、集中竞价交易。安贵公司的交易是违法的。有关部门决定,安贵公司自2017年6月2日起,进行停业整顿。

类似的还有天津文化艺术品交易所(以下简称文交所),它于2009年9月成立,前两大股东都是民营房地产开发商,成立之初就遭到市场质疑。文交所采取标准类证券化模式对资产包的作品进行买卖,投资者的进入门槛被降到了5万元,而且采用T+0的交易方式,当天买入的份额当天就可以卖出,类似股票一样进行炒作。

2011年1月,文交所将画家白庚延的作品《黄河咆哮》和《燕塞秋》挂牌上市,经评估后,估价分别为600万元和500万元,被拆成600万份和500万份,每份1元。据统计,这两件作品上市首日涨幅就超过了100%,并且在上市短短两个月内,天天都死死封在15%的涨停板上。直到3月16日被停牌前,两只"新股"的市价分别达到17.16元和17.07元,涨幅均超过1 600%!一时舆论哗然,被市场称为"疯狂的份额",文交所被外界戏称为"涨停所"。

以600万的份额计算,当时《黄河咆哮》市值高达1亿元。相比之下,同期拍卖的张大千的作品《花果四条屏》以4 760万成交,当时这在收藏界已经是备受追捧炒作后的天价。反观此前白庚延大部分画作的拍卖价只有几十万元,变成份额交易后,白庚延作品价值一夜之间暴涨百倍,比张大千、齐白石等中国顶尖画家的作品还要值钱,显得极为滑稽可笑。

然而,疯狂并未就此终结,2011年3月11日第二批8个品种(7幅画、1枚钻石)一经上市,饥渴难耐的投资者再次将之死死封在涨停板上……

由于运作混乱和舆论的广泛质疑,文交所在经过3个月的业务调整后,于2011年7月29日推出的第三批上市作品在交易第二天就迅速跌破了发行价。而当政府监管介入后,更是陷入流动性危机而出现天天无量跌停的局面。

近年来,现实中还有各种各样以远期合约之名,行期货炒作之实的各类大宗商品、贵金属交易所,有花样百出的艺术品交易所,还有千奇百怪的拟上市股权交易中心等等,其中不乏种种不规范、侵害投资者利益的做法,亟须政府加强监管、加大打击力度。值得深思的是:有些投资者在交易的过程中,明明知道其中的政策风险、交易风险,甚至知道是骗局,还乐于参与其中,刀口舐血,总认为自己不会是倒霉的那一个,让人喟然而叹。

第三节　历史上的投资泡沫

1.郁金香泡沫

郁金香16世纪从中东传入欧洲。1570年,一位荷兰花匠从奥地利宫廷偷回了球茎,郁金香一绽放,举国称奇,荷兰人对这种新品花卉非常着迷。尤其是感染了花叶病病毒的花朵,长出了对比强烈的色彩条纹或者说"烈焰",荷兰人极为欣赏这种受到感染的球茎,称之为奇异球。1635 年,一枝上好的郁金香球茎,可以换到一辆上好的马车和几匹马。人们开始以物易物,拿土地、珠宝、家具等财产来换取郁金香球茎。

郁金香的巨大利润很快就吸引了众人的眼球,人们开始倒卖郁金香球茎。与浪漫的法国人相比,荷兰人以有商业头脑、敢于冒险著称。1636 年,郁金香在阿姆斯特丹及鹿特丹证券交易所上市,为了给普通人投资的机会,交易所甚至把单株郁金香分割为细股(可谓天津文交所艺术品"份额"的鼻祖)。

在轰轰烈烈的全民郁金香运动中,荷兰人创造了"期货选择权",1636 年可以卖出 1637 年出世的郁金香球茎,交割前不需要付款,交割时只需要交割证券市场差价,而且推出交易杠杆,允许买空。现在,我们耳熟能详的"看多"、"看空"、"期权"、"期货"等证券市场名词基本都是那个时候由荷兰人创造出来的。

荷兰政府也不甘寂寞,颁布了郁金香交易法,为郁金香交易设立特别公证人,指定具有资质的交易所……由此,荷兰开始全民炒郁金香运动。在郁金香热陷入疯狂之后,许多大城市的股票交易所都成立了郁金香交易市场。

1635—1636 年,荷兰郁金香合同价格的上涨幅度是 5 900%。不是每一个购买郁金香的人都惊艳于花的美丽,他们醉心的是背后闪闪发光的金银。

1637 年很快就要到来了,1636 年卖出的期货面临实物交割。此时,郁金香的价格已经涨到了骇人听闻的程度。比如,一种名叫奥古斯特的名贵品种,此时每株价格足以换取阿姆斯特丹运河边上的一栋豪宅。

一些传闻开始流行:

有人说,从君士坦丁堡运来了大量郁金香;

有人说一个破产的贵族只留下两个球茎,却卖不出高价;

有人说,一个异国水手把船长的球茎当鲱鱼作料给吃了……

1637 年 2 月 4 日不期而至,在此之前交易都非常顺利,一切都那么正常。当天,仿佛神来之笔,突然有经纪人喊低报价,就像压倒骆驼的最后一根稻草,球茎价格瞬间暴跌。郁金香价格几天之内跌到农贸市场上洋葱的价格,只相当于最高位的 0.005%……

此时,荷兰政府站了出来,声明郁金香球茎价格下跌毫无道理,但是,没人听得进去(这样的政府行为和市场表现将在投资的历史中一再重演)。在 2 月末,荷兰当局叫停了所有交易。

1841 年,苏格兰历史学家查尔斯·麦基在《非同寻常的大众幻想与群众性癫狂》中这样描写:"无论是贵族、市民、农民,还是工匠、船夫、随从、伙计,甚至是扫烟囱工人和旧衣服店里的老妇,都加入了郁金香的投机。无论处在哪个阶层,人们都将财产变换成现金,投资于这种花卉。"[3]

在我国,20 世纪 80 年代,在东北的吉林省长春市,也曾出现过类似的投资泡沫,当然故事的主角是君子兰。长春市原本就有养君子兰的传统,1984 年 10 月,君子兰被命名为长春市市花。随后,长春市提出要发展"窗台经济",号召家家要养 3 盆至 5 盆君子兰。在这种背景下,各路人马纷纷进入市场,交易畅旺,君子兰价格扶摇直上,一盆上等的君子兰可以卖到八万元、十万元,而当时大部分人的工资每个月只有几十元。1985 年 6 月,政府采取行政手段抑制君子兰的价格,投资的热潮才退却。

近几年,人们对于翡翠、和田玉、红木、寿山石、普洱茶、黄龙玉等等的炒作,也表现出与郁金香泡沫同样的投资逻辑,也就是投资者买进的唯一理由是预期它的价格将会上涨,有人会以更高的价格购买他买进的东西,这样的投资说到底是一种博傻行为。

2.南海泡沫

南海泡沫发生于 18 世纪初,长期的经济繁荣使得英国私人资本不断集聚,社会储蓄不断膨胀,投资机会却相应不足,大量暂时闲置的资金迫切寻找出路,而当时股票的发行量极少,拥有股票是一种特权。在这种背景下,罗伯特·哈利(Robert Harley)和约翰·布朗特(John Blunt)于 1711 年创立了南海公司(South Sea Company)。该公司被允许在南美洲开展不受限制的垄断性贸易,而作为回报,它同意购买英国因西班牙王位继承战争导致的公共债务。

南海公司成立之初,为了支持英国政府债务信用的恢复,认购了总价值近 1 000 万英镑的政府债券。作为回报,英国政府对该公司经营的酒、醋、烟草等商品实行了永久性退税政策,并给予其对南海(即南美洲)的贸易垄断权。当时,人人都认为秘鲁和墨西哥的地下埋藏着巨大的金银矿藏,只要能把英格兰的加工商送上海岸,数以万计的金砖和银块就会源源不断地运回英国。

1719 年,英国政府允许政府债券与南海公司股票进行转换。同年年底,南美贸易障碍扫除,加上公众对股价上扬的预期,促进了债券向股票的转换,进而带动了股价的上升。1720 年,南海公司承诺接收全部国债,作为交易条件,政府要逐年向公司偿还本息,公司允许客户以分期付款的方式(第一年仅仅只需支付 10％的价款)来购买公司的新股票。2 月 2 日,英国下议院接受了南海公司的交易,南海公司的股票立即从 129 英镑跳升到 160 英镑;当上议院也通过议案时,股票价格涨到了 390 英镑。

投资者趋之若鹜,其中包括半数以上的参众议员,就连国王也禁不住诱惑,认购了价值 10 万英镑的股票。由于购买踊跃,股票供不应求,公司股票价格狂飙。从 1 月的每股 128 英镑上升到 7 月份的每股 1 000 英镑以上,6 个月涨幅高达 700％。

在南海公司股票示范效应的带动下,全英所有股份公司的股票都成了投机对象。社会各界人士,包括军人和家庭妇女,甚至物理学家牛顿都卷入了漩涡。人们完全丧失了理智,他们不在乎这些公司的经营范围、经营状况和发展前景,只相信发起人说他们的公司如何能获取巨大利润,人们唯恐错过大捞一把的机会。一时间,不是诈骗团伙就是充满疑点的名副其实的"泡沫公司"乘机而起,比如说,有的公司要将水银转化为白银,有的公司"从事一项极具优势的事业,但无人知道是什么事业"等等,股票价格暴涨,平均涨幅超过 5 倍。大科学家牛顿在事后感叹:"我能计算出天体的运行轨迹,却难以预料到人们如此疯狂。"

1720 年 6 月,为了制止各类"泡沫公司"的膨胀,英国国会通过了《泡沫法案》,意在禁止"在未经议会或国王授权的情况下,成立像公司实体那样的联合体,并使其份额可转移和让渡"。自此,许多公司被解散,公众开始清醒过来。对一些公司的怀疑逐渐扩展到南海公司身上。从 7 月份开始,首先是外国投资者抛售南海股票,接着国内投资者纷纷跟进,南海股价很快一落千丈,9 月份直跌至每股 175 英镑,12 月份跌到 124 英镑。"南海气泡"由此破灭。[4]

此后较长一段时间,民众对于新兴股份公司闻之色变,对股票交易也心存疑虑。历经一个世纪之后,英国股票市场才走出"南海泡沫"的阴影。

1843 年,鸦片战争后上海开埠,由于外国资本和外国股票的相继进入,上海出现了交易洋商股票的场所。但华商中参与交易的人不多,多半是由上海的买办、茶商、古董商等兼营。1872 年创办的轮船招商局是近代中国第一家向社会发行股票集资的股份制企业。其后,开平煤矿(1877 年)、上海机器织布局(1878 年)、荆门煤铁矿(1879 年)、鹤峰铜矿(1881 年)、平泉铜矿(1881年)等官督商办的企业陆续成立。

1883 年冬,上海爆发了金融风潮。19 世纪 80 年代初期以上海为中心而展开的中国新式厂矿的集资活动,除了轮船招商局、开平矿务局规模较大,已卓有成效地投入生产和经营之外,其余各矿均是各省兴办的中小型企业,它们还处于筹备阶段,技术是否有把握、利润是否有保障均难预料,但它们发行的股票在上海却被人们争相购买,市价哄抬大大超过面额。而且,很多人购买这些股票,并非全是自己的货币积累,很多是向钱庄借贷购买的。当金融风潮兴起,钱庄大批倒闭,银根极紧,贷出者催讨欠款,借款购股者只能向市场抛售股票,开始时,削价出售尚有买主,可后来股票抛售者越来越多,低价出售也无买主,甚至连平时素有信誉的招商局的股票价格也低到无以复加的地步,新办的中小型厂矿的股票更是无人问津,形同废纸。这次风潮使股票持有者遭到惨重损失,此后的集股筹资活动难以开展,直到 1893 年,一般商人只要一听到"纠股集资"四个字,仍"无不掩耳而走"。[5]

3.互联网股票泡沫

在 2000 年的互联网价格泡沫中,亚马逊公司(Amazon.com)和价格在线公司(Priceline.com)的股票价格都涨到了令人难以置信的高度。当时亚马逊公司的书籍销售收入相对而言不算多,亏损巨大,但股价非常之高,它的市值超过了像 Barnes & Noble 之类所有已上市实体书店的市值之和。亚马逊公司的首席执行官杰夫·贝索斯(Jeff Bezos)还成了《时代》杂志 1999 年的"年度风云人物"。价格在线公司是一家网上拍卖公司,专门销售空余机票,亏损也非常厉害,但它的市值竟然超过了所有大型航空公司的市值总和。

其实在美国历史上,也有同样的投资狂潮。比如,"电子狂潮"出现在 1959—1962 年,很大程度上与当时的美苏两国太空军备竞赛有关。像 IBM、德州仪器和摩托罗拉这些与新技术有关的公司开始成为市场的宠儿。在"电子狂潮"的更名游戏中,形形色色的公司为了增加自身的吸引力都在公司的名称中加上后缀"tronics";同样,在互联网热潮中,各种各样的公司也如法炮制。众多公司,哪怕与网络只沾点儿边或根本就毫无瓜葛,也纷纷变更名称,加上与网络有关的标识,诸如 dot-com、dotnet 或 Internet 之类。美国普渡大学的三位学者 M.库柏等研究了在 1998 年和 1999 年更改名称加入网络导向的 63 家公司。通过测算这些公司在名称变更之前 5 天(当更名的消息开始泄露出去的时候)与宣布名称变更之后 5 天的股价变化,证实了更名产生了显著效果:已更名公司的股价在这 10 天的时间里上涨幅度比同类公司的股价多了 125%。即使变更名称的公司在核心业务上与网络根本扯不上关系,仍然发生这种股价上涨的现象。[6]

华尔街一些高调的分析师摇旗呐喊,为互联网泡沫的膨胀推波助澜。摩根士丹利的玛丽·米克（Mary Meeker）、美林的亨利·布罗杰特（Henry Blodgett）和所罗门的杰克·格鲁伯曼（Jack Grubman）都成了家喻户晓的人物，像体育巨星或摇滚歌星一样赢得了人们的热烈追捧。当时，他们的薪资也水涨船高，达到了数百万美元。

布罗杰特声称传统的估值标准比如说市盈率，不再适用于"行业大爆炸式的发展阶段"。1999 年，米克认为"现在是可以理性鲁莽的时期"。在新兴的互联网世界，销售额和利润都成了与估值不相干的东西，证券分析师转而数起了"眼球"，即浏览某网页或"访问"某网站的人数。其中尤为重要的是"有购买意向的顾客"人数，这类顾客分析师将其定义为在某网站至少逗留 3 分钟的人。米克曾口若悬河地大赞网上药店 Drugstore.com，认为浏览该网站的人中有 48％都是"有购买意向的顾客"，在 2000 年泡沫顶峰时该公司股价达到了 67.5 美元，到了来年秋季——此时"眼球"已重新关注利润，它变成了"几分钱股票"（penny stock）。

"顾客认知份额"（mind share）是另一个流行的非财务估值标准。例如，在线住宅销售商 Homestore.com 于 2000 年 10 月受到摩根士丹利的强烈推荐，因为互联网用户花在各个房地产网站的时间中有 72％是用在浏览 Home-store.com 所列的房地产商品。然而，"顾客认知份额"并未促使互联网用户打定主意购买所列商品，也并未阻止 Homestore.com 股价 2001 年从最高点暴跌了 99％。

这些与盈利预期没有关系、只需要梦幻般想象的指标，被大家称为"市梦率"，可谓梦想有多大，股价就有多高。诡异的是，华尔街的一些投资银行的分析师在向客户极力推荐热门股票的同时，却建议自己的交易部门寻找合适的价格抛售股票，因此，互联网泡沫之后，美国多家投资银行的分析师受到起诉。

众多致力于互联网报道的工商杂志和技术杂志雨后春笋般地大量涌现。《连线》（Wired）自诩为数字革命的先锋，《行业标准》是互联网经济的新周刊，《商务 2.0》（Business 2.0）则以作为"新经济的神谕发布者"而自傲。出版物激增是投机泡沫产生的显著标志。历史学家爱德华·钱塞勒（Edward Chancellor）曾指出，19 世纪 40 年代，美国出现了 14 种新周刊和 2 种新日报报道当时新兴的铁路行业；而在 1847 年的金融危机期间，很多有关铁路行业的出版物都销声匿迹了。《行业标准》2001 年停刊时，《纽约时报》发表社论说："它散布的小道消息杜绝之日，很可能是它载入史册之时。"[6]

2000 年左右，中国股市的众多上市公司也完美复制了美国股市很多上市公司的更名游戏,纷纷宣布主营业务＋互联网,即便是传统的水泥、钢铁、煤炭行业的企业,变成了"互联网"企业后,即便是公司的业务和经营几乎没有任何变化,股价也无不应声而起。

这样的投其所好,是上市公司利用市场热点来吸引投资者投资、抬高股票价格的伎俩。同样的,如果市场上投资者偏好股票红利或公积金转增股份,上市公司就推出大比例送转的分红方案来增加股票的吸引力,达到大股东高价减持股票的目的,即所谓的"假拆股,真套现"。

从 2000 年到 2018 年,我们已经进入了互联网时代,从投资的角度,网络可以提供几乎与上市公司及其股票有关的一切信息,人们获取信息的速度极大地加快,同时网上交易的低成本和交易的便捷化使得投资过程实现了民主化,越来越多的投资者参与其中。更重要的是,互联网在改变我们投资理念的同时,也逐渐深入我们生活的方方面面,改变我们的生活方式和消费方式,并且在深刻地改变各个行业和企业经营的内部和外部环境,甚至会改变很多行业的经营模式和盈利特征。互联网不再是外在于企业的一个工具,而是实实在在地成为企业经营的必然部分,对此需要我们认真地加以研究。

4.关于比特币的争议

2008 年,一个或一群神秘的程序员以 Satoshi Nakamoto(中本聪)的名义给密码学社区成员的电子邮箱发了一篇论文《比特币:点对点的电子现金系统》。中本聪从数字货币入手阐述了自己的想法,首先,在互联网上建立一个共享的公共账目,每当有人购买比特币(Bitcoin)或用比特币交换另一种货币时,所有运行开源比特币软件的人都会知道这笔交易,这些交易以密码学的方式封存在"块"中,永远留存且无法更改。其次,中本聪设计了比特币。跟真正的贵金属一样,比特币的供应也是有限的。开源项目往往很难盈利,为了维护比特币系统的运行,当系统维护者用计算机帮助比特币网络完成运算,解决一道数学题时,他们也将得到小额的比特币作为回报。

这两个想法一起解决了分布式数据库问题和资金问题。但区块链给商业社会的启发在于,它可以解决无国界数字货币长期以来存在的问题:没有政府监管或中央数据库来跟踪交易,如何解决陌生人交易之间的信任,预防欺诈。

比特币是区块链的第一个应用,从某种程度上讲,区块链之所以如此火热,和比特币的价格从 2008 年开始到 2018 年年初的 1 000 万倍以上的涨幅有关。比特币的设计意图是既提供一种数字货币,又提供一种新的转移和保存资金的方式。区块链通过分布式账本技术、按时间顺序、以链式存储方式保证了数据近乎不可篡改,既保证了数据安全,也实现了比特币的信用。

2013 年 12 月,美国银行发布关于比特币的研究报告,成为第一家发布此类研究的华尔街银行。它指出,比特币可能成为"电子商务和转账交易的一个重要参与者"。比特币初步证明了区块链的可行,以太坊则进一步开发了它的潜力。其创始人 Vitalik Buterin 是一名俄罗斯出生的程序员,他开创的以太坊目标是为所有人解决所有事:以太坊可以用来创建代表任何资产的数字加密货币。

最开始的计算机程序规定,比特币的总数不会超过 2 100 万枚。很长时间内,比特币成为小范围内的交易工具。2014 年 3 月,比特币交易平台 MT. GOX 的崩溃动摇了早期投资者的信心,预示着监管已是众望所归。比特币价格从年初最高的 950 美元下跌到年底的 330 美元,还被《quartz》评为 2014 年最糟糕的投资品。

比特币的价格在 2016 年英国脱欧公投之后出现了飞跃。直到 2017 年,比特币才真正迎来拐点,截至 2017 年 11 月,美国最大的比特币交易所 Coinbase 签约了 1 200 万名用户。几周内,Coinbase 成为 Apple Store 下载量最大的应用。

2017 年,比特币几乎飙升了 15 倍,以太坊、莱特币等规模较小的数字货币至少上涨了 60 倍。2017 年 12 月,在美国推出比特币期货后,比特币一度涨到 2 万美元,此后便一路暴跌,币值被拦腰砍掉一半以上。与此相伴的是很多公司纷纷宣布涉区块链技术、宣布更名后股价暴涨。2017 年 12 月,"长岛冰茶公司"(Long Island Iced Tea Corp)宣布更名为"长区块链公司"(Long Blockchain Corp)后,其股价飙涨约 289%。2018 年 1 月,有 129 年历史的柯达宣布要发展区块链业务,股价大涨约 40%。柯达在胶片时代曾经是美国的巨型企业,但近年来因为难以适应数码摄影时代而从巅峰跌落。

资本更不想缺席这样的投资热潮。红杉、安德森-霍洛维茨、联合广场投资等著名风投向加密货币对冲基金投了数百万美元。风投资本公司 Placeholder 联合创始人、新比特币投资者指南《Cryptoassets》合著者 Chris Burniske 说,"确实有人将投资比特币作为一种防灾避害的手段,就像人们购买黄金一样。"

越来越多的商业领袖认为存在"比特币泡沫"。2017 年 12 月,耶鲁大学首席执行官领导力研究中心对 87 个公司领导者就一系列政治和经济话题做了一项调查。除了一致认为存在泡沫,91% 的人还认为交易所不知道如何管理这些比特币。摩根大通 CEO 杰米·戴蒙在 2017 年年底直言不讳地说，"比特币是骗局，比郁金香热还糟。"2018 年 1 月，巴菲特也表示，他不是加密货币的粉丝，而且确信它们的价值飞涨只是短暂现象。

尽管如此，人们也理性地将区块链技术与比特币作了区分，认为该技术将在贸易、运输、金融等领域得到更广泛的应用。2018 年，Symbiont、Vanguard 和专门提供证券市场数据的美国证券价格研究中心合作，利用区块链来分发有关指数组成的实时信息，例如标准普尔 500 指数。结果发现，更新这项投资信息的劳动密集程度高得惊人，区块链可能从根本上改善更新过程的准确性和效率。航运巨头马士基开始测试使用区块链追踪航程，同时加强与海关部门的合作。法国的空中客车希望利用区块链技术更好地监控组装飞机所需的各种复杂零件等等。[7]

许多主权国家出于不同需要而合法化比特币。德国是第一个，而后以色列、加拿大、法国、日本、瑞士等发达国家都纷纷加入这一行列。比特币可以给难以建立信用机制的交易以信用保障，在贸易、供应链金融、金融管理等方面均有广泛的应用，当然，它的金融属性也使得它有可能会被用于跨国洗钱、黑市交易和大额赌博。虽然比特币背后没有锚定资产，但许多数字资产却锚定它。比特币还不可能取代黄金，它还处于萌芽状态，一些属性尚不清晰，比特币作为一个新生事物，值得我们抱持开放的态度，继续观察和思考。

而 2016—2017 年热门的首次代币发行（Initial Coin Offering，ICO）实际是一种民间融资方式，区块链是一种很有前途的新技术，但如果在募资者资质、信息披露和投资者利益保护等方面没有强有力的监管措施，那么 ICO 很容易沦为非法集资。市场上已经有上千种代币，几乎谁都可以创造出各种各样的代币，ICO 引发的各种乱象已经引起欧美等国家的高度警惕。目前的 IFO（Initial Fork Offering，首次分叉发行）开启了比特币的硬分叉序幕，出现了多种分叉币，展现出比特币泡沫化的特征。同样的情况也发生在网络贷款上，如果平台不能成为负责任的金融中介，如果对平台的资质、流动性不做任何要求，那么，在监管缺失和信用缺失的社会背景下，平台在经营不善的情况下很容易滑向"跑路"。

第四节　初识投机性泡沫、风险和不确定

阿克洛夫和希勒在《钓愚——操纵与欺骗的经济学》一书中,深入研究了从信用卡到旧车行、从小卖部到医疗、从垃圾债到网上游戏都普遍存在的"上当消费"现象。[8]与消费市场一样,在投资市场,这样的陷阱和泡沫也比比皆是,不可不慎。

1.投机性泡沫还会一再发生

任何一个泡沫的本质都是资本逐利,故事背后交织着人类的恐惧和贪婪,只不过泡沫放大了贪婪,泯灭了理性……

泡沫的产生,首先,是要有新事物、新产品、新技术的出现,无论是郁金香、特许经营公司的股票、铁路、电子管,还是互联网均是人们见所未见,人们很难用传统的观念、知识去理解和估值,其次,是要有大量资金的流入和流出,信息的广泛传播,对应着该泡沫的发展、高潮和破灭,也对应着价格的暴涨和暴跌,还对应着大量贪婪的、缺乏经验的投资者的参与和退出;再次,还要有政府的鼓励和支持,政府出于政治、经济等等目标的考虑,政府会出台相应的政策或放松相应的监管,促成了泡沫的发生和发展。其间,还伴随着金融机构或专业机构、专业人士等等出于自利的原因,追逐泡沫,助纣为虐。

投机性泡沫与精神疾病的区别在于,前者是一种社会现象,是由许多正常人互动之后产生的异常结果,后者则是人类真正的疾病,但两者所表现出来的疯狂却有一致之处。

负面型泡沫的产生是一样的:价格下跌制造出负面消息,甚至灾难性消息,这会促使人们卖出。反馈循环在这个环境下通过价格下跌促进灾难性消息的传播,民众对这种消息的关注程度越高,价格下跌幅度越大,依此恶性循环。

泡沫会给能够预见并理解真实情况的人提供获利机会,这些人采取的行动往往能起到稳定经济的作用,但是这些人的行动是有限的,难以在短时间内扭转价格的方向。与泡沫对赌是一种风险极高的行为,因为我们还没有办法证明泡沫确实产生了,也没有办法预知泡沫何时会破裂,在价格反转之前,价格很可能沿着原来的趋势走出去很远很远。

由于对于资产或证券估值具有很大的不确定性,因此,人们也很难估计是

否有泡沫以及泡沫的程度有多大。从价格反映信息的角度,泡沫的产生可能有几个层面的因素:一是投资者能不能及时得到真实、准确和完整的信息? 二是投资者对于信息的解读是否正确? 三是投资者能不能及时地采取正确的行动? 只要有投资,就会存在泡沫,现实中普遍存在的股价钟摆现象、回归均值现象等等大概是泡沫始终存在的证据。

2.知收益易、知风险难

对威胁自己的风险,人类拥有一种超凡的能力,那就是对其视而不见,好像这么做,风险就会自动走开,就像鸵鸟把头埋在沙子里,危险就会消失一样。很多投资者对于收益的关注远远高于对风险的关注,容易轻信收益的发生而忽视风险的存在。原因可能有两个方面:

第一,投资者思考问题的时候,往往会对正面的结果考虑得多些,而下意识回避或者忽视一些负面的结果。风险和收益这两个维度中,收益是相对正面的目标,而风险则是比较负面的目标。以投资者的思维方式和行为规律来讲,投资者往往会下意识地去回避负面情况,即投资中的风险。

第二,在金融和投资理论中,我们把风险定义为收益的波动性。从数据上讲,风险是收益的 2 次项,所以对于波动率的描述比对于收益率 1 次项的描述要更难、更加抽象。所以从投资者的角度来讲,收益率比较容易理解,而解释波动率就比较困难。如果再讲到整个收益率的预期是如何分布的,很多投资者可能会觉得太过复杂而直接放弃了。就整体投资者,尤其是散户投资者的知识背景来讲,投资者处理风险和波动率的能力相对弱一些。[4]

经济理论往往假设投资者是风险厌恶的,也就是人们大多不喜欢风险。但是,人的本性里还有另外一面,有时候人们会有意识地把自己放置在有风险的环境中,这个本能的冲动与人类的冒险精神和社会对于勇敢这类品质的认同有关,这种与生俱来追逐风险的冲动是企业家精神诞生的源头之一,也是导致投机性泡沫并最终引发崩溃的原因之一。现有的金融和投资理论对于人性中的这一面还没有充分的认识。我们本能地尊重敢于承担风险的人,前提是他们承担风险的举动不是反社会的,取之有道的巨额财富甚至还会得到人们的崇拜。

3.始终要面对不确定性

在日常生活中,我们会区分“风险”和“确定性”,但却把“风险”和“不确定性”用作同义词,其实,在投资理论中,它们并不是一样的。风险和不确定性的概念是由芝加哥著名经济学教授弗兰克·H.奈特于 1921 年第一次明确提出的,奈特认为有两种性质的不确定性,分别称为风险和不确定性,其中风险是可以计量的不确定性,而不确定性专指不可计量的不确定性。

风险指未来所有的选择、结果和概率是已知的,比如买彩票,我们可以为其定价。不确定性和风险的差异在于:不确定性承认并且假设决策者不能够准确描述预期收益的分布。也就是说,决策者只能够准确了解过去的情况,但是不能准确地预测未来。我们生活在一个变幻莫测的世界里,大多数时候,事情的概率都是未知的,因此,我们会面对很多未知风险和不确定性。我们用"黑天鹅"来比喻不可预测的重大稀有事件,它在意料之外,却又改变一切,但人们总是对它视而不见,并习惯于以自己有限的生活经验和不堪一击的信念来解释这些意料之外的重大冲击。[9]我们用"灰犀牛"来比喻大概率且影响巨大的潜在危机。相对于"黑天鹅"事件的难以预见性和偶发性,"灰犀牛"事件不是随机突发事件,而是在一系列警示信号和迹象之后出现的大概率事件。[10]相关研究表明,人们在面对这两类事件时,并没有多少成功的经验可言。

与风险相比,不确定的范围更大,理论上这种不确定性的概念可能比风险的概念更加合理。不确定性是指难以度量的风险,结果的广泛分布就是现实世界不确定性的真实体现,否则经济金融体系怎么会一次次经历"百年一遇"的金融海啸和经济危机呢? 显然,监管层、实务界和学界都没有万能的水晶球,没有人能够真正预测到新的风险会在何时、何地,以何种方式降临到我们的投资上。在充满不确定性的世界里,我们不可能通过精确地计算风险来选择最理想的行为方式。即使我们假装能将捉摸不定的不确定性转变为貌似可以感知的风险,现实出人意料的发展也会将我们的这种自信击得粉碎。最失败的预测通常有很多共同点,即我们只关注那些符合我们对这个世界的预期的信息,而不在乎其真实性。这种情况的发生通常还会涉及当事人的利益冲突和道德风险,也就是明明知道面对的是不确定性,却把它当作风险来处理;或者错误地估计了风险的大小及风险之间的相关性;或者引用了错误的模型等等,只是因为这样做能够带来利益。2008 年发生的次级贷款危机中,评级机构对于数万亿美元住房抵押贷款支持证券的错误评级就是突出的案例。

如果风险是已知的,比如你知道风险在哪里、何时会发生以及其后果怎样,那么,想要做出明智的决策,你需要的就是通过逻辑思维和统计学思维来进行精确的推理和计算。如果有些风险是未知的,也就是面对的是不确定性,想要做出明智的决策,你还需要通过直觉和经验法则来尝试建立现实和未知的未来之间的准确联系。

从知识的认知角度,我们可以把知识分成四类:一是已知的已知,我们能够提出一个疑问并给出标准答案,这是我们现在掌握的知识,这类知识我们知道自己知道。二是已知的未知,若自问却无法给出准确答案,这是我们尚未掌握的知识,但是也知道这些知识的存在。爱因斯坦曾经画了一个圈,圈内是已知,圈外是未知,已知的越多,也就意味着这个圈就越大,那么你就会认识到自己还未知的东西就越多,这类知识是我们知道自己不知道。三是未知的已知,我们不知道我们实际上掌握了这种知识,比如说,我们不知道这种知识可以适用于某种情况,这类知识是我们不知道自己知道。四是未知的未知,这是我们知识的鸿沟,但我们却不知道它的存在,我们没有意识到有这类知识,当然也不拥有这样的知识,比如黑天鹅,只有在它出现时,我们才知道天鹅不全是白的,这类知识是我们不知道自己不知道。

在投资中,我们面对的风险大部分有可能并不知道它来自于哪里,即使知道来源也可能不清楚其影响收益的程度有多大,并且由于多种风险因素复杂的相互作用,我们也不清楚其最终的结果会是怎样。就像蝴蝶效应,我们不知道其发生发展的过程,也不了解由于一只蝴蝶在某一个地方偶尔扇动了几下翅膀,会在什么时间和什么地点带来多大的龙卷风。这种不确定性,与投资如影随形,是我们在投资中始终要面对的风险。

延伸阅读 **对欺骗行为的已有研究**

当然,已经有先驱者在研究欺骗现象。我们通过谷歌学术粗略搜索,可以发现超过 200 000 篇讨论"富有经验"和"缺乏经验",或者"消息灵通"和"不知情"的文章。接下来,我们将介绍其中一部分具有代表性的论文。正如例子中提及的那样,这类典型的文章将通过某种方式同时涉及"富有经验"和"缺乏经验"两类人,然后,文章将得出结论——有时候作为文章的主要观点,但大多数时候作为次要观点:在文中描述的这种特殊情况下,"富有经验"或"消息灵通"的人士会利用"缺乏经验"和"不知情"的人士,并从中获利。

第一个例子将从前言中提及的斯特法诺·德拉维格纳和乌尔丽克·马尔门迪尔开始,他们研究了健身俱乐部常用的"套环螺栓"式合同:这些合同都很容易签订,但是很难取消。在模型中,德拉维格纳和马尔门迪尔讨论了健身俱乐部的策略是如何利用顾客们的即时倾向的。顾客们更重视"现在"的效用，因此他们会把今天可以做的事情推迟到明天，但是当"明天"真的到来，对于顾客来说，"明天"又变成了现在，因此他们会不断地拖延不愿意做的事情——一次又一次。

泽维尔·加贝克斯(Xavier Gabaix)和戴维·莱布森(David Laibson)讨论了另一种卖方利用买家的情形，这一次是因为商品的一部分属性难以被观察到。用他们的术语来说，这些属性被"隐藏"了。他们很含蓄地提出这样一个问题：当顾客完全不能区分印度香米和班叔叔煮米有什么区别时，那么，餐厅会为顾客送上哪种米饭呢？利益动机告诉我们，餐厅会选择便宜的那种。

加贝克斯和莱布森列举的最典型的"隐藏属性"的例子就是喷墨打印机。买家最关心的是打印机的价格，但事实上，除了初始打印机的价格，后续的墨盒成本也不容忽视(平均而言能占到总价的 2/3)。打印一张纸的总成本并不仅仅来自最初的那笔购置打印机的费用。在关于惠普某款产品的购买者调查中，只有 3% 的受访者在购买打印机时就已经清楚地了解了墨盒的价格。这并不是一个巧合。根据加贝克斯和莱布森的逻辑，对买家来说，打印机的价格非常醒目清晰，也很容易在网站上找到。但是当需要查询所需墨盒的价格时，这类信息则散落在几个不同的网站上；打印机制造厂商有意隐藏了这些属性。从调查提供的证据来看，厂商在这方面做得非常成功。

我们中的一个(罗伯特)进行了另一项关于"隐藏属性"的测试。他曾经被电视广告吸引，为他的宠物猫"闪电"购买了一款高级猫粮。在广告中，那些猫走向食盆的时候是那么的活泼和欢快。但是，高级猫粮的味道真的有那么好吗？罗伯特亲自尝了一下。在广告中听起来充满诱惑力的那些口味——比如火鸡、金枪鱼、鸭肉、羊肉——并没有真的添加在里面。这正是加贝克斯和莱布森所预测的商品属性被隐藏时会发生的情况。但是我们需要承认，这是一次不准确的测试。只有当小猫"闪电"能够表达自己的意见时，我们才真正知道广告中的猫粮是否好吃。

金融领域也同样提供了一些很好的例子，其中，缺乏经验者在成熟有经验者的操纵下表现拙劣。传统金融学得出的结论并不正确，其中一项最基本的定理就是股票是按照他们的"基础价值"来定价的，也就是说股票价格等于未来期望收益(如分红、股票回购等)按照某种适当价格折现后得到的值。但事实上这不可能是正确的。因为股票价格波动如此之大，不可能按照收益折现定价。而且，金融市场经常有各类奇怪的现象发生，用常规的收益折现故事难以解释。比如,为什么股票交易量如此高?为什么股票投资者平均持股时间如此短?这样的问题不胜枚举。

大多数金融学家(但不是全部)都承认常规模型存在非常严重的缺陷。因此,他们转而构建了一个包括两类人的股票市场(以及其他资产市场)。一方面,市场中有"消息灵通"的交易员。这类人真正了解股票市场;根据这一理论,只要他们占据主导地位,他们将非常无畏地推动股价直至达到自己认定的"基础"价格。然而,故事继续展开,市场中还有一部分"不知情"的股民,他们并不懂"基本面"。金融学家称他们为"噪声交易者",因为这类股票购买者并不是基于基本面数据进行交易,而是基于某种随机的"噪声"价格。20世纪90年代科技股泡沫破灭前,疯狂购入网络股票的那些人就是一个生动的例子。引入噪声交易后,研究者声称可以据此解释许多股价"异常",包括股票相比于债券更高的收益、股价相比于基准价格更高的波动等。

对噪声交易的检验是一个成功的研究范例。在数学模型中,欺骗确实发生了,表现为成熟有经验的投资者利用噪声交易者获利。事实上,这类模型甚至可以用精确的公式计算出"消息灵通"与"不知情"交易者各自的福利水平。

经济学和金融学领域的这些案例在区分缺乏经验者与富有经验者、消息灵通者与不知情者方面,发挥了很大作用。富有经验者与消息灵通者总是能够比那些缺乏经验者与不知情者做得更好。然而,无论在哪里发生,这都算是欺骗行为。

——摘自乔治·阿克洛夫和罗伯特·席勒著.钓愚——操纵与欺骗的经济学[M].中信出版集团,2016:239-242.

📚 第一章注释

[1]拉斯·特维德.金融心理学——掌握市场波动的真谛[M].中国人民大学出版社,2003:145-148.

[2]罗伯特·希勒.非理性繁荣[M].中信出版社,2004:64.

[3]陈雨露,杨栋.世界是部金融史[M].北京出版社,2016:75-77.

[4]朱宁.投资者的敌人[M].中信出版社,2014:163-165,329.

[5]刘志英.近代上海华商证券市场研究[M].学林出版社,2004:2-4.

[6]伯顿 G.马尔基尔.漫步华尔街[M].机械工业出版社,2009:54-63.

[7]张晶.关于比特币的40种说法[J].第一财经周刊,2018(9):46-47.

[8]乔治·阿克洛夫,罗伯特·希勒.钓愚——操纵与欺骗的经济学[M].中信出版社,2016.

[9]纳西姆·尼古拉斯·塔勒布.黑天鹅[M].中信出版社,2008.

[10]米歇尔·渥克.灰犀牛[M].中信出版集团,2017.

第二章　债券投资的收益与风险

收益与风险素描

　　债券投资的未来收益在债券买卖合约中做了约定,因此债券也被称为固定收益证券。债券买方面临两个方面的风险,一是购买债券后有可能市场利率上涨,而在这种情况下,债券本身的价值面临下跌的风险;二是债券到期不能按约定偿付利息和本金的风险,也就是债券违约风险,这同样会带来债券价格的下跌。

　　债券市场,信息不是很公开,流动性也不是很好。普通投资者难以对高风险债券、高利贷等的风险进行准确估计,因为投资者既缺乏相应的估值信息,也缺乏分析的技能,同时还可能面临发行方欺诈的风险。投资中要尽量选择信用评级较高的债券,并且是发行后能在交易所进行交易的债券,以增加债券投资的流动性和安全性。政府债券、市政债券、公司债券等依次风险增加,投资者对于他们的投资也会要求依次更高的预期回报,以补偿所承担的越来越高的额外风险。

　　债券投资的实际收益是名义利率减去通货膨胀后得到的余额,因此,债券的实际收益会面临通货膨胀的侵蚀。进而,通货膨胀率的高低也会反映在投资者对于债券投资所要求的回报率中。有时候,通货膨胀是影响债券投资收益的最重要的因素,在极端的通货膨胀时期,债券投资,即使是国债投资也可能会损失几乎所有的投资金额。

经典阅读　　　　　明斯基对债券融资行为的三种分类

　　明斯基将融资划分为三种类型:对冲型(hedge finance)、投机型(speculative finance)和庞氏型(Ponzi finance)。这种划分是基于借款人未来收入和债务关系的稳定性而做出的。对冲型融资,是指债务人未来的预期现金流能覆盖贷款的利息和本金;投机型融资,是指债务人的现金流只能覆盖利息,若要贷款到期需要偿还本金,债务人就不得不争取新的贷款来偿还现有的贷款;庞氏型融资是指债务人未来预期的现金流连其贷款的利息都覆盖不了,需要依靠出售现有资产或举借新的贷款来偿还现有贷款的本息。

明斯基认为,当经济增速趋缓时,部分对冲型融资会变成投机型融资,部分投机型融资也会变成庞氏型融资。

庞氏型融资是债务关系无法持续的代名词。债务人只能通过出售其资产或举借新债的方式偿还其以前贷款的利息。在很多庞氏债务合同中,利率高得惊人,年利率甚至达到 30% ~ 40% 的水平,这种债务关系的持续就只能依赖新资金的不断进入,而且资金额要保持级数级增长。参与这种融资的存款人开始会满足于高额的利息,甚至会不提利息而直接将其计入本金,希望通过"息生息,利滚利"(earning interest on the interest)的方式赚取更多的利息,这也造成了新流入资金额的减少。随着存款人将其利息收入变现提走,新流入资金的持续减少,这种债务关系也就难以维持了。

——摘自查尔斯·P.金德尔伯格.疯狂、惊恐和崩溃——金融危机史[M].中国金融出版社,2014:35.

第一节　债券及其内在价值

债券市场是世界上最大的金融市场之一,中央政府、公司、地方政府等等均可以从债券市场上融资。在一些成熟市场,国债占据主导地位。就公司债券而言,在公司清盘时,债权人对资产的要求权在优先股和普通股股东之前。当然,不同种类的债券持有人,对资产的要求权的优先程度可能会有所不同。

一、债券的特点

固定收益证券(fixed-income security)是一种在未来一定时期有固定收入权的证券,由于支付水平事先固定,理解这种证券就相对容易些,只要发行人有足够的信誉,证券几乎就无风险,这些特征使它最适合成为我们研究一切可能的投资工具的出发点。格雷厄姆在《证券分析》中,认为固定收益证券包括:(1)优质普通债券和优先股;(2)优质附权证券,但其权利价值过小,可以忽略不计;(3)通过担保或优先权而占有优质高级证券地位的普通股。[1]

债券(bond)是一种基本的固定收益证券。债券是以借贷协议形式发行的证券,借者为获取一定量的现金而向贷款者发行债券,债券是借者的"借据"。这张借据使发行者有法律责任在指定日期向债券持有人支付约定的款项。比如,美国典型的息票债券使发行者有义务每半年付息一次,这叫作息票支付。在计算机发明之前,大多数债券带有息票,投资者将其剪下并寄给发行者索求利息。债券到期时,发行者再付清面值(par value,face value)。债券的息票率(coupon rate)决定了所需支付的利息:每年的支付按息票率乘以债券面值计算。息票率、到期日和面值是债券契约的主要组成部分,债券契约是发行者与持有者之间的买卖合约。

债券通常带有足够高的息票率以吸引投资者来按面值购买。不过,有时也发行无息票的零息票债券(zero-coupon bonds)。投资者在到期日可以拿到面值,但由于是零息票债券,投资者将不能获得利息。因此,这些债券是以低于面值的价格发行的,投资者的回报是发行价与到期日收回的面值之间的差额。

与股票相比,债券将收益限定在一定的范围之内,放弃了所有可能的投机获利机会(就是不能像股票一样随着公司价值的增长而获益),但是当公司有可能面临破产时,债券持有人对于公司的债权可以在股东之前得到偿还。当然,债券投资者无法保证避免损失本金和利息的风险,这样的可能性始终存在。因此,债券持有人将获得比股票更加优先的对发行人收益的要求权,并且要有明确的偿还承诺。

二、债券现值估价模型

根据价值评估理论,证券的价值就是其预期现金流的现值。评估证券价值的步骤为:

(1)估计预期现金流量;

(2)确定每期现金流的必要收益率或者投资者持有这种债券所要求得到的收益率;

(3)将每期现金流按照必要收益率折算成现值,然后将各个时间点折现后得出的现值相加求得证券的总价值。

一般来说,债券的内在价值既是发行者的发行价值,又是投资者的认购价值。如果市场是有效的,债券的内在价值与票面价值是一致的,即债券的票面价值可以公平地反映债券的真实价值。但债券的价值不是一成不变的,债券发行后,虽然债券的面值、息票率和债券期限一般会根据债券契约保持不变,也就是未来的现金流的大小和时间分布会保持不变,但必要收益率会随着市场状况的变化而变化,比如,通货膨胀率增加会让投资者要求更高的必要收益率,债券可能发生违约风险也会使投资者要求更高的必要收益率等等,而必要收益率的变化会引起债券价值随之变化。

如果债券契约中载明允许发行公司在债券到期日之前将债券从持有者手中赎回的条款,则当市场利率下降时,公司将会在市场上发行较低利率的新债券,并以所筹措的资金赎回高利率的旧债券。在这种情况下,可赎回债券持有者获得的现金流包括两个部分:一部分是赎回前正常的利息收入,一部分是赎回价格,而赎回价格等于面值加上赎回的溢价,因为提前解除合约,发行人要给予债券持有人一定的补偿。

三、债券收益率估价模型

现值估价模型是假设折现率已知,通过对债券的现金流量进行折现计算债券价值。在债券收益率估价模型中,假设折现率未知,用债券当前的市场价格代替债券现值估值模型中的债券的内在价值,从而计算折现率或预期收益率。

1.债券到期收益率

债券到期收益率(yield to maturity,YTM)是指债券按当前市场价格购买并持有至到期日所产生的预期收益率。如果同时满足以下两个假设条件,债券到期收益率就等于投资者实现的收益率:第一,假设投资者持有债券直到到期日;第二,假设所有期间的现金流量(利息支付额)都以计算出的 YTM 进行再投资。具体来说,到期收益率是指债券预期利息和到期本金的现值与债券现行市场价格相等时的折现率。

2.债券赎回收益率

如果债券被赎回,投资者应根据债券赎回收益率(yield to call,YTC)而不是到期收益率来估算债券的预期收益率。赎回时,债券发行人会给投资者一个超过债券面值的赎回价格。

不管哪种收益率的计算模型,需要考虑清楚的三个因素:一是债券未来现金流的大小和分布,二是债券目前的价格,三是收到的现金流的按照到期或赎回收益率的再投资。

四、债券价值的影响因素

单纯从债券估值模型看,债券价值主要由息票率、期限和市场收益率(也是投资购买这种债券所要求的回报率)三个因素决定,它们对债券价值的影响主要表现在:

(1)对于给定的到期时间和市场收益率,息票率越低,债券价值变动的幅度就越大;

(2)对于给定的息票率和市场收益率,期限越长,债券价值变动的幅度越大;

(3)对同一债券,市场收益率下降一定幅度引起的债券价值上升幅度要高于由于市场收益率上升同一幅度引起的债券价值下跌的幅度。一般而言,由于市场利率会决定投资者对债券投资所要求的收益率,因此,市场利率与债券价格成负相关关系,利率上升时,债券价格会下跌,反之亦然。

当然,上述的结论是在发行人能够按期还本付息的前提下才成立的。在实践中,对于债券的估值或者说债券的市场价格还有可能受到违约风险的影响,尤其是在债券违约的可能性变大的时候。或者说,债券的估值需要解决两个不同层次的问题:(1)估计未来现金流的折现价值,主要取决于现金流的大小、分布和折现率的变化;(2)计算发行人违约的风险以及其对现金流的影响。

第二节　违约风险与债券价格

一、债券的违约风险

债券发行人对投资者承诺未来的固定收益,但这个收益并非没有风险,除非投资者可以确认发行者不会违约。尽管一般认为主权政府债券不存在违约风险(其实也不尽然),但对于地方政府债券和公司债券来说,并非如此。比如,公司一旦破产,债券持有人就不能将事先得到承诺的所有款项都收回。所以,他们实际是否能获得债券的本息偿还并不确定,因为这取决于该公司最终财务状况的好坏。

债券违约风险,也称为信用风险(credit risk),其测定由信用评级机构负责。世界著名的信用评级机构有美国标准普尔公司、穆迪投资服务公司和惠誉国际信用评级有限公司。

根据标准普尔公司的评级标准,等级为 Baa 及等级更高的债券,都被认为是投资级债券(investment-grade bonds)。反之,信用等级较低的则被称为投机级债券(speculative-grade)或垃圾债券(junk bonds)。像保险公司或养老基金等等规范型的投资机构通常不允许对投机级债券进行投资,以保证该投资机构未来的承付能力。

垃圾债券,也被称为高收益债券,它与投机级债券的性质是一样的。在 1977 年以前,几乎所有的垃圾债券都是"坠落的天使",即公司在发行这些债券时曾一度享有投资债券的信用等级,只是后来被降了级,因此是在债券发行后公司信用变差的债券。然而在 1977 年,很多信用评级不高的公司开始发行原始的垃圾债券。

这种发明大部分得归功于德莱克塞尔-伯纳姆-兰伯特(Drexel,Burnham,Lambert)公司和他的交易伙伴迈克尔·密尔肯(Michael Milken)。德莱克塞尔一直津津乐道于垃圾债券的交易,它建立起一个由潜在投资者所组成的网络。它把销售原始垃圾债券看成是所谓的应急信贷,对这些债券的信心建立在这样的思维之上:市场上垃圾债券的违约率并不能证明它们没有可能获得高的收益。不具备投资信用等级的公司乐于让德莱克塞尔公开销售它们的债券,因为对它们来说,这开启了筹资的新渠道,毕竟公司发行垃圾债券比从银行贷款的成本更低。

20 世纪 80 年代,作为杠杆收购和敌意收购的筹资工具,高收益债券声名狼藉。此后不久,垃圾债券市场受挫。20 世纪 80 年代末,德莱克塞尔和密尔肯与华尔街内幕交易丑闻相连,引发公司一系列法律难题,败坏了垃圾债券市场的名声。德莱克塞尔公司最困难时,高收益债券几乎全线崩溃。此后,市场剧烈反弹,说明即使是垃圾债券也有其内在的价值,只不过收益率的波动比较大。尽管陪审团对密尔肯的罪行从未达成过一致意见,但是,密尔肯在垃圾债券等领域开创性的工作对华尔街的影响却是毋庸置疑的。

二、债券安全性的决定因素

1902 年,穆迪公司的创始人约翰·穆迪开始对当时发行的铁路债券进行评级,后来延伸到各种金融产品及各种评估对象。他在 1909 年出版的《铁路投资分析》一书中,开创了利用简单的资信评级符号来分辨 250 家公司发行的 90 种债券的做法,正是这种做法才将资信评级机构与普通的统计机构区分开来。

债券评级机构主要根据发行公司财务状况的变动趋势与水平对其所发行的债券信用状况进行等级划分。评价债券安全性时所用的几个重要财务指标有:

1.偿债能力比率(coverage ratios),是公司收入与固定成本之间的比率。例如,获利额对债务利息的倍数比率(times-interest-earned ratio)是支付利息和税收之前的收入与应付利息的比率。固定费用保证程度比率(fixed-charge-coverage-ratio),用扣除税金、利息、租金前的净收益总额除以利息、税金和调整税项后的偿债基金支付款项的总数。低水平或呈下降趋势的偿债能力比率意味着可能会发生现金流动的困难。

2.总负债比率,也称为杠杆比率(leverage ratio),是债务与资本总额的比率。过高的杠杆比率表明负债过多,标志着公司无力获取足够的收益以保证债券的安全性。当然,对于不同的行业,杠杆比率也有比较大的差异。

3.流动性比率(liquidity ratio)。最常见的两种流动性比率是流动比率(current ratio),即流动资产(current assets)与流动负债(current liabilities)的比值;以及速动比率(quick ratio),即速动资产与流动负债的比率,速动资产是企业的流动资产减去存货和预付费用后的余额,主要包括现金、短期投资、应收票据、应收账款等项目。这些比率反映了公司对新近筹集的资金进行偿还的能力。

4.获利能力比率(profitability ratios),是有关资产或产权报酬率等级的测度。获利能力比率是一个公司整体财务状况的指示器。资本报酬率(支付利息和税收之前的收入与总资产的比率)是最常见的比率。具有较高资产报酬率的公司在资本市场上更有能力筹资,因为它们的投资有更好的回报。

5.现金流对总负债比率(cash flow-debt ratio),是现金总流量与债务的比值。

债券信用等级的升降会在很大程度上导致债券价格的涨或跌。在高效率的市场上,债券价格会随着其信用等级预期的变化而变化,这表明投资者在追踪债券发行者的财务状况而行事。当然,有时候一个公司信用等级的变化,在很大程度上只是证实了在债券价格上已经发生了的变化。

表2-1是标准普尔公司为划分公司(美国长期工业债券)的信用等级,定期(1997—1999)计算的几种比率的中值。当然,比率必须遵照行业标准来给予评价,分析家们的侧重点也不尽相同。

表 2-1　不同等级债券的财务比率(1997—1999)

美国长期工业债券:三年中值	AAA	AA	A	BBB	BB	B
EBIT 利息覆盖率	17.5	10.8	6.8	3.9	2.3	1.0
EBITDA 利息覆盖率	21.8	14.6	9.6	6.1	3.8	2.0
资金流量对总负债比率(%)	105.8	55.8	46.1	30.5	19.2	9.4
自由运作现金流对总负债比率(%)	55.4	24.6	15.6	6.6	1.9	(4.6)
资本收益率(%)	28.2	22.9	19.9	14.0	11.7	7.2
经营收入与销售比率(%)	29.3	21.3	18.3	15.3	15.4	11.2
长期负债与资本比率(包括 STD)(%)	15.2	26.4	32.5	41.0	55.8	70.7
总资产与资本比率(包括 STD)(%)	26.9	35.6	40.1	47.4	61.3	74.6

注:EBIT——利税前收入;EBITDA——利息、税、折旧和摊销前收入;STD——短期债务

资料来源:滋维·博迪.投资学[M].机械工业出版社,2003:469.

对于债券的偿付来说,既可以是公司现有的资产,也可以是公司未来产生的现金流(包括盈利),还可以是公司的股票价值,比如说,国内很多上市公司的大股东把股票质押给银行从而取得贷款,股票价格可以看成是投资者对于公司持续经营价值的评价,并且股票可以在市场上比较容易地兑现。但是,股票价格的波动性一般来说要大于公司资产和盈利的波动性,建立在这样的基础上的债券的偿债能力,一定要防范股票价格大幅跌落的危险。在市场快速下跌的过程中,有可能出现流动性风险,也就是市场上缺少交易对手,从而只有在股票价格大幅折让的情况下,才能完成交易。

当然,如果信用评级机构的动力和激励机制不再主要是做出正确的评级,

而是要做出承销商想要的评级。这种掺水的评级业务就开始走上欺骗的道路、透支它们之前的信誉。

2000—2007年,仅穆迪一个评级机构就给4.5万相关抵押证券评出了AAA级,与2010年仅6家美国公司的抵押支持证券被评为AAA级相比,这种做法简直太过慷慨。评级"通货膨胀"也被穆迪总经理惊人而坦率的言语证实。他在企业员工会议之后意识到了危机,提出"为什么我们没有想到信贷在扩张之后将会紧缩,房价在上涨之后也将会下降……两者结合起来,这些错误使我们看起来要么在信用分析上不称职,要么像是为了赚钱出卖了灵魂"。[2]

三、债券契约

契约是债券发行者与持有者之间的协议。契约的部分内容是为保护持有人的权利而对发行公司所设置的一系列限制。这些限制包括与担保品、偿债基金、股息政策和继续借贷有关的一系列规定。发行公司为了将债券售给关心其安全的投资者,必须对这些所谓的保护性契约条款(protective covenants)加以认可。

1.偿债基金

债券在到期时需要按面值偿付,这一偿付往往构成发行者在短时间内庞大的现金支出。为了确保这份承付款项不会带来流动现金短缺的危机,公司必须设置偿债基金(sinking fund),以将债务负担分散至若干年内,在相当长的时间内归集需要偿付的大额资金。

2.次级额外债务

决定债券安全性的因素之一是发行公司全部未偿还债券的数额。次级条款(subordination clauses)的规定限制了发行者额外借款的数额。原始债务优先,额外债务要从属于原始债务。也就是说,如果遇到公司破产,直到有优先权的主要债务被付清,次级债务的债权人才可能被偿付。正因为如此,次级原则有时候也被称作"自我第一原则",即原始的债券持有人在公司破产时被最先偿付。但在债券投资的实践中,公司面临债务危机时,原始债务和从属债务在市场都会面临惨烈的下跌。这一条款旨在限制次级债权人的权利,以保护原始债权人的利益。

3.红利限制

契约条款也限制了公司支付红利的数额。这些限制也对债券持有人有保护作用,红利限制迫使公司保留其资产而不是将其都付给股东。一个典型的限制内容是,如果公司有史以来的红利支付超过了累积净收益与股票销售收入之和,就不得继续向股东支付红利。红利限制是债权优先于股权的一种体现,保证股权投资人能够充分考虑债券投资人的利益,让公司有足够的资金用于偿还债券持有人的债务。这一条款旨在限制股东的权利,保护债券投资人的利益。

4.抵押品

某些债券的发行以特别物品的抵押为基础。这些抵押品有几种形式,但其意义都在于如果公司违约,债券持有者可得到公司的部分财产。如果抵押品是公司财产,该债券称为抵押债券(mortgage bond);如果抵押品是公司其他有价证券,该债券则被称为抵押信托债券(collateral trust bond);如果是设备,则称为设备契约债券(equipment obligation bond)。

由于有特殊抵押品的支持,抵押债券通常被认为是最安全的公司债券。通常的信用债券并不提供特殊的抵押品,它们是无担保债券。持有人仅以通常的获利能力判断债券的安全性。如果公司违约,信用债券持有人成为公司的普通债权人。由于具备了更大的安全性,抵押债券通常比一般的信用债券提供的收益要低一些。在债券投资的实践中,一旦企业面临破产,由于企业资产的专用性,抵押资产有可能在市场上面临巨大的折价,从而使理论上抵押品给债券带来的特殊保护荡然无存。因此,不要过分迷信抵押资产带来的安全性保护。

但是也有许多特殊种类的负债,其安全性与抵押的资产有很大关系。其中最典型的要数铁路设备信托凭证了,其安全性分别由对机车、货厢、客厢的要求权为抵押,并且以使用这些设备的租赁合同为担保。在遇到风险时,铁路债券持有人除了允许资产接受方继续运营外别无选择,而设备债券持有人可以提出威胁将这些资产转移,正是这种选择权在实践中对设备债券持有人具有相当的价值,这实际上使他们的要求权凌驾于铁路第一抵押债券持有人之上。所以设备信托凭证的持有人拥有两个方面的保护,一是举债公司的资信和成功运营,二是被抵押的设备的价值。

债券合约中的这些限制,增加了公司到期按照约定偿还本金和利息的可能性,都是为了给债券持有人提供一定程度的额外保护,当然也会一定程度上降低其收益率。

四、债券的到期收益率与违约风险

由于公司债券有违约风险,所以我们必须区分清楚债券承诺的到期收益率和它的预期收益率。承诺的收益率只有在公司完全履行债券发行契约条件时才可能兑现。因此,承诺收益率是债券到期收益率的最大可能值。而预期到期收益率要考虑违约的可能性。一个较短的到期期限意味着投资人可以在购买之后较快地收回本金,从安全性的角度看,被认为是一种优势。

为了补偿可能发生的违约,公司债券必须提供违约溢价(default premium)。违约溢价是公司债券的承诺收益与无违约风险的政府债券收益率之差。如果公司的偿还是有保障的并且实际兑现了,投资者就获得比政府债券更高的到期收益率。如果公司破产,公司债券的收益率就比政府债券更低。公司债券与无违约风险的中长期国债相比,存在两种潜在的可能性——更好或更坏的收益率。换句话说,它更具有风险性。

当然,除了公司债券外,还有市政债券(地方政府发行的债券)和国债(国家发行的债券)。在一定的时期内,我们可以把国债看成是没有违约风险的债券。因此,在国债的基础上,市政债券、公司债券的违约风险依次增加,当然,承诺给投资者的回报也会依次增加。

但是,优先也好,承诺也好,它们本身并不是获得收入的保证。债券投资未来收益的稳定性取决于企业履行承诺的能力,并且需要在分析企业的财务状况、经营业绩和发展前景之后做出判断。从行业的角度,收入稳定的公用事业可能更受债券投资者的喜欢,但其实制造业中也有很多优质的债券,从这个意义上说:没有优秀的公司,就没有优良的债券。因此,格雷厄姆提出了固定价值类证券投资的四个原则,它们可以用于挑选单个的证券:

(1)证券的安全性不是以特定留置权或其他合同权利来衡量的,而是以证券发行人履行所有义务的能力来衡量的。

(2)对于这种能力的考察,应该更考虑到萧条时期的情况,而不是繁荣期。

(3)非常高的利率并不能弥补安全性的不足。

(4)挑选任何债券作为投资,都应该遵循排除性的原则,并且以法律规定控制储蓄银行投资活动的具体量化指标来检验(指美国1930年代的一些州引入非常明确的规则和标准,以剔除那些不够资格的债券,并通过立法的形式来操作,用来规范储蓄银行和信托基金的投资行为)。

　　事实上,规模非常小的企业的债券也没有资格作为保守型投资工具。面对意外情况,小公司更显脆弱,而且可能容易因为缺少与银行的密切关系或技术资源方面不足而陷入困境。这样的分析同样也适用于小城市的市政债券与大城市的市政债券的比较,谨慎的投资者要适当避开某些少于一定人口数量的城市。确定具体的数量依据是困难的,但是这样的债券"安全"标准是必需的。尽管如此,我们要清醒地认识到:引入规模底线标准并不意味着巨大的规模本身保障了繁荣和财务实力。适合投资的债券必须拥有一个能显示发行人成功的经营和稳定的财务状况的记录。

第三节　20世纪长期政府债券的收益

　　早在公元前400年的古希腊、公元前200年的罗马共和国,那里的西方人就不能容忍政府直接征税,迫使那时的希腊政府、罗马共和国政府只能靠公民的半自愿捐赠来维持经常性公共开支。一旦出现诸如战争、自然灾害等大型政府意外开支,就得靠政府负债来对付——通过公债来摊平突发性支付压力。随后的历史表明,在众多国家的众多时期都出现过公债的违约。比如,最早是英国在国王爱德华三世掌权期间,于1340年违约一次,当时英国公债的投资方主要是意大利城邦居民。[3]

　　政府债券在未来一定时期内的支付额是固定的,它是以国家的财政信用为保证的,几乎不存在违约风险,但不能认为它们是无"风险"的。尽管如此,许多分析员仍以政府债券的收益率作为参照物,其利率也被看成是无风险利率,用来计算股票的风险溢价率(risk premium)。投资者明确知道他们在将来会收到多少款项,不过他们并不知道到时候他们的购买力是多少。

　　长期政府债券是一种重要的债券资产形式。当今许多国家,长期债券市场的规模及其交易量较之股票都更为庞大。在20世纪初,对于个人和金融机构而言,长期债券便已是一种自然而然的投资对象。在通常情况下,它往往成为优先考虑的投资对象。1900年1月1日的《金融时报》所刊载的证券市场报告,给予了长期债券不亚于股票的重视,但可惜的是,20世纪并非属于长期债券。

　　表2-2是20世纪12个国家长期政府债券的实际收益率,从整个世纪看,德国的长期政府债券表现最差,并且由于其平均值尚未将1922年和1923年

两年的情况包括在内,因而,其实际情况要比表中所揭示的还要差。

表 2-2 20 世纪各国的实际长期政府债券收益率

国家	算术平均值（%）	几何平均值（%）	标准差	最小值（%）	最小值年份	最大值（%）	最大值年份
澳大利亚	2.6	1.6	14.5	−29.9	1951	60.5	1932
加拿大	2.3	1.8	10.7	−25.9	1915	41.7	1921
丹麦	3.4	2.7	11.9	−16.6	1920	50.1	1983
法国	0.2	−1.0	14.7	−43.7	1946	49.1	1927
德国	0.2	−2.3	16.0	−100	1923	62.5	1932
意大利	0.9	−2.3	14.4	−64.3	1944	28.1	1933
日本	1.4	−1.5	21.1	−75.1	1946	70.7	1954
荷兰	1.6	1.1	9.5	−18.1	1915	32.8	1932
瑞典	3.0	2.3	12.7	−37.0	1939	68.2	1921
瑞士	2.4	2.1	7.4	−16.1	1918	35.9	1921
美国	2.0	1.5	9.9	−19.3	1918	35.2	1982
英国	2.2	1.3	14.6	−34.1	1915	61.2	1921

注:德国(1922、1923 除外)

资料来源:E.迪姆森等.投资收益百年史[M].中国财政经济出版社,2005:53.

1923 年的恶性通货膨胀,给德国长期政府债券的投资人造成了几乎为 100%的损失。但这并非长期政府债券投资者所遭受的唯一噩梦。第二次世界大战的后果之一,是德国的分裂以及相应的货币改革。结果,在 1948 年,德国的长期政府债券投资者蒙受了 90%的账面损失,该年度的长期政府债券的实际收益率为−92.3%。

20 世纪经历了高通货膨胀的四个国家,即德国、日本、意大利和法国,其长期政府债券的实际收益率均为负。实际收益率最高的是两个斯堪的纳维亚国家——丹麦(2.7%)和瑞典(2.3%)。这两个国家的通货膨胀水平都处于中等状况。紧随其后的是瑞士(2.1%),其通货膨胀水平位居最低之列。在许多国家,20 世纪长期政府债券的收益率要低于投资者的事先预测水平。在那些经历了高通货膨胀率的国家中,收益率的预期值与收益率的最终实现值之间的差距也是最大的。

英国长期政府债券的平均收益率处于中等之列,不过,其风险要高于平均水平,14.6%的标准方差居于第四高位,仅比法国略低一点。日本长期政府债券年度实际收益率的标准方差最高,为29.1%。该项指标最低的为瑞士,仅为7.4%。

各国长期政府债券的收益率水平存在向平均值回归的趋势。长期政府债券实际收益率从整个20世纪来看为负的那四个国家,即德国、法国、意大利和日本。在过去50年里其长期政府债券收益率都处于表现最佳的国家之列。它们在20世纪总体表现不佳,应完全归咎于其前50年的不佳表现。

一方面,就其中个别国家而言,其20世纪上半叶的长期政府债券收益率水平反映了两次世界大战对长期政府债券的收益所构成的巨大破坏和影响;另一方面,瑞士和瑞典的情况则反映了保持战争中立带来的金融安全罩(financial safe haven)的好处。20世纪下半叶的长期政府债券收益率水平反映了和平时期所带来的收益。[4]

即使到了21世纪,政府债券也并没有成为完全无风险的投资。2009年,全球三大评级公司下调希腊主权评级,希腊陷入了财政危机。随后,2010年3月,主权债务危机进一步向欧洲其他国家蔓延,被人称为"欧猪五国",也即"PIIGS",其中I是意大利(Italy),后来加入了爱尔兰(Ireland)、葡萄牙(Portugal)、西班牙(Spain),这五个国家因其国名首字母组合类似英文单词"pigs"(猪),因此得名"欧猪五国"。而这些国家,是传统认为的老牌的资本主义国家,经济发达,实力雄厚,出现主权债务危机的可能性是很小的。

第四节　次贷危机的教训

北岩银行是英国五大抵押贷款银行之一,其前身是北岩建屋互助会(Northern Rock Building Society),2007年9月发生挤兑,成为次贷危机的首批牺牲者。2008年3月,贝尔斯登被摩根大通收购,几个月后,危机竟演变为自由落体式的金融市场崩溃。从2008年9月7日"两房"事件爆发开始,紧接着是AIG、雷曼兄弟、美林……一连串过去我们耳熟能详的国际金融机构纷纷陷入危机。

事情要追溯到2000年左右的互联网泡沫破灭和刚刚发生的1998年前后的亚洲金融危机,为了保持经济发展的势头,美国政府在2000年前后号召美国人买房,实施美国版的"居者有其屋"政策。美联储采取了宽松的货币政策,不断降息,促使金融机构扩大对购房者的贷款。开始是一些信用级别高的人贷款买房,后来优质的客户越来越少了,但是随着房价不断上涨,投资者买房和金融机构发放购房贷款都变得有利可图,金融机构不断放宽贷款人的资信条件,让信用级别不那么高的人也能贷款买房。

所谓次贷,就是信用级别低的贷款,是相对于优级贷款而言,所以叫次级贷款,简称次贷。美国在次贷危机前,大量信用不好的人都用这种方式买了房,其实他们付不起商业银行的贷款本金和利息。

买房的人多了,房价自然不断上涨,买房人和卖房人皆大欢喜。商业银行为了扩大贷款规模,把所有的房贷集中在一起,产生了一种按揭证券(MBS)然后卖给投资银行,回流了现金。投资银行拿到这些证券后,就开始设计金融衍生产品。他们把按揭证券打了一个包,变成次级债券——债务抵押债券(collateralized debt obligation,CDO),卖给投资银行的客户。

当投资银行往外卖次级债券时,又设计了一款产品,名字叫作信用违约掉期(credit default swap,CDS)。就是说,买次级债券的投资者如果担心风险的话,可以买信用违约掉期这个产品,让保险公司来分担一部分风险。当然也有投资银行干脆自己卖CDS,与客户对赌,做客户的交易对手。

就这样,投资银行从商业银行那里买了按揭证券,然后打包变成次级债券往外卖,从华尔街卖到美国,从美国卖到欧洲、卖到亚洲,次级债券就这样卖向了全世界。

美国的次贷危机是资产泡沫所导致的危机,问题在泡沫破裂时集中出现。美国的房地产价格连续多年较快地上升,一旦形势逆转,就开始出现一系列的市场调整,风险也开始集中释放。

从消费者角度来看,消费者在房地产升值预期和美国再融资便利的条件下,高估了自己的能力,甚至明知买不起也买,贷款购买了超出自身承受能力的住房。当然,只要房价上涨,消费者就没有风险,所以不妨贷款买房去博取房价上涨带来的收益;如果房价下跌,就可以交给银行去处理,消费者选择贷款违约来减少损失。

从贷款提供者角度来看,美国住房抵押贷款的提供者和中国不同,不仅仅是商业银行在提供这种贷款,很多非银行类机构,如投资银行、一般贷款公司,都在做住房抵押贷款的发起者。这些机构对房价连续上涨持乐观态度,认为只要在发起贷款到打包出售这一段时间内不出现泡沫破裂,就不会有太大的风险。按美国的"发起—配售"方式,发起者发起住房抵押贷款,然后证券化就可以配售卖出。这往往导致贷款者在风险上产生比较短视的态度,认为即使泡沫存在,短期内威胁也不大。所以在贷款方面创造了一些风险比较大的产品,比如零首付、利率十分优惠的住房贷款,其中还存在一些误导性的做法,如提供可变利率的住房抵押贷款等等,还有大量针对无工作、无收入、无资产的"三无"贷款,一旦房价下跌,就面临很高的违约率。

从监管者的角度来看,监管者审视这项业务时未能及时考虑到泡沫破裂的可能性。同时,美国的监管是不统一的,住房贷款表面上由金融监管机构实施监管,但许多不吸收存款的机构,如投资银行、贷款公司等,可以作为住房贷款的发起者,如美林、雷曼等投资银行也从事住房贷款业务而且有大量零售网点,这些机构不归美联储管,也不归 OCC(美国货币监理署)监管。监管的分割、监管盲点以及监管部门未对泡沫破裂及其影响作充分估计,也是导致次贷危机发生的重要原因之一。[5]

2008 年发生的国际金融危机中断了世界经济持续 30 多年的黄金增长期。随后在各国实施的金融体系去杠杆和实体经济的下行形成了具有放大效应的负反馈循环,导致世界经济陷入长时期的深度衰退。每一次金融危机都意味着政府与市场关系的严重失调,每一次危机也都意味着金融监管的失败和随之而来的重大变革。[6]

延伸阅读

垃圾债券、杠杆收购和内幕交易

就像范德比尔特和古尔德代表 19 世纪 60 年代、杰西·利弗摩尔和约瑟夫·肯尼迪代表 20 世纪 20 年代一样,在 20 世纪 80 年代,一些新人物成了这个时代的象征,其中两个特别人物是伊凡·博斯基(Ivan Boesky)和迈克尔·密尔肯(Michael Milken)。博斯基是底特律酒吧主的儿子,虽然 1975 年就来到了华尔街,但他的职业生涯到了 1982 年的股市回暖和杠杆收购业务(LBO,Leverage Buyout)兴起时才真正起飞。传统投资银行赚钱的方式是把私人公司公开上市,即以一定价格买下私人公司的股票,然后以更高的价格在股市卖给大众投资者。而杠杆收购的做法正好相反,它通过将已公开上市的公司私有化来赚钱。在操作上,杠杆收购通过借债获得资金买断上市公司的控股权,然后再用公司未来经营中的现金流来偿还债务的利息。杠杆收购成功的关键在于准确预测出目标公司的现金流,并以此决定它能借多大规模的债来实施杠杆收购。

博斯基靠做风险套利(risk arbitrage,这是华尔街的一个新现象)来赚钱,他首先买入一个潜在的被收购公司的股票,一旦收购完成,一般来说,被收购公司的股票会上涨,他就将股票卖掉,狠赚一笔。在这种操作中,他只有一个风险,那就是:如果收购没有实现的话,他只好自己兜着了。1982年,当海湾石油公司(Gulf Oil)收购城市服务公司(Cities Service)的企图以失败告终时,博斯基损失了2400万美元。为了提高成功的概率,博斯基开始编织一张那些愿意为他提供内部消息的银行家和经纪人组成的网络,其中包括基德·皮博迪公司(Kidder Peabody)的马丁·西格尔(Martin Siegel),德莱克塞尔-伯纳姆-兰伯特公司(Drexel, Burnham, Lambert)的丹尼斯·林文(Dennis Levine),这些公司都是老牌且受人尊敬的公司。

有一种很流行的观点:只要是为客户尽职谋利,利用内部信息是天经地义的。但是,事实上从19世纪30年代起,尽管没有一个十分明确的办法界定什么是内幕交易,内幕交易一直都是非法的。而且,博斯基所做的内幕交易使人几乎无法为他辩护——他用装满现金的箱子去交换他所需要的内部信息。1986年11月14日,证券交易委员会宣布,博斯基已经承认他的很多行为触犯了证券法,并正在接受政府的进一步调查。最后,博斯基被判入狱3年。

迈克尔·密尔肯却是个完全不同的人。他是一位会计师的儿子,有着非凡的分析能力,像100年前的J.P.摩根一样,他只需扫一眼就能掌握一张资产负债表的内容。在洛杉矶长大后,他于1970年加入了德莱克塞尔-伯纳姆-兰伯特公司,这家公司在历史上曾经一度与J.P.摩根联合,成为德莱克塞尔-摩根公司。作为20世纪80年代华尔街金融市场全球化的一个见证,在这10年中的大部分时间内,影响这个市场的最重要的人物大部分时间都住在洛杉矶,而不是在纽约。由于时差原因,他每天凌晨4点(相当于纽约的7:00)起床去办公室开始为纽约的开市做准备。

密尔肯最擅长的领域有一个不幸的名字,叫作垃圾债券。这些债券通常比政府和蓝筹公司发行的债券有更高的收益率,但它们的收益率高是因为它们有更高的风险。一些垃圾债券的信用等级被定得很低,原因是发行这些债券的公司已经陷入了困境。但是密尔肯认为,很多垃圾债券的实际回报率超过了补偿其风险所需的回报率,所以是很好的投资。密尔肯还意识到,发行垃圾债券可以为微处理器出现所引发的一系列新技术产业的发展提供必需的资金。新技术领域的公司当然蕴藏着风险,但是其潜在的回报足以补偿这些风险。密尔肯把这一哲学运用得淋漓尽致,扶持了诸如美国有线新闻网(Cable News Network,也就是 CNN)等公司的起飞,CNN 对美国电视新闻行业起了革命性的推动作用;此外,还有麦克格雷(McGraw Cellular)公司,它是一家提供移动电话服务的公司。在 20 世纪 80 年代以前,移动电话除了在科幻小说里,根本无法想象,而在今天的城市中,移动电话几乎像手表一样随处可见。

随着 80 年代中期杠杆收购热潮的兴起,密尔肯和德莱克塞尔公司也开始用垃圾债券为杠杆收购提供融资。1985 年,罗恩·佩尔曼就是靠密尔肯和德莱克塞尔公司为其发行的垃圾债券的帮助,控股了露华浓公司(Revlon)。第二年,当杠杆收购浪潮达到顶峰时,股市也攀升到前所未有的高度。密尔肯当年从德莱克塞尔公司得到了一份高达 5.5 亿美元的年终奖金,这使他成为美国历史上薪水最高的雇员。即使让密尔肯在 1987 年 1 月 1 日彻底破产的话,仅他 1986 年的年终奖就可以使他成为《福布斯》富豪榜 400 人名单中的前三名。

但是,就在那一年的年底,伊凡·博斯基为了能够减轻罪责,开始指控别人,他指认密尔肯也是他获得非法内部信息的一个来源。迈克尔·密尔肯在多大程度上犯有罪行?也许,他实际上只是博斯基这类为了自救而乱咬的骗子和那些希望通过一案成名的野心勃勃的公诉人的牺牲品。直到十几年后的今天,陪审团对这些问题依然意见相左。而在当时,他被控犯有不少于 98 条重罪,如果这些罪名都成立的话,足以使他入狱 500 年,同时他被威胁说他的兄弟也将受到指控,于是他只好与法院达成了妥协——对其中少数较轻的指控认了罪。尽管当时的女法官承认,她在密尔肯的账目上发现的问题不超过几十万美元(这个数目还不足密尔肯 1986 年年终奖金的万分之五),但是她依然判处密尔肯入狱 10 年(是博斯基刑期的三倍)并且处以 6 亿美元的罚款,这是美国商业史上对个人的最高罚金。

其实,密尔肯最大的罪过是狂妄自大。他确信他有能力做成任何他所染指的交易,同时也低估了他的敌人。密尔肯作为一个金融家走向毁灭,是因为他没有摩根那种对事物极限的把握能力和对周围敌对势力敏锐的洞察力,因此,像很多 20 世纪 80 年代翻云覆雨的华尔街人一样,他认为好光景会永远继续下去,不知不觉中他把自己当成了宇宙的主人。

——摘自约翰·S.戈登.伟大的博弈——华尔街金融帝国的崛起[M].中信出版社,2005:358-361.

第二章注释

[1]本杰明·格雷厄姆,戴维·多德.证券分析[M].海南出版社,1999:51.

[2]乔治·阿克洛夫,罗伯特·席勒.钓愚——操纵与欺骗的经济学[M].中信出版集团,2016:45.

[3]陈志武.金融的逻辑2[M].西北大学出版社,2015:141-143.

[4]E.迪姆森,P.马什,M.斯汤腾.投资百年收益史[M].中国财政经济出版社,2005:53-55.

[5]周小川.国际金融危机:观察、分析与应对[M].中国金融出版社,2012:2-3.

[6]乔安妮·凯勒曼,雅各布·德汗,费姆克·德弗里斯.21世纪金融监管[M].中信出版集团,2016:11-12.

第三章　股份有限公司与股票市场

收益与风险素描

　　股份有限公司是伟大的公司制度创新,是现代企业制度的基本形式,股份发行是现代大规模生产企业满足巨额融资需求的重要途径。只有在股东的有限责任制成为一种基础性、普遍性和长期性的原则之后,股东才能沉浸在不受限制的上升潜力中。而合伙制是一种天然的结构,少数几个人走到一起,共同成立一家公司,在经营过程中,声誉和诚信尤为重要。传统的专业公司不论是投资银行、律师事务所、咨询公司还是会计师事务所,都是以合伙制为基础组建的。合伙人本身就是公司的所有者,他们承担无限责任。但受制于合伙人之间的非标准化投资合约,合伙人对公司所做的投资流动性极差,合伙制公司规模很难扩大。股份有限公司在取代合伙制成为工业社会的主流公司制度后,一定程度上也丢失了合伙制公司的优点,比如着眼于公司的股东利益和长远利益等等,需要通过其他的制度安排来融入和吸收合伙制的优点。

　　对股份有限公司的管理,是一个极其复杂的系统工程,需要基本的法律制度、经济制度和政府监管部门的积极参与。公司治理是在股东分散的情况下,针对大股东有可能侵害小股东的利益、经理人有可能侵害股东利益而采取的一系列制度安排;公司治理也是关于不同的投资人之间、投资人与管理者之间收益与风险关系的协调机制;良好的公司治理有助于公司价值的实现和在利益相关者之间公平合理地进行分配,良好的公司治理也需要利益相关者的积极参与并建立合理的利益制衡和风险分担机制。

　　股票市场是公司产权的规范化交易市场,本质上是为了提高投资人股票财产的流动性。但它一旦成立,就有其自身运动的逻辑。我们用股票市场指数来反映股票价格的整体变化,股票市场最大的特点

　　它的波动性,并且波动的幅度远远大于基本面的波动所能解释的幅度。从整体上看,股票市场的最大风险是其价格走势严重脱离公司经营的基本面,价格大幅上涨或大幅下跌,进而威胁到市场自身存在的价值。这样的风险可能来自于:法律经济制度不完善、政府监管不力、股票市场的制度缺陷和投资者的非理性等等。

经典阅读

从"无商不富"到"无股权不大富"

　　俗话说,"无商不富"。这话说得有道理,只是传统的"商"最多只能带来小富。现在是"无股权不富",至少是无股权难以"大富"。差别在哪里呢?传统商业是以制造产品、卖产品、卖服务来赚当前的钱,这样你得一天一天地去赚、去积累,但毕竟人的生命有限,每天的买卖赚得再多,一辈子也只有这么多天,而且还要考虑生病、节假日等因素。

　　但是,有了股权交易市场,比如股票市场之后,财富增长的空间就从根本上改变了。因为在正常情况下,股价是未来无穷多年的利润预期的总贴现值。也就是说,如果一个公司办成功了而且职业化的管理也到位,让公司享有独立于创始人、大股东的"法人"人格,那么,这个公司就具有无限多年生存经营下去的前景,拥有这个公司的股权就等于拥有了这种未来无限多年收入流的权利。当你卖掉这种股权时,等于是在卖出未来无限多年的利润流的总贴现值,这就是为什么靠股权赚钱远比靠传统商业利润来得快、财富规模来得大!你想,一个人靠自己一天天累积利润,靠自己的长寿来最大化个人财富,怎么能跟一个通过股权交易把未来无限多年的利润今天就变现的人比呢?后者的未来利润总和是不受自然人的寿命限制的,是无限的。这就是盖茨、李彦宏、施正荣等能在二十几、三十几岁就成为亿万富翁的核心原因,这种情况在历史上从来没有过。

　　我们会说,传统中国也有股份合伙企业,那些股份虽然没有活跃的交易市场,但也不是可以买卖吗?为什么以前就不能以"股权致富"呢?这就涉及现代和传统社会的核心差别问题,亦即产权保护体系和契约交易(证券交易)所要求的配套制度架构问题,是决定能赚"大钱"还是只能有"小钱"的问题。

　　首先,一个公司的管理是否能够足够职业化、非人格化,决定了公司的寿命是否能超过创始人的生理寿命,并"无限地"活下去。如果公司的管理不能与创始人、主要股东的自然人格脱离,公司的利益和股东的私人利益不能分开,公司没有独立的"法人"人格,这个企业就没有自身的独立生命,顶多是自然人为了小打小闹的短期生意而设,企业的生命与创始人的生理寿命捆绑在一起。也就是说,靠股权致富而不是靠今天卖产品致富的第一要素是,公司具有独立于自然人的无限"法人"生命,这是股权价值等于未来无限多年利润流的贴现总值的前提,否则股权不值钱! 只有企业有长久生命力,"股权致富"才有基础。

……

其次,即使企业能够发展到非人格化管理,能够无限多年生存下去,亦即利润流可以无限长久,那么,企业的股权作为一种长期产权是否能得到保护,这又极为关键。如果产权(特别是无限长久的产权)得不到保护,或者产权的界定根本就不明晰,公司的生命不管有多长,其股权还是难以有交易市场,至少没有人愿意出高价,也不会有"股权致富"的通道。所谓"无恒产者无恒心",没有产权保护,自然没有人去相信公司无限生命的价值。

……

最后,除了公司能长久生存、产权无限期受到保护外,股权的交易市场必须足够广泛,交易成本必须足够低,交易量必须足够大,否则,股权没有流动性,价值也不会太高,"无股权不大富"就难以成立。这就再次涉及法治、监管、权力制衡的问题。

所以,法制和产权保护体系是一个社会能否从简单的"无商不富"过渡到"无股权不大富"的基础。

——摘自陈志武.财富的逻辑 2[M].西北大学出版社,2015:4-7.

第一节　股份公司的发展

在 1595—1602 年的短短几年中,荷兰在遥远的亚洲国家陆续建立了 14 家贸易公司。这些公司各自单独派遣船队前往印度收购胡椒和香料,彼此竞争,这些货物的产地收购价不断抬高,而在本国的贩卖价格严重下滑。而此时,除葡萄牙之外,英国这一强劲外敌也登上竞争舞台。在这样的局势下,政治家约翰·范·奥尔登巴内费尔特(Johan van Oldenbarnevelt)在诸公司间展开了积极的斡旋,1602 年 3 月,历史上第一家股份公司荷兰联合东印度公司(V·O·C)成立了。荷兰东印度公司对股东实行的是有限责任制,股东只需以出资的形式来向公司贡献力量,是一种避免将个人私生活一并牺牲的体制。[1]

荷兰东印度公司开始时没有民主的股东大会,实行专制独裁的经营体制。在英国,在 1657 年克伦威尔改革以后,英国的东印度公司开始有了民主的结构;1662 年,查尔斯二世承认股东只承担有限责任,可参加股东大会,实行民主经营决策。股份制可以说是现代企业制度的代名词,但在其发展的历史中,它的实体究竟是一种怎样的经济关系以及是怎样的资本结合与支配关系,受到了当时和当地的政治法律环境、社会经济制度以及技术发展水平等的制约,从而呈现出千姿百态的权利义务组合形式。

在大西洋的彼岸,纽约州于 1811 年通过一项法案,规定满足最低要求的任何个人都可以开设公司,不需要政府再颁授任何特权,并且法案明文规定了股东的有限责任:他们承受的损失上限就是投资于公司股票所支付的全部资金。当时纽约州的立法者或许并没有意识到自己会成为一个全新的市场体系的发明者。

这项法案的全称是"为促进羊毛、棉、大麻及亚麻纺织品生产和其他事项的法案",最终,正是这些"其他事项"对历史的发展产生了持续的重要影响。该法案使自主成立公司的权力和股票交易不受制约的理念凸显出来:它们以具有想象力的方式引导资金投向新的理念和新的商业模式。就算其中有一些理念最终是失败的,但其中总有成功的一部分。1811 年纽约州的法案,后来成为世界各国制定公司法所参照的模板。[2]

鸦片战争之后,一些股份制的外国公司进入中国。据估计,在 1843 年全香港共有英资企业 22 家,印资企业 6 家。而居港欧资巨商为了保护自身利益,早在 1844 年 5 月初已宣布成立一个私人会所,名为"香港俱乐部"(Hong Kong Club,亦称香港会所)。1852 年之前,已有公司在香港招股以"筹集资金"了。[3]1869 年,有从事股票经纪的外国商号,专门从事外国企业的股票买卖。19 世纪后半叶,清政府的洋务派创办了一些近代军工企业,如江南制造总局、金陵制造局等。随后,又兴办了一些官办、官商合办的民用工业,如轮船招商局、开平煤矿、汉阳铁厂、上海机器织布局等。这是中国最先采用股份公司形式的一批企业。到了 20 世纪 30 年代,已有一批民族资本的股份公司从事工商业经营,特别是大的商业银行,多采用股份有限公司的组织形式。

中华人民共和国成立后,随着没收官僚资本和对生产资料所有制的社会主义改造,大中型企业都转化为公有制的国营企业。它们的"资本"都属于国家,国营企业的新建和扩建,其投资则由国家财政统一筹集,以股份公司的形式不再有存在的依据。至于股票市场,在新中国成立之初即已被取缔。

1990年12月19日,在上海黄浦路15号原浦江饭店旧址,上海证券交易所正式开张营业,这是中国改革开放后首次设立的场内证券交易场所,首次上市交易的证券共30种,包括5种国债、8种企业债、9种金融债、8种公司股票。稍后的1991年7月3日,已经试营业一段时间的深圳证券交易所正式开业。自此,中国上海、深圳两大交易所的证券市场格局开始形成,企业直接融资有了便捷的渠道,投资者可以买卖挂牌上市的证券,证券公司作为股份有限公司直接融资和投资者买卖证券的市场中介以及自身买卖证券的市场参与者也开始在中国资本市场活跃起来。

第二节 股份有限公司和股票

股份公司从诞生之日起就是法律的产物,从皇家的特许到变成民间的自主选择,因为涉及利益相关者复杂的利益纠葛,都需要相应的法律保障。根据我国《公司法》的相关规定,在股份公司中,股份有以下三个方面的含义,一是公司资本的最小构成单位。股份有限公司(corporation limited,Co.,Ltd)的全部资本为等额股份,每一股份代表一定的金额且该金额相等。二是表彰股东的权利和义务。股份有限公司的股东以其所持有的股份多少享有对公司的权利,并按照其所认购的股份数额负缴纳股款的义务,以其所持有的股份为限对公司承担责任。三是股票(stock)的实质内容。股份有限公司的股票是股份的外在表现形式,股份实为股票的内在价值。股票的转让即为股份的转让。

持有公司股份的人是股东,有取得股息、参加股东大会,以及选举和被选举等权利。股票是股份有限公司在筹集资本时提供给出资人的股份凭证,现在股票市场都是电子化交易,没有纸质的凭证,股票只是储存在股东账户里的电子形式的股票名称和数字记录,跟银行存款差不多。

股份有限公司最大的特点是责任有限。股东对公司负全部经济责任,只限于出资额,公司无权要求股东承担超出出资额的任何责任。公司以其全部财产对公司的债务负责。公司破产时,不能动用股东的家产还债。

股份有限公司只承担有限责任(limited liability),与个人独资、合资企业等非公司制企业迥然不同。个人独资企业承担的是无限责任,如果公司破产,资不抵债,个人必须动用家庭全部财产偿还。合伙企业中合伙人承担的也是无限责任,当企业破产时,也必须动用各自家庭的财产偿债。当然,合伙制也有其优点,比如,美国历史上的 J.P.摩根银行作为一个私人合伙银行,合伙人要承担所有损失的风险,但他们愿意承担这种风险,这样他们的资本情况可以得到保密,他们的账目也可以免于检查。这种传统对这家银行的神秘和强大起到了无可估量的影响。在 1940 年,随着银行监管制度的改变,J.P.摩根银行宣布要向股份制转变,继承人可以在不分散银行资本的同时,卖掉手中的股票。他们还希望涉足信托生意,而合伙人制度是不能经营这种业务的。1927年,美国电话电报公司为第一个大型合作退休计划提供资金,摩根人也想抓住类似巨大的资金。[4] 1970 年以前,纽约证券交易所要求其会员必须采用合伙制组织形式,原因是会员们认为这种组织形式是最佳形式(或许出于抑制竞争的动机)。最终,商业技术的变革使公司规模逐渐扩大,交易所也相应放松了这条规则的执行。从某种程度上讲,人们为了选择一个有助于公司快速成长的制度,而放弃了管理长期声誉和远期风险的动力。

股份有限公司与有限责任公司相比,也有很明显的优势。股份有限公司股东的人数只有下限没有上限,而有限责任公司的股东人数则是有上限的,我国公司法规定,有限责任公司由 50 个以下股东出资设立,因此,它很难在短期内筹集到巨额资本。

企业发展需要资金,除了发行股票,还可以发行债券。两者最大的区别是:债券到期需要还本付息,而股票只是看情况根据股东大会的决议支付股息,并不需要还本。股东出资认购股份后,股东不能要求公司返还出资,但股份可以在市场上转让。

股份有限公司没有固定的经营期限,加上责任有限和不能退股,保证了股份有限公司可以在短时间内筹集巨额资本从事长远的事业。股东可以转让他的股份,不影响股份有限公司的正常经营。可以套用一句话,可谓"铁打的股份有限公司,流水的股东"。我国俗称的"富不过三代",除了政治、法律等方面的原因之外,没有找到合适的企业组织形式也是原因之一。后代往往在分割创业者的财富时,只能以金钱或实物来进行分配,结果是大的企业变成小的,小的企业最后变成了实物,这样百年老店就成了稀罕物,财富也没有办法得到代际之间的进一步扩大。

彼得·德鲁克认为:就像所有的机构一样,能够而且必须根据它所服务的社会和它与组成社会的个体之间的关系对公司进行分析。但首先,我们必须从公司本身来理解它；为了服务于社会和个人，它必须能够根据它自己的规则来运行。就像任何一个机构，作为一个组织，生存是公司的第一法则；而且生产具有最大经济回报的产品，实现它自己目标的能力就是评价公司业绩的首要标准。公司是永恒的，而股东是暂时的。甚至可以毫不夸张地说，就社会和政治角度而言，公司是先验存在的，而股东只是它的衍生物，只存在于法律的假定中。[5]

股票市场从诞生的第一天起，就充满了争议，也是一个利益争夺的场所。形形色色的人物来到股市，既有憧憬公司未来的普普通通的投资者，也有恶意操纵市场鱼肉其他投资者的庄家；既有为公司创造价值、创造财富的兢兢业业的管理者，也有私利不惜损害公司利益的盗窃者；既有充分照顾其他股东尤其是小股东利益的大股东，也有通过关联交易、违规担保等手段肆意侵害小股东利益的大股东，还有进行内幕交易攫取巨额利益的犯法者等等。企业的股权作为一种长期产权是否能得到很好的保护，对于股票的价值来说至关重要。如果产权的界定不明晰或在长期内得不到有效的保护，那么股权就难有交易市场，法治和产权保护是一个社会的股票价值能否得到实现的关键因素。

第三节　股份的分类

股份有限公司的股份根据不同的标准，可以分成不同的种类，根据各国公司法实践，大致有以下的分类。

一、优先股与普通股

普通股指公司发行的对公司无特别权利的股份。持有此种股份的股东，其股东权一律平等，股东平等地享有盈余分配权和剩余资产请求权。

从投资的角度，普通股有两个最重要的特点，一是剩余请求权（residual claim），一是有限责任。剩余请求权意味着普通股持有人对公司资产和收益的要求权是排在最后一位的。在公司清算资产时，普通股股东只有在其他索赔人，如税务机构、公司员工、供应商、债券持有人与其他债权人都得到赔偿后，才能就剩余财产请求索赔。不在清算范围的公司，在收入扣除利息与税收后，普通股股东才拥有对运营收入的要求权。公司管理层在支付公司的剩余时,或者以红利的形式给予股东现金,或将盈利再投资,以增加股东所持有股票的价值。

关于优先股,根据其优先权的不同,可以划分为盈余分配优先股和剩余财产分配优先股。盈余分配优先股指对公司依法弥补亏损、提取公积金后的盈余有按照约定的股利率优先于普通股分配的股份。公司对盈余分配优先股分配之后方可就剩余的盈余对普通股进行分配。剩余财产分配优先股,指对公司解散清算后剩余的公司财产享有优先于普通股分配的股份。

盈余分配优先股还可以进一步划分为累积的优先股和非累积的优先股。累积的优先股是指公司当年依法弥补亏损、提取公积金后的盈余未能按照约定的股利率进行分配时,可从次年和次年以后的盈余中予以补足的优先股。反之,如公司当年依法弥补亏损、提取公积金后的盈余未能按照约定的股利率进行分配时,不可从次年和次年以后的盈余中予以补足的优先股,为非累积的优先股。[6]

二、复数表决权股与无表决权股

这是根据股份所表彰的股东权中的表决权的多寡及有无为标准所做的划分。普通股均有表决权,且每股具有一个表决权。以普通股为基准,如一股有数个表决权的股份,为复数表决权股。反之,无表决权的股份为无表决权股。运用复数表决权股可用较少的资本实施对公司的控制。无表决权股最早产生于美国,该种股份一般向那些不热心于公司经营的股东发放。无表决权股一般多为优先股。

一些公司的创始人,在公司规模扩大的过程中,需要不断融资以促进公司的发展,但是又不想失去对公司的控制权,就可以采取复数表决权的股份约定。比如,马云的阿里巴巴最初想在香港上市,但因为香港联交所不接受同股不同权的股份安排,最终阿里巴巴到美国上市了。随着阿里巴巴的快速发展,到 2017 年年底,其市值已接近 5 000 亿美元,稳居国内上市公司的前茅。2017 年香港联交所也在考虑放宽政策限制,接纳像阿里巴巴一样的实施同股不同权的公司在香港上市,以促进香港资本市场的发展。需要注意的是,尽管在美国等西方市场这样的公司可以上市,但是这些国家市场上有严格的监管机制可以有效地限制大股东对小股东的侵害行为,比如集体诉讼制度、有效的做空机制等等。在上市制度做出变更的同时,市场监管的力量也要跟上。

三、国有股、法人股、个人股和外资股

这是我国根据投资主体及资金来源不同对股份所做的特殊分类。国有股是指有权代表国家投资的部门或机构以国有资产向股份有限公司投资形成的股份,其中包括国有企业改建为股份有限公司时已投入企业的国有资产折成的股份;法人股是指企业单位法人、事业单位法人或者社会团体法人以其依法可支配的或者依法可用于经营的资产向股份有限公司投资形成的股份;个人股是指个人以其合法财产向股份有限公司投资形成的股份,包括社会个人股和本公司内部职工股。外资股是指以外币或者港元认购和交易的股份,其中,在中国内地上市交易的称为 B 股,在中国香港上市和交易的称为 H 股,在纽约上市交易的称为 N 股,在新加坡上市交易的称为 S 股。[6]

当然,股份还可以划分成偿还股与非偿还股、转换股与非转换股、记名股与无记名股、面额股与无面额股等等,主要根据是各个国家或地区相关的法律规定。并且,为了适应当地公司股东结构特点和公司历史发展的独特性等,多种多样的权利和义务组合可以形成不同的股份分类。

1984 年 12 月的一天,位于上海市武夷路的飞乐公司门口,不少人排成长长的队伍,在购买新中国改革开放后首次发行的股票。这是 11 月 18 日新成立的上海飞乐音响股份有限公司(亦称小飞乐)公开向社会个人和集体发行的公司股票,共发行 1 万股,每股面值 50 元。该股票于 1986 年 9 月 26 日成为新中国第一批在工商银行上海市信托投资公司静安证券营业部挂牌交易的股票。

1992 年,邓小平南方讲话之后,中国公司的成长故事正在路上。在青岛,张瑞敏的海尔已经晋升为国家一级企业;柳传志的联想正试图从上一年的黑色风暴中缓过气来;靠贩卖科技器械起家的万科,现在已经变成一家以房地产为主业,同时又无所不做的"集团公司";在深圳的任正非,迎来人生的一个转机,华为自主研发的大型交换机终于在这年研制成功;萧山的鲁冠球击败国内所有的万向节专业制造工厂,他的产品拥有全国 60% 的市场份额;已经成为全国青年楷模的史玉柱决定建造巨人大厦……中国开始从观念驱动向利益驱动的时代转型,政府表现出热烈的参与欲望和强悍的行政能力,国营、民间和国际三大商业资本将展开更为壮观和激烈的竞争、博弈和交融。[7]

经过近 30 年的高速发展,截至 2017 年年底,上交所股票市场筹资总额在

世界交易所联合会（WFE）排名中名列第三，市值排名第四，沪市上市公司2017年股票总市值达33万亿元，而深交所的总市值达23.58万亿元，股票市场服务实体经济效能凸显。

存托凭证（depository receipt）是甲国公司为使其股票在乙国流通，将一定数额的股票委托某一中间机构保管，由保管银行通知乙国的存托银行在当地发行代表该股份的存托凭证，这一存托凭证可以在乙国证券交易所或柜台市场交易。存托凭证的英文简称是DR，依国别不同而在前面加上代表国家或地区的英文字母，CDR就是在中国发行的外国公司的存托凭证。2018年5月11日，证监会发布关于修改《证券发行与承销管理办法》的起草说明，此次修订将CDR纳入该管理办法的适用范围，继《存托凭证发行与交易管理办法》（征求意见稿）之后进一步定义CDR与股票性质类似，为CDR发行细则（定价、申购等）的确定提前铺路。

引入CDR，长期来看，适应了中国证券市场加大对外开放力度的需要，可以增加投资者投资海外优质企业的渠道；就近期来说，则满足了在美国上市的中国"独角兽"企业回归中国A股市场的需要，比如，我国几乎所有重要的互联网公司在20世纪90年代开始在美国上市，而这些公司大部分的资产、业务和市场都在国内，但国内市场投资者没有办法分享中国互联网企业高速成长带来的收益。

第四节 股票价格

一、票面价格

票面价格是在公司成立时所设定的法定每股价格，它主要是用来计算新公司成立时的资本总额。

资本总额＝票面价格×发行股数

正因为此，有关股票发行的法律一般规定股票不得低于面值发行。股票发行价格高出票面价格的部分在会计报表中记为股东权益项下的资本公积金科目。

国内的票面价格一般是 1 元,而香港的股票的票面价格还有 0.1 元或者是 0.01 元的。A 股中唯一的例外是紫金矿业(A 股股票代码是 601899),该公司首先在香港上市,2008 年回归 A 股上市时,它的票面价格为 0.1 元。又比如,2017 年 7 月 20 日在香港联合交易所创业板上市的高科桥光导科技股份有限公司(港股代码 08465)股票面值 0.01 港元,发行价 1.68 港元,上市交易首日收盘价 1.84 港元。

二、发行价格

公开发行需要投资银行的帮助,发行价格是指股票上市前在股票一级市场公开发行的价格。发行价格一般会高于公司股票的票面价格,其定价方法有市盈率法、净资产倍数法和竞价法等,但公开发行的定价并非易事。一些股票首次发行后表现很差,甚至一些股票无法完全售出。承销商不得不在二级市场上将无法售出的证券以亏本的价格出售,由此可见,投资银行承受着承销过程中的价格风险。

首次发行也可以通过私募(private placement)而非公开销售的形式。私募时,其成本远远低于公开出售,但由于一般社会公众不能投资私募的证券,因此,私募的发行量较少,私募证券也不能在二级市场上进行交易,这都大大减少了私募证券的流通性,但是也使得投资者有条件以较低的价格购买。

股票上市后,二级市场首日交易的收盘价一般会高于发行价,这在全世界是一个普遍现象,被称为"IPO 抑价(initial public offerings underpricing)",学术界提出了很多理论对此现象进行解释。比如,有理论认为投资银行为了降低自己承销的风险,建立自己在发行市场的声誉,投资银行会将公司的发行价格定在较低的水平,因而使得上市后股价上涨。

有趣的是,尽管一些首次公开发行的股票初始阶段表现非常好,但是它们的长期业绩却比较差,这就是所谓的长期弱势,也有很多理论来解释这个现象,其中有一种认为原因主要在于公司为达到上市标准提高发行价格,在上市前对财务报表进行了粉饰。上市以后,则需要慢慢"偿还"通过盈余管理得来的额外收益,因而其财务表现较差而导致在市场上价格走势较为弱势。

三、账面价格

账面价格又称每股净资产(或称为每股股东权益,它是每股的资产减去每股的负债得到的属于股东权益的净资产),等于公司总的净资产与总股数的比值。公司的每股净资产越高,表明其抗风险能力、融资能力以及给股东分红的能力越强。

所有者权益包括实收资本、资本公积、盈余公积和未分配利润。实收资本包括以面值计算的股本;资本公积是企业收到投资者出资额超过其在注册资本或股本中所占份额的部分,以及直接计入所有者权益的利得和损失等;盈余公积是指企业按照有关规定从净利润中提取的积累资金;未分配利润表示公司利润中没有分红而重新投资于公司的那部分利润,反映了股东权益的增加。未分配利润通常并非以现金的形式存在,虽然留存收益可能包括部分现金,但其大部分都被投资于存货、厂房、机器设备之中,或用于偿还债务。

四、股票的除息和除权

(一)现金股息与除权

除息(ex-dividend)是指从股票价格中除去领取的股息,当公司决定对股东发放现金股息时,就要对股票价格进行除息处理。下面是与除息相关的几个概念。

1.与除息相关的几个日期

(1)宣布日。这是指公司董事会将发放现金股息的事项予以公告的日期。公告中将宣布股权登记日、除息日等。

(2)派息日。这是指股东领取股息的时间,一般有一个时限范围。

(3)股权登记日。由于股票不断地在投资者之间流通转让,为了确定本次股息具体的发放对象,需要在股息发放之前确定一个截止日期对股东名册进行登记。在不同的交易结算制度下,股权登记日有所不同。

(4)除息日。又称除息基准日,是股票价格中除去领取股息权利的日期。除息日之前的股票是含息股票,在除息日之前股票含有领取本次股息的权利,在除息日之后则失去这一权利。目前我国的除息日是股权登记日之后的下一个交易日。

2.除息基准价

为了真实地反映股票的权利变化,对除息日的股票交易价格进行技术处理,将这一天的股票价格除去本次发放的现金股息作为开盘指导价,称为除息基准价,计算公式是:

除息基准价=除息日前一天收盘价-现金股息

[例1]某上市公司向股东每10股派发2元股息(折合成每股是0.2元),7月17日收盘价为24元,7月18日为除息日,则:

除息基准价=24-0.2=23.8(元)

3.填息和贴息

除息日前一天收盘价与除息基准价之间会有一个价格缺口,本次发放的现金股息越多,价格缺口越大。除息以后,如果价格向上填补了这个缺口,则称为填息;如果未能填补,则为贴息。

(二)股票除息与除权

当公司发放股票股利时,需要对股价作除权处理。

1.与除权相关的几个日期

同除息相似,除权同样有宣布日、股权发放日、股权登记日和除权日。

2.除权基准价

除权基准价是将除权前一日该股票的收盘价除去所含权值后的价格,可作为除权日开盘指导价。除权基准价的计算公式是:

除权基准价=除权日前一天收盘价/(1+送股率)

[例2]某上市公司向股东每10股派发2股红股(折合成每股是0.2股),7月17日收盘价为24元,7月18日为除权日,则:

除权基准价=24/(1+0.2)=20(元)

(三)股票拆股、送配股的除权

当公司股票发生拆股、配股等情形时,需要对股价进行除权处理。除权基准价的计算可以分为以下几种情形:

1.拆股除权

股票拆股时除权基准价的计算公式为:

除权基准价=除权日前一天收盘价/(1×拆股比率)

2.有偿增资配股除权

股票有偿增资配股时除权基准价的计算公式为：

除权基准价=（除权日前一天收盘价+配股价×配股率）/（1+配股率）

3.无偿送股与有偿配股搭配的方式

无偿送股与有偿配股搭配时除权基准价的计算公式为：

除权基准价=（除权日前一天收盘价+配股价×配股率）/（1+配股率+送股率）

当然还有送股、拆股（或用资本公积金转增股本）与送现金股息相结合的方式，计算除权（或除息）基准价时要掌握的一条原则是，对于股东来说，用除权前一个交易日收盘价计算的总价值加上配股付出的成本，与除权后按照新的股份总数乘以除权基准价所得的积再加上得到的现金股息的和，两者是相等的。换言之，除权前后分别按照前一个交易日收盘价和除权基准价计算的股东总的权益不变。

第五节　股票（证券）交易所

股票和股票交易所都诞生于 17 世纪初的荷兰。那时，荷兰是真正的海上强国。荷兰的东印度公司（The Dutch East India Company）是世界上第一家发行股票的公司。1611 年，荷兰的阿姆斯特丹出现了证券交易所的雏形。后来，英国崛起，股份有限公司纷纷出现，1773 年在英国伦敦柴思胡同（Change Alley）的乔纳森咖啡馆（Jonathan's Coffee House）中，出现了第一个正式的证券交易所，即今天的伦敦证券交易所（London Stock Exchange，LSE）的前身。其后，1792 年美国纽约证券交易所（New York Stock Exchange，NYSE）成立，1878 年东京证券交易所（Tokyo Stock Exchange，TSE）成立，1891 年香港股票经纪协会（香港证券交易所的前身）成立。

世界著名的证券交易所还有巴黎证券交易所（Paris Stock Exchange）、德国法兰克福证券交易所（Frankfurt Stock Exchange）、上海证券交易所（Shanghai Stock Exchange）等。

各个交易所对上市公司的规模、盈利等指标的要求不一样，股票市场的存在不只是为了企业融资，也是为了投资者，为了老百姓配置自家资产而提供各种证券品种，让他们有机会优化其财富组合，有效地规避风险和安排未来的福利。这两个功能不可偏废,曾经有一段时间,中国股市过分强调国有企业上市融资而忽视对投资者利益的保护,结果造成股价长期低迷,融资功能也随之缺失。股市还有一个极其重要的作用,那就是为整个经济和社会提供价值评估信号,而这个信号是在交易中由价格来形成的。

股票转让的方式包括场内交易(floor trading)和场外交易(over the counter,OTC)两大类别。场内交易是指在固定的交易所(stock exchange)内集中和竞价交易。场外交易没有集中固定的交易场所,是在证券交易所以外的证券交易柜台上进行的,连接这些分散交易的是通信和网络设备。全球规模最大的股票市场——美国纳斯达克(National Association of Securities Dealers Automated Quotations,NASDAQ,全美证券商协会自动报价系统),是最有名的场外交易市场。

近年来,并购潮使得传统交易所的数量呈下降趋势。同时,在互联网金融的背景下,另类交易系统正以惊人的速度大量涌现,暗池(Dark Pools)即是其中之一,在2000年前后,暗池交易几乎还不存在。暗池交易区别于传统交易所交易模式的显著特征是:不提供公开的买卖报价。与传统交易所相比,暗池在提供更好的流动性、降低交易成本和冲击成本等方面具有明显的优势,未来的交易所将面临深刻的变革。

我国《公司法》规定:股东转让其股份,应当在依法设立的证券交易场所进行或者按照国务院规定的其他方式进行。我国目前的交易所主要有上海证券交易所和深圳证券交易所,是所谓的主板市场。深交所还分成主板、创业板和中小企业板三个板块。还有新三板市场,这也是全国性的股票市场,各个地方还有区域性股权交易市场,加上券商的柜台市场,构成了我国的多层次资本市场体系,依次来讲,主板市场上市的标准比较高,对企业的规模和盈利有较高的要求,中小企业板基本与主板类似,创业板次之。新三板和区域性股权市场上市的标准较低,且只能采取私募的方式筹集资金,从企业的规模、盈利等情况看,大部分属于中小企业,未来的发展面临较大的风险,因此,证监会对参与该市场交易的投资者有更高的资产数量和投资经验要求,采取所谓的投资者适当性管理,让投资者承担风险的能力与市场的整体风险水平相适应。

第六节　股票价格指数

　　投资者有时候需要判断一个股票市场的总体情况和趋势,或者需要比较不同股票市场的强弱,这时候,就需要有表示股票市场总体价格水平的指标,这就是股票价格指数(Stock Price Index)。

　　股票价格指数可以分为综合指数和成分指数。把全部上市公司股票的价格都考虑在内的指数是综合指数,只考虑部分股票价格的指数是成分指数。

　　指数是没有单位的。指数的制定过程大约是,选取某一天作为基期,比如说股市开市的日子,把这一天的股票价格进行加权平均,权重按照每只股票流通市值占总的流通市值的比例赋予,然后把这个价格规定为没有单位的 100 或者 1 000。以后每个交易日的指数,以此为标准计算确定。

　　全球著名的股票价格指数如下:

　　道琼斯工业平均价格指数(Dow Jones Industrial Average,DJIA),简称"道指",由道琼斯公司编制,反映的是在纽约证券交易所上市的最大和最有名的 30 家公司的股价总体情况,这 30 家公司并非全部是工业公司,"工业"一说不过是出于尊重传统,于 1896 年 5 月 26 日在《华尔街日报》上首次发布。

　　标准普尔 500 指数(Standard & Poor's 500 Index,S&P500)是记录美国 500 家上市公司股票价格的股票指数,由标准普尔公司于 1957 年开始编制和发布。

　　纳斯达克 100 指数(NASDAQ100 Index)是由美国纳斯达克市场上 100 只最大的本地及国际上市股票价格组成的股票指数,与标准普尔 500 指数不同,纳斯达克 100 指数没有金融类企业。

　　以上三个指数合称"美国三大股指"。

　　伦敦金融时报 100 指数(FTSE 100 Index),简称"富时 100 指数",由富时指数有限公司(FTSE)编制,反映英国股票市场总体走势,于 1984 年 1 月 3 日开始发布。

　　德国 DAX 指数由德意志交易所集团编制,反映德国股票市场总体走势,于 1988 年 7 月 1 日起正式发布。

　　法国 CAC—40 指数,由巴黎证券交易所(PSE)根据其前 40 大上市公司的股价来编制,反映法国股票市场总体走势,于 1988 年 6 月 5 日开始发布。

富时 100 指数、法兰克福 DAX 指数、法国 CAC 指数,并称"欧洲三大股指"。

日经股价平均指数(Nikkei Stock Average,Nikkei225),简称"日经 225 指数",是由日本经济新闻社编制的用以反映日本东京证券交易所股票市场的总体走势,于 1950 年 9 月 7 日开始发布。

恒生指数(Hang Seng Index,HSI)由香港恒生银行编制,反映香港股市的总体走势,于 1969 年 11 月 24 日开始发布。

上证综合指数以 1990 年 12 月 19 日为基期,基期指数定为 100 点,自 1991 年 7 月 15 日起正式发布。上证综合指数的样本股是全部上市股票,包括 A 股和 B 股,从总体上反映上海证券交易所上市股票价格的变动情况。

深证成分指数是深圳证券交易所编制的一种成分股指数,是从上市的所有股票中抽取具有市场代表性的 40 家上市公司的股票作为计算对象,并以流通股为权数计算得出的加权股价指数,综合反映深交所上市 A、B 的股价走势。

深证成分指数于 1995 年 1 月 23 日正式发布,1995 年 5 月 5 日正式启用。深证成分指数基期日为 1994 年 7 月 20 日,基期日指数为 1 000 点。

一般而言,股票市场指数是按照成分股的相对市值比例进行加权的。这种方法意味着:某只成分股价格越高,该股票的市值就越大;相应的,该成分股在指数中的权重就越大。今天,我们可以投资于按比例持有诸如标准普尔 500 样本公司股票的共同基金,这些指数基金(index funds)的收益率与标准普尔 500 指数的收益率相同,所以对股权投资者来说,这是一个低成本的可以复制标准普尔 500 指数波动的消极投资策略。

2018 年 6 月 1 日,A 股被正式纳入摩根士丹利资本国际公司(Morgan Stanley Capital International,MSCI)新兴市场指数。首批 226 只 A 股股票被纳入 MSCI 新兴市场指数,纳入比例为 2.5%,其市值占 MSCI 新兴市场指数的权重为 0.4%。在对纳入标的进行动态调整的基础上,9 月 A 股纳入比例将提高到 5%,对应权重将达到 0.79%。A 股与 MSCI 的成功牵手,是中国股票市场迈向国际化的重要一步,印证了中国资本市场不断扩大的国际影响力和参与度。

简单来说,A 股"入摩"成功将带来更多的长线投资资金(主要是境外的机构投资者),并引导市场投资风格和投资理念的转变,未来,A 股与境外市场相互之间的关联度将更大。

与股票市场指数为我们提供股市指南一样,债券市场、房地产市场、外汇市场、原油市场、海洋运输市场等等均有类似的指数来表征该市场的整体价格水平的变化。比如,2012年诺贝尔经济学奖获得者罗伯特·希勒,是美国耶鲁大学金融学教授,也是标普/凯斯—希勒全国房价指数的联合创始人,该指数现在已成为观察美国房地产价格变化的重要指标之一。又比如,波罗的海干散货指数则反映了在海上运输各主要原材料所需价格的指标,是航运业的主要指标之一,也是国际贸易和国际经济的领先指标之一。

需要注意的是,如果用指数来描述相应的市场行为,这个指数本身的波动行为,不是总能够反映真实的市场行为。我们经常说股市是经济的"晴雨表",那么,这个"晴雨表"有可能早报、晚报、漏报、错报、谎报⋯⋯经济的"天气情况"。同样,指数也有可能是扭曲的,比如说,有的成分指数中某一类股票或一只股票的权重太大,以至于这一类股票或这只股票的波动对指数的变化有太大的影响。同时,人们也要注意到,指数的高低也反映社会公众对于经济形势的情绪,也就是有所谓的市场的"热"和"冷"。但事实上,就股票市场而言,指数更多反映的是那些积极的机构投资者和大型投资者的情绪,这些投资者能够在更大程度上影响指数的波动。

延伸阅读　　第一家股份有限公司——荷兰东印度公司

在1602年,17个商人联合组建了荷兰联合王国特许东印度公司(VOC),简称荷兰东印度公司。该公司由六个商会组成,阿姆斯特丹商会是其中最重要的一个。

共享利润和共担风险的合伙经营方式并不罕见,几千年来,商人联盟一直进行着陆路和海路运输的合伙经营,在单一航程中形成临时的合伙关系,在航程结束后归还资金并分配利润。荷兰东印度公司则有所不同,它是一项长期的投资,最初设定年限为21年,此后特许执照更新了很多次,一共持续了两个世纪。此外,合伙人并不限于商人,对公司经营并无贡献的普通市民也可以购买这个公司的股票并承担资金盈亏和获取分红。

荷兰东印度公司由被称为"十七绅士"的17位董事来决定所有事务:多少船从哪个码头出发、航行的目的地、出发时运输的货物以及回程携带的货物种类等。这些董事决定如何出售货物,以及是将资金投资于以后的航程还是投资于普通股东,即参与人分配红利。参与人对公司事务没有发言权,事实上他们甚至没有权利去检查账簿,他们的唯一职能就是在董事们决定分红时分得红利。如果他们对公司的经营状况不满意,或者对较低的红利感到失望,他们可以将股份归还给公司并要回资金,至少在初期他们可以这样做。

对于荷兰政府而言,他们并不愿意去约束荷兰东印度公司,毕竟每个人都可以从财富的增长和更高的税收中获利。政府授予了该公司垄断的权利和广泛的特权:除荷兰东印度公司的其他人均不允许从荷兰派船前往好望角东部区域和麦哲伦海峡西部区域,只有荷兰东印度公司可以进行这些地区的贸易。如果公司的首席股东认为有必要发动战争来保护公司利益,荷兰东印度公司的特许执照甚至授予其在海外领土,即现在的印度尼西亚以及更远的区域,发动战争的权力。荷兰东印度公司开始成为一个国中之国。它拥有 150 条商船,并由 20 000 名水手和 50 000 名平民来进行服务。更有甚者,它还控制了 40 条战船和 10 000 名士兵。

荷兰东印度公司的贸易航线连接了阿姆斯特丹与非洲、印度、波斯湾、日本和中国,但并不局限于东方和欧洲之间的贸易——印度的纺织品、中国的茶、印度尼西亚的胡椒、日本的银器、阿拉伯和爪哇的咖啡,当然还有来自各地的香料。它还深入涉足了波斯湾、桑给巴尔、锡兰、印度、中国、日本和东南亚诸岛之间的贸易。荷兰东印度公司进行了香料与盐、盐与丁香、丁香与黄金、黄金与茶、茶与丝绸、丝绸与铜币、铜币与香料等之间的贸易。

荷兰东印度公司所进行的贸易活动并不平静,反而非常嘈杂,总是伴随着战争的铿锵声。该公司通过火与剑来获得垄断地位;残忍的军事行动、对当地民众的大量屠杀、对欧洲竞争者的暗杀等。对班达群岛(澳大利亚北部的一些小岛屿)的入侵和占领,让公司垄断了肉豆蔻树及其果实,而对锡兰和孟加锡的占领则让公司分别获得了肉桂和丁香。为了进一步加强对香料贸易的控制,荷兰东印度公司在许多高产区域将香料作物连根拔除,并将这些贵重作物集中种植在被该公司控制的独立岛屿上。为了进一步打击曾经的竞争者,荷兰东印度公司占领了那些被来往欧洲的商船视为中转站的港口城市。此后,葡萄牙、西班牙和英格兰的贸易商远远地落在了荷兰后边。

尽管开展贸易和发动战争成本很高,荷兰东印度公司仍然赚取了巨额的利润。平均而言,荷兰东印度公司半年度拍卖会上拍卖品的售价为其初始成本的三倍,而稀有香料的价格经常达到其初始成本的 300 倍。即使扣除建造和装备船只的成本,并考虑后续损失和海难,公司经营的头 50 年的年均红利率超过 16%。荷兰东印度公司所创造的巨大财富带动了整个荷兰的发展,壮丽的建筑物、伦勃朗和维梅尔的画作,以及其他一切都充分体现了这个国家的富裕。

在荷兰东印度公司成立之初,仅阿姆斯特丹就有 1 000 多人购买了该公司的股票,购买者来自社会的各个阶层,少的投资了 20 荷兰盾,多的则达 85 000 荷兰盾。对该公司股票的需求是如此迫切,以至于在股票还未真正发行前,它的价格已经超出了面值 10%～15%。毕竟进行申购没有坏处,因为根据法律,股份可以返还给交易所并获得先前所支付的资金。

在 1609 年,董事们决议不再返还本金。股票持有人必须始终持有股票,不管经营是好是坏,但这种将个人的资金锁定在公司股票上许多年的做法可能会导致问题。对分红额或对公司经营方式不太满意的股东可能希望卖掉这些股票;一旦股东突然患病、需要翻新房屋或遇到女儿出嫁等事件,都有可能需要额外的资金,如果资金被锁定在荷兰东印度公司,人们该如何才能使用这笔财富呢?

一个让股东出售其所持有股票的所谓二级市场被建立了起来,这是一个股票交易所,荷兰东印度公司的股票可以在那里买卖,因此阿姆斯特丹的荷兰东印度公司成为第一家发行能自由交易的股票的公司。该股票的价格波动很剧烈,通常依赖于公司近期航程的运气好坏,不论是真实的还是臆测的。狡猾的交易员很快学到,他们可以利用战争或和平、海难或安全航程、市场充裕或短缺等谣言来影响股票价格。在它存在的头些年中,阿姆斯特丹商会的资本年换手 6%～7%。到 1607 年,只有 2/3 的初始所有者还继续持有。

　　——摘自乔·G.斯皮罗.定价未来——撼动华尔街的量化金融史[M].机械工业出版社,2014:7-10.

第三章注释

[1]浅田实.东印度公司[M].社会科学文献出版社,2016:11-12.

[2]罗伯特·希勒.金融与好的社会[M].中信出版社,2012:67.

[3]郑宏泰,黄绍伦.香港股市 1841—1997[M].东方出版中心,2007:5-6.

[4]罗恩·彻诺.摩根财团[M].江苏文艺出版社,2014:510.

[5]彼得·德鲁克.公司的概念[M].机械工业出版社,2006:21.

[6]林秀芹.公司法[M].厦门大学出版社,2010:200.

[7]吴晓波.激荡三十年——中国企业1978—2008(上)[M].中信出版社,2007:287-290.

第四章　股票投资的收益与风险

收益与风险素描

　　股票投资的收益表面上来自于两个方面,一是在持有期间由于股票分红而获得的股息现金流,二是卖出股票时获得的股票价格现金流。但是因为股份公司是永续经营的,未来某一时点的股票价格理论上等于在此之后所有股息现金流的现值,所以,从本质上,股票收益可以看成是未来所有股息现金流的现值。股票表明的是一个实实在在的企业的所有权,企业的内在价值并不依赖于其股票价格。

　　从短期看,股票价格受到各种因素的影响,比如财政政策、货币政策、产业政策、公司产品的销售价格变化、销量变化、公司高管的变化、投资者对于热点的追逐、市场整体价格水平和市场热度等等。从长期看,公司经营情况的好坏,尤其是表现在财务收益和财务指标上的变化,比如净利润、每股收益、净资产收益率等等,才是决定公司价值最主要的因素,公司整体价值的提升,才是股票投资成功的最根本保证。就像格雷厄姆所说:"在短期内,市场是一个投票机,但从长远看,它是一个称重机。"

　　股票投资的风险,本质上都必然与能否准确预测公司未来的价值增长有关,独到的公司价值分析能力是控制股票投资风险的关键,它决定了投资中正确的时机选择、资产选择和证券选择。好的公司治理、敬业能干的高管团队、良好的行业发展前景、吸引人的产品和市场品牌、独特的技术、有竞争力的成本控制等等,构成了企业的核心竞争力和公司价值提升的关键,也最终决定了股票价格的高低。所以,要尽可能长期投资、价值投资,要像投资公司那样来投资股票,尽力避开市场炒作带来的估值泡沫,这是获得理想投资收益的关键。

经典阅读　　　　　　　　　　　　　　　　　　　　投掷硬币与有效市场理论

　　1984 年，哥伦比亚商学院为了庆祝本杰明·格雷厄姆与戴维·多德合著的《证券分析》一书发行 50 周年，召开了一个大型研讨会。格雷厄姆希望巴菲特能对自己已经出版的《聪明的投资者》一书进行修订后再版发行，以当时巴菲特的名气，经他修订后的图书必然能有一个很好的销量。但是巴菲特和自己的导师在很多问题上都难以达成共识，特别是在资产格局方面，巴菲特信奉的资产集中和格雷厄姆主张的资产分散形成了强烈的对比，所以巴菲特并没有完成这本书的修订，只是给这本书写了序言。但哥伦比亚商学院并没有放弃这个机会，他们邀请巴菲特在这次研讨会上进行演讲，虽然商学院希望股神能侧重讨论格雷厄姆的投资理念，但这次演讲却成了针对有效市场假说理论的大讨论。来自罗切斯特大学的迈克·詹森成了这次讨论的另一个主角，于是人们看到了在优瑞斯教学大楼里两人的辩论。詹森认为"即将被杀掉的火鸡要从一开始就感受到这种恐怖的气氛"。詹森这么做就是要唤起格雷厄姆和巴菲特的追随者们对于已经过时的随机漫步理论的印象。他认为现实生活中并不能排除某些人在股票市场运作方面非常成功的可能，只是成功的比例很少。就拿掷硬币这个游戏来说，的确存在某些人每次都能让硬币有人头的一面在上，不过鉴于能够保证这一点的人不是很多，所以随机漫步理论还是能够成立的。

　　就在詹森慷慨陈词之时，坐在下面的戴维·多德脸色有点难看了，上了年纪的多德就坐在巴菲特的旁边，他倚着座位轻轻地对巴菲特说："沃伦，去，让他看看我们的厉害！"

　　事实上，为了这次演讲，巴菲特已经准备了好几周的时间，他也知道会有人拿投掷硬币作为反驳的例子，所以在自己陈述的时候，巴菲特显得成竹在胸：如果那些投掷硬币的人完全来自同一个地方，非常擅长这个游戏，那么得到全是"人头"而不是"字"的结果就变得不再随意，而是可以操控的了。举个例子，如果这些人都是格雷厄姆-多德理论的追随者，那么当他们在投掷硬币或者从事某一项活动的时候，思想肯定会有相通的地方，因为指引他们考虑问题的思路是一致的，所以要想得到全是人头的结果也不是什么难事。

　　随后，巴菲特给出了九份资金经理人的投资业绩图——这九份投资业绩分别属于比尔·鲁安、查理·芒格、沃尔特·施洛斯、里克·格林、汤姆·纳普和埃德·安德森、FMC公司退休基金、巴菲特本人以及其他两名资金经理人。这些图表显示他们的投资内容并不相同，他们的投资产业延伸到了不同的方面。巴菲特对于包括自己在内的9名资金经理人是这样描述的："我们全都是格雷厄姆-多德理论的追随者，如果要玩投掷硬币的游戏，我们在过去20年的时间都能让硬币的人头一面朝上，这一点我们很确信。"此外，他还表示包括自己在内的这几位资金经理绝大多数都不会退休，会继续在投资行业里打拼下去。巴菲特这样一番有理有据的陈词让现场所有的人相信，他们能够取得今天的成就，完全是靠自身的努力，而不是凭借所谓的运气。

　　巴菲特结束自己的演讲后，现场爆发出震耳欲聋的掌声，人们完全为巴菲特精彩的讲解所折服。之后，人们开始向他提问，巴菲特的脸上始终带着微笑，很绅士地回答着每一个问题，而且尽可能做到详尽有理。随机漫步理论存在的基础就是数据分析，而现在，巴菲特就是利用数据分析反驳了有效市场假说理论和随机漫步理论的准确性，这一点足以让格雷厄姆和他的追随者们感到宽慰了。

　　——摘自艾丽斯·施罗德.滚雪球——巴菲特和他的财富人生(下)[M].中信出版社，2009:432-433.

第一节　股票价值的估计

　　假设你已经认识到价值投资的有效性，并且能够估计出股票或资产的内在价值，再进一步假设你的估计是正确的，这并不算完。为了知道需要采取怎样的行动，你必须考察相对于资产价值的资产价格，建立起基本面—价值—价格之间的健康关系才是成功投资的核心。

　　股票价值的估计是从企业股东的角度，按照公司持续经营的假设，考察企业整体获利能力和创造稳定现金流量的能力，考察每一项资产及其整体在过去和未来的盈利能力，从而估计出公司合理的价值。从理论上讲，公司价值是公司未来所有现金流的现值，但是这一定义并不能顺利地得出公司的估值，还需要我们运用具体的指标和预测方法来进行实际的估算。在现实中，大部分股份有限公司中是没有公开上市的公司，也没有一个市场来集合投资者通过股票交易对其股票的价值进行估计，因此，从经营业绩层面的估计是股票价值估计的基本的、也是最重要的方法。

当然,股票价值的估计也可以从股票市场这个市场化的角度来进行估计。股票市场可以看作是投资者运用价格手段对公司价值的估计进行投票,当然,结果(也就是某一天或一段时间的股票价格)可能偏离公司价值很多。研究表明,公司经营业绩的波动要小于公司股票价格的波动,这也就是很多专家指出的股票市场在一段时期里存在所谓的非理性繁荣和非理性萧条的情况。当然,其中的原因有很多,简单来说,股票市场的价格既受投资者对于公司未来经营业绩的预期的影响,也会受到市场的风气、大众的偏好、投资者自身的狂热、带有偏差的认知、变化的情感、飘忽的意志等等因素的影响。

一、资产负债表估价法

1.每股净资产

资产,可以是任何一种资源,只要它具备生成未来现金流入或减少未来现金流出的可能性。账面价值(book value)是一种普遍使用的估价方法,它是指公司的资产负债表上列示的公司净值,也就是用公司的总资产减去总负债,或者说是公司股东权益。每股净资产是股东权益除以总的股份数得到的每一股对应的账面价值。

比如说,根据在上海证券交易所上市的江西铜业股份有限公司(股票代码600362)2017年的年报,从表4-1我们可以知道江西铜业截至2017年年底的资产、负债和净资产的情况。2017年江西铜业最后一个交易日12月29日的收盘价格是20.17元,而每股净资产是13.7269元,高出6.44元。当然,市场上也有公司的市场价格低于公司的每股净资产。

表 4-1　江西铜业 2017 年年底的资产负债情况

单位:万元

项目	总资产	总负债	股东权益	每股净资产(元)
2017 年	9 746 865.52	4 748 542.54	4 998 322.99	13.7269

资源如果要成为资产,公司就必须从先前的交易中获得这一资源,而且能以合理的精确性对其未来效益予以量化分析。资产价值的会计估计从账面价值开始,除非存在着采取其他方式的极大理由,会计师们把历史成本看作是对于资产价值的最佳估计,净资产是相对静态的概念。而资产的市场价值常被

认为是过于变幻不定和过于容易被操纵。当我们根据资产预期的未来现金流来估计资产价值时，这种怀疑会越发加深。在现实中，我们一般是将公司作为一个持续经营的实体来考虑的，而不单纯是公司在历史上资产购买的产物，换言之，公司资产的价值反映了公司未来预期现金流的贴现值。因此，这两种不同的对于资产价值估计的方法会得到每股的净资产和每股的市场价格（在这里，我们暂时假设投资者对于未来现金流的估计是准确的，市场价值等于市场价格）。历史不太可能完全等于未来，账面价值并不是市场价值或市场价格的底线，由于估值原理和方法的不同，在实际的股票市场上，市场价格有可能大于、小于或等于每股净资产。在没有上市的股份公司的股权交易中，既有按照每股净资产或其一定的比例或一定的倍数进行交易的，也有在对未来现金流进行估计的基础上来确定一个价格来进行交易的。

有意思的是，在世界范围内的各个资本市场，封闭式基金的价值经常低于其投资组合的市场价值，也没有任何迹象表明这样的折价会在短时间内消失，这种现象也成了资本市场的一个谜。

2.清算价值

清算价值(liquidation value)则从另一个角度更好地反映了股价的底线。清算价值是指公司破产后，出售资产、清偿债务以后的剩余资金，是剩下的股东权益，它将用来分配给股东。如果公司的市场价值跌落到清算价值以下，公司就有可能成为被收购的目标。在这种情况下，企业并购者发现购买足够的股份取得公司控制权有利可图，因为清算价值超过了企业作为持续经营实体的价值。资本市场上的很多并购就是由此引发的。

格雷厄姆认为：在华尔街，财务清算是令人谈虎色变的，它的降临通常意味着公司的所有证券价格将一落千丈，包括债券——而正是为了维护债权持有人的利益才进行清算的。从总体上看，处于清算过程的公司所发行的证券售价普遍低于它们的公平价格，而且在违约债券价格和低级股票价格之间存在一种不合理的关系。[1]

当然，进行这样的投资要非常慎重，要很好地研究本地相关的法律法规、正确地估计清算的成本和资产的清算价值，而这并不容易做到，比如说，清算的企业有可能涉及复杂的法律诉讼、众多的劳资纠纷和经历旷日持久的清算过程等等。

3.重置价值

资产负债表中另一个用来评估公司价值的概念是资产减去负债后的重置

价值(replacement value),它是指在当前的生产条件下,重新购建固定资产所需的全部支出。当然,非生产企业也有重置价值,尤其是取得政府特许的一些企业,政府特许权本身就构成了重置成本的重要部分。一般认为公司的市场价值不会比重置价值高出太多,因为如果那样,竞争者将争相进入这个行业。竞争的压力迫使所有公司的市场价值下跌,直到与重置价值相等。

这个观点在经济学家当中十分流行。公司市场价值对重置价值的比率被称为托宾 q,因在 1981 年获得诺贝尔经济学奖的詹姆斯·托宾(James Tobin)而得名。根据这个观点,从长远来看,市场价值对重置价值的比率趋于 1,但证据表明,许多时期该比率明显不等于 1。

有趣的是,托宾是从商业决策入手建立他的理论的:如果一个企业想扩大规模,它至少有两个选项,一是投资新的办公楼、设备、招聘员工;或者买个现成的公司。基于什么原则让商人做出选择呢?托宾说,取决于这两个选项的相对成本。购买一个现成的公司的成本在于这个公司在股市的市场价值,而建立一个公司的成本等于这个新公司的重置价值,如果市场价值更低,那么就去买这个现成的公司,如果建立新公司的重置价值更低,那么就去建立新公司。

如果公司通过兼并的形式得以扩张,实际上只是简单地转移了所有权;但建立新的工厂、新的办公楼,他们就创造了新的就业机会,增加了收入。这两种方式在经济上的意义是有差别的。

在现实中,对并购发生原因的解释有很多,托宾 q 就是其中的一个,但托宾 q 很有道理,比如为什么在 20 世纪 70 年代瑞典投资率会那么低?阿萨尔·林德贝克在宣布托宾获得诺贝尔奖时,他抱怨说,正是因为瑞典股票市场估值低,到股票市场收购一个现成的公司比新建一个公司成本要少,结果导致国家投资率变低,经济增长缓慢。[2]

虽然把重点放在资产负债表上,可以得出清算价值或者重置价值等有用信息,但是市场人士通常会转向预期未来现金流,以求得对公司作为一个持续经营实体的价值的更好估计。

二、内在价值与市场价格

将公司作为持续经营实体的最常用的估价模型来源于对一个事实的观察:股票投资者期望获得包括现金红利和资本利得或损失在内的收益。我们假定股票持有期为 1 年，ABC 股票预期每股红利 $E(D_1)$ 为 4 元，现价 P_0 为 48 元，假设期末的预期价格是 $E(P_1)$，那么投资者预期的持有期收益等于 $E(D_1)$ 加上预期的价格增长 $E(P_1)-P_0$，然后除以现价 P_0 所得的值。

$$\text{预期的持有期收益 } E(r) = \{E(D_1)+[E(P_1)-P_0]\}/P_0$$
$$= [4+(52-48)]/48 \times 100\% = 0.167 \times 100\% = 16.7\%$$

但是，ABC 股票的折现率应该是多少呢？从 CAPM 模型我们知道，当股票市场处于均衡状态时，投资者能够获得的期望收益率是 $r_f+\beta[E(r_m)-r_f]$，其中 β 为测定的该股票的风险值，是该股票相对于市场的波动性，$E(r_m)-r_f$ 是市场收益超出无风险收益的超额收益，也就是投资者要求的任何有相同风险的其他投资的收益率，我们用 k 来表示。如果股票定价"准确"，其预期收益率将等于 k，当然，证券分析家的目标是发现低估的股票，以获取比"公平收益"或应得收益大得多的预期收益。

比如，假定 $r_f=6\%$，$E(r_m)-r_f=5\%$，$\beta=1.2$。那么 k 值为：

$$k=6\%+1.2\times5\%=12\%$$

投资者的预期收益率超过 ABC 股票的应得收益率 4.7%，自然，投资者希望在其资产组合中增加更多的 ABC 股票以及类似的股票，而不是采取消极策略。

另一种思路是比较股票内在价值与市场价格。股票的内在价值（intrinsic value）用 V_0 来表示，被定义为投资者从股票上所能得到的全部现金回报，包括红利和最终出售股票的损益，是用正确反映了风险调整的利率 k 贴现所得的现值。以上文的数据为例，ABC 股票的内在价值是：

$$V_0=[E(D_1)+E(P_1)]/(1+k)=(4+52)/1.12=50(\text{元})$$

因为内在价值 50 元超过了现价的 48 元，因此，市场上该股票的价值被低估了。在市场均衡条件下，市场现价将反映所有市场参与者对内在价值的估计。这意味着对 V_0 的估计与现价不同的投资者，必定在 $E(D_1)$、$E(P_1)$ 或 k 的估计上全部或部分地与市场共识不同。市场对应的收益率 k 的共识，有一个常用的术语叫作市场资本化率（market capitalization）。这个未来现金流的折现率，代表了不同资产的获利能力，是投资者投资于该资产所要求的回报率。

三、红利贴现模型

从很长时期来看,普通股提供的收益取决于两个关键因素:购买时的股利收益率、盈利和股利的未来增长率。原则上,对于永久持有股票的投资者来说,普通股的价值等于未来股利流的"现值"或者说"折现值"。

股票的价格等于所有预期红利的贴现值。这个公式被称为红利贴现模型(dividend discount model,简称 DDM 模型)。

DDM 的推导与债券估价公式有相似之处。两者都是价格与收入流(债券的利息与股票的红利)加上最终收入(债券的面值或股票的售出价格)的贴现值联系起来。与债券相比,股票的关键差别在于:红利不确定、没有确定的到期日,以及最终售出的价格是未知的。

DDM 并没有忽视资本利得,事实上,股票在未来某一时点的售出价格依赖于那时市场对于股票红利的预测,理论上等于在那之后的所有现金流的折现。

1.固定增长的红利贴现模型

(1)定价模型及其含义

当然,对于股票的红利的预测是一个难题,不要说 10 年以后的红利水平,就是 1 年以后的红利水平是多少都难以确定。一种有用且简单的思路是:假设红利以稳定的速度 g 增长,如果 $g=0.05$,最近的红利支付是 $D_0=3.81$ 元,则未来一年的红利的预期值是:

$$D_1=D_0(1+g)=3.81\times1.05=4$$

这样我们可以求得在未来无限的时间内的红利分布,假设折现率 k,我们可以求得公司的内在价值 V_0:

$$V_0=D_0(1+g)/(k-g)=D_1/(k-g)=4/(0.12-0.05)=57.14$$

这个模型叫作固定增长的红利贴现模型(constant growth DDM),或戈登(Myron J.Gordon)模型。

戈登模型仅在 g 小于 k 时是正确的。如果红利永远以一个比 k 快的速度增长,股票的价值将为无穷大。从长远看,大于 k 的增长率 g 是不可持续的。

戈登模型的一个内涵是,预期股票价格与红利的增长速度相同。

$$P_0 = D_1/(k-g)$$
$$P_1 = D_2/(k-g) = D_1(1+g)/(k-g)$$

以此类推。

同时，预期持有期收益率将等于：

$$E(r) = 红利收益率 + 资本利得率 = D_1/P_0 + (P_1-P_0)/P_0 = D_1/P_0 + g$$

这个公式提供了一种推断市场资本化率的方法，因为如果股票以内在价值出售，那么，$E(r)=k$，则意味着 $E(r)=D_1/P_0+g$。

这是一种在公用事业价格调节中常用的确定比率的方法。负责审批公用事业定价的调节机构，被授权允许公司在成本上加上一些"合理的"利润来确定价格，也就是，允许公司在生产能力投资上有一个竞争性收益。反过来，这个收益率被认为是投资者在该公司股票上的应得收益率。公式 D_1/P_0+g 提供了推断应得收益率的方法。

（2）该模型对于投资的意义

整体来看，股票价格在长时期内围绕着内在价值波动，并将收敛于内在价值。

在现实中，公司并没有把所有的盈利拿来分红，我们可以把盈利分成红利和再投资两个部分，这两部分占盈利的比例分别称为红利分派率（dividend payout ratio）和再投资率（plowback ratio），再投资率也称为收益留存比率（earnings retention ratio）。

由于再投资利润引起的公司资产增长将使未来的红利增加，而这将从现在的股价中得到反映。但仅仅当公司有高利润（即股权收益率>k）的项目时，公司的价值才会提高。一方面，在现实中，很多市场对于总不分红的公司估值较低，一定程度上反映了投资者担心公司不能很好地利用好留存收益，有可能会投入在低收益率的项目上，从而降低公司的价值。从另一个方面看，制定稳定的股利分配政策，减少公司管理层可资利用的项目投资资金，也会激励公司管理层严格筛选、寻找更高预期收益的项目。

在实际的投资中，我们也会遇到某公司宣布分红减少而引起股票价格的大幅下跌，这与我们的分析并不矛盾。红利的多少并不是戈登模型中最重要的部分，因为股票价格是所有未来现金流的折现，而未来是不确定的，因此让投资者相信公司未来会有好的盈利前景才是提升股票价格的关键。如果分红减少的原因是公司盈利减少，公司投资的项目未来不看好，自然股价就会下跌。反之,尽管目前分红少,甚至目前还没有利润,但是投资者看好公司投资的项目在未来会取得好的收益,公司股票的价格也会得到提高。

戈登模型是基于一个简化的假定:红利增长率固定不变。事实上,公司与人一样,也有生命周期,在不同的发展阶段的红利分派特点也大相径庭。早期,公司有广阔的高盈利再投资机会,红利分派率很低,增长速度相应也很快。后期,公司成熟后,生产能力已经足够满足市场需要,竞争者也进入了市场,发现好的再投资机会也非常困难。在成熟阶段,公司不再需要筹集资金进行大规模的投资,可以选择提高红利分派率。这样的成熟期的公司也被称为"现金牛",虽然红利水平会提高,但今后也会因为增长机会较少而增长缓慢。

2.多阶段红利贴现模型

为了评估具有暂时性高增长率的公司,分析家们使用多阶段红利贴现模型。预测早先高增长时期的红利,并计算它们合并的贴现值。然后,一旦预计公司进入稳定增长阶段,就利用固定增长的红利贴现模型来对剩下的红利流进行估值。

股价对股利的倍数和市盈率在不同年份间变动幅度很大。比如在美国,非常乐观的时期,如 2000 年 3 月初,股票的市盈率大大超过 30 倍,股价对股利的倍数超过了 80 倍。在非常悲观的时期,如 1982 年,股票的市盈率只有 8 倍,股价对股利的倍数是 17 倍。另外,股价对股利的倍数和市盈率也会受到利率水平的影响。当利率水平低的时候,为了与债券争夺投资者手中的储蓄,股票往往以低股利收益率和高市盈率出售;当利率水平高的时候,为了更具竞争力,股利收益率会上升,股票往往以低市盈率出售。

红利贴现模型易于应用,但是相关数据的确定十分困难,并且,由于是对未来所有现金流的贴现,股票的估值高低对于贴现率、增长率等数据十分敏感,需要小心使用。

2011 年,《哈佛商业评论》(Harvard Business Review)的一篇文章中说,麦肯锡咨询公司总裁(Dominic Barton)认为"远期投资"非常重要。麦肯锡咨询公司经过统计研究得出结论:投资建立一个盈利的新兴行业,至少要花 5～7 年的时间。麦肯锡咨询公司的分析师还拆解了一些著名企业的股票价格的价值构成,发现股票价值的 70%～90% 都与现金流捆绑在一起。

四、市盈率比率

市盈率是股票价格与每股收益的比率,直观的意义是按照目前的每股收益,多少年可以收回按照目前价格进行的投资。

一般认为,是增长机会的差别使得两家公司在市盈率上大相径庭。再投资率越高,增长率就越高。而高的再投资率并不意味着高市盈率。仅当公司投资的预期收益率比市场资本化率更高时,高投资率才会增加市盈率。否则,高再投资率会损害投资者的利益,因为那意味着更多的钱被投入收益率不足的项目,还不如把盈利分给投资者,投资者整体上可以获得市场资本化率水平的收益。因此,对投资者来讲,公司的再投资有可能带来价值的创造,也有可能带来价值的毁灭。也因为如此,市场上有些公司会制定相对固定的较高水平的股利分派率,以吸引那些规避公司低效投资风险的投资者。

事实上,华尔街的经验之谈是增长率应大致等于市盈率,著名的资产组合经理彼得·林奇认为:

"任何公司合理定价的市盈率比率都将与其增长率相等。我在此谈的是收益增长率……如果可口可乐公司的市盈率比率是15,你会希望公司以每年15%的速度增长,等等。但是,如果市盈率比率低于增长率,你可能找到了一个很好的投资机会。"

增长机会的重要性在对网络公司的评价中最为明显。在20世纪90年代后期,即使许多网络公司还未开始盈利,但是市场却认为它们价值数十亿美元。这种对网络公司价值的认识无一例外的是基于其未来的增长机会。纵观企业的平均市盈率,新兴产业中高市盈率的公司与没落产业中低市盈率公司的数量相当,但在不同的时期,市场的平均市盈率会有很大的变化,比如,标准普尔500指数中所有上市公司的市盈率变化幅度从5(1921年)到44(2000年希勒《非理性繁荣出版》前)。当然,这个市盈率水平的波动也对应着市场的走高或下跌,在长达10年或20年的时间长度,市盈率可以帮助投资者做出可靠的决策。

市盈率比率的分母是会计收益,它在某种程度上受会计准则的影响。比如说,同一家公司在上海和香港上市,由于两地适用的会计准则有别,按照两地的会计准则计算出来的会计收益也是不一样的。

同时,当前的会计盈利可能与未来的经济盈利相差很大。股权既包括对当前盈利的权利,也包括对未来盈利的权利。在商业周期中,当会计盈利与未来经济盈利的价值或多或少地发生分离时,价格对近期盈利的变动反应更大一些。

市盈率是一种比较估值比率,它是以一种基本指标(比如收入)来进行公司之间价值的比较,当然还有一些其他的比较估值比率。

比如说,市值/账面价值比率等于价格除以每股账面价值,有一些分析家认为账面价值可以有效地衡量企业价值,因此这个比率被认为是衡量企业价值有多大主动性的指标。

市值/现金流比率,等于价格除以每股现金流,有分析家认为,现金流受会计方法影响较小,因而该指标更加可靠。

市值/销售额比率,等于价格除以每股每年销售额的比率,许多刚刚起步的公司还没有盈利,因此市盈率比率对它来讲是没有意义的。近年来,由于有各种各样的没有盈利的新公司上市,这个比率的运用大大增多了。

五、公司财务与自由现金流方法

在权益估值的红利贴现模型与资本化方法中,我们实际上假定:留存收益是公司进行权益投资的唯一源泉。但如果我们允许对新项目进行外部融资,我们的结论会受到什么影响? 如果我们进行债务融资,又会有什么影响? 换言之,红利政策与资本结构如何影响公司股票的价值?

1985 年获得诺贝尔经济学奖的弗兰克·莫迪格利安尼与另一位 1990 年获得诺贝尔经济学奖的默顿·H.米勒对这些问题的经典论述被称为 MM 理论,该理论认为,公司是因为将来能够赚钱而有价值,而不是目前有多少债务。更重要的是,他们认为,无论一个公司给他的股东多少分红都无关紧要,将来获利才是最重要的。因此,无论红利政策还是资本结构都不会影响股权的价值。

MM 理论阐明了三个似乎不同的股权估值方法的等同效用,即红利贴现方法、资本化收益法和自由现金流方法。自由现金流方法是由整个公司的价值估值减去非权益债权的市场价值得出股权的价值。

股权自由现金流(free cash flow to equity,FCFE)的计算公式是:

$$FCFE = 净收益 + 折旧 - 资本性支出 - \frac{运营资本}{追\ 加\ 额} - 税后利息费用 + 债务净增加$$

如果公司未来业绩保持稳定的增长率,那么这个公司可以使用一阶段贴现模型进行估值:

$$P_0 = \mathrm{FCFE}_1 / (k - g)$$

其中 P_0 为股票当前的价值;FCFE_1 为公司下一年预期的每股 FCFE;k 为公司的股权资本成本;g 为公司 FCFE 的稳定增长率。

这一模型预测的是非杠杆的公司预测价值,如果我们相信使用金融杠杆和因支付债务利息规避税收而使得公司的价值增加,我们在公司价值的预测上就需要加上相应增加的部分。

需要注意的是:在现值计算中,自由现金流和红利贴现法使用的资本化率是不一样的。前者使用的是适用于非杠杆权益的资本化率,而其他两种方法使用的是适用于杠杆权益的资本化率。由于杠杆率会影响股票的 β 值,两种资本化率也不相同。

六、晨星公司的股票评级

晨星公司是全球著名的投资研究公司之一,他们用护城河理论对股票进行评级,步骤是:基本面分析、经济护城河评级、公允价值估计、不确定性评估和星级评定。其中,公允价值估计主要运用现金流折现模型,不确定评估主要运用情景分析这个工具,至少考虑三种情景:基本情景、牛市情景及熊市情景。

晨星公司认为在投资中跑赢市场的关键在于三个要素:可持续竞争优势、估值以及安全边际。其中,可持续竞争优势的大小主要体现在经济护城河的评级上,而经济护城河有五个来源:

(1)无形资产。无形资产包括品牌、专利,或政府牌照,很明显这些能让竞争对手陷入困境。

(2)成本优势。如果公司有能力以更低的成本提供产品和服务,那么它就拥有了成本优势。规模经济也是一种成本优势。

(3)转换成本。在同类产品中进行转换,顾客会因此遭受不便或产生费用支出,这就是转换成本。当顾客面临高昂的转换成本时,就不会轻易尝试新的产品,除非新产品在价格或功能上有很大的改善。

(4)网络效应。当某一特定产品或服务的价值随着越来越多新老用户的使用而增加时,网络效应便出现了。

(5)有效规模。有效规模指的是一个规模有限的市场只能容纳一家或刚好几家公司有效率地提供服务。如果没有新竞争者进入,大家均可得到经济利润;如果有新竞争者进入,则大家均得不到足够的盈利。[3]

实际上,晨星公司的这套股票投资评级工具,要解决的问题是在投资中需要回答的两个基本问题:我们如何才能识别出那些伟大的公司?何时才是投资伟大公司的最佳时机?他们通过护城河评级来识别伟大的公司,通过公允价值估计和不确定性评估来选择投资的时机。

第二节　大师的投资习惯

一、吉姆·罗杰斯:"自上而下的"投资大师

1970 年,在欧洲老牌投资银行阿霍尔德—布雷希洛德合伙公司(Amhold & S.Bleichroeder),罗杰斯遇到了乔治·索罗斯,他们组成了业内最成功的"双子星"投资团队,他们一起工作时,没有一年是亏损的。从 1969 年 12 月 31 日到 1980 年 12 月 31 日,索罗斯基金的收益率为 3365％,而同期标准普尔指数仅仅上涨了 47％。

当罗杰斯确定一个国家比大家相信的更有前途时,他就在其他投资者甚至尚未意识到存在这种交易的可能性之前,将赌注压在这个国家上。

罗杰斯在 1984 年的一次绝妙出击是在奥地利。奥地利的股票市场一直十分低迷,与 23 年前即 1961 年相比缩水了近一半。当时,许多欧洲国家都出台了一些刺激投资的政策以激励本国资本市场的发展,其中也包括法国。罗杰斯认为奥地利政府正准备步其后尘。他确信,欧洲那些正在四处寻找投资机会的基金经理不久就会注意到奥地利。事实上,一直没有人对这个国家感兴趣,尽管其经济形势稳定、发展良好。由于外界有关奥地利的信息非常匮乏,因此,罗杰斯决定亲自去维也纳进行考察。在奥地利财政部,他询问有没有政治派系或其他利益集团反对开放股票市场,当他得知并没有势力集团反对外资投资股票市场时,他觉得机不可失。

但是,有一个问题:摩根士丹利国际指数表明奥地利股票的平均市盈率高

达 67 倍。经过研究,罗杰斯发现这种统计完全是一种误导,因为这个指数仅由 9 家公司的股票构成,其中 3 家还在亏损。摩根士丹利还断言奥地利股票市场缺乏流动性。然而,后来才发现,流动性不足仅仅是因为大部分交易都是在交易所之外完成的,银行之间交易非常活跃。正是由于摩根士丹利令人沮丧的数字,或许还由于其他外国投资者懒得做分析研究,除了罗杰斯,几乎没有别的外国投资者对奥地利感兴趣。于是,罗杰斯下了赌注。而就在第二年,奥地利信贷联合银行股票指数涨了 145%。

罗杰斯在 1984 年投资了葡萄牙里斯本交易所上市的所有 24 只股票,同年做空了瑞典的股市,1986 年罗杰斯再次做空挪威股市,1985 年投资了新加坡的股市……

罗杰斯判断一个值得投资的"好"国家的四个主要标准是:

(1)这个国家的经济状况要远远好于过去任何时期。

(2)这个国家的经济状况要比目前大家普遍认为的要好。

(3)货币必须是可兑换的。如果一国货币将在一个月后实现可兑换,那么他就会再等一个月,他认为,在一国货币实现可兑换后,就会有大量投资机会。

(4)对于投资者而言,该国资本市场必须有足够的流动性。罗杰斯说:"如果我错了,无论如何我都希望能尽快脱身。"[4]

在投资时,罗杰斯喜欢阅读财务报表——这是他的主要分析工具;还要大量阅读报纸、期刊和行业杂志。他认为选择股票最重要的是要独立思考,并考虑到最坏的情况。同时,投资时要耐心等待,只做看准的交易。

本杰明·格雷厄姆的伟大法则之一,就是投资者应该买进那些便宜得让你亏无可亏的股票。罗杰斯将其做了一点改变:投资者应该买入有理由转好的股票。

罗杰斯认为世界范围内最引人注目的两件大事是中国的改革开放和 1992 年欧洲市场的统一,而 21 世纪注定是中国的世纪。因为中国人喜欢努力工作,他们富有企业家精神,他们干劲十足,他们愿意为了明天的利益而推迟今天的享受,所以罗杰斯这样说,让你的孩子学汉语吧!

二、彼得·林奇:执着追求

如果你在 1977 年彼得·林奇接管麦哲伦基金时投入 1 万美元,那么到 1988 年这笔投资的价值就变成了 20 万美元。而林奇只有两位研究助手:一位负责搜集华尔街的消息并出席公司的宣讲会,另一位则负责打电话向公司咨询情况并参加研发性会议。

林奇最重要的优势在于他对证券分析工作的献身精神。他结婚20多年,只度过两个像样的假期,"我先去了日本,用了五天时间拜访上市公司;然后在中国香港和卡罗琳碰头,我们在中国香港共同度过了周五、周六和周日;接下来的周一和周三拜访中国的上市公司,然后我们在中国内地逗留了两三天;接着,我又到泰国拜访在曼谷的上市公司,然后我们在曼谷观光;最后,我飞到英国并花了三四天时间拜访那里的上市公司。那真是一段美好的时光"。但并不每一位妻子都认为那种假期是"一段美好的时光"![4]

林奇的基本目标是把握公司命运的转折点,不妨称之为资本配置的时效技巧。林奇马不停蹄地在不同的公司之间奔波,一刻不停地寻找、搜索,以根据关键变量的变化找到"大赢家"。他说,"甚至当一家公司刚从不景气上升到生意一般时,你都有钱可赚"。或许存货正在减少,林奇知道这往往意味着一些事情发生了变化——更有利的政策、新产品或服务的推出。因此,林奇开始买进,不过,他不像 T.罗·普赖斯那样只购买某个板块中顶尖公司的股票,也不像沃伦·巴菲特只购买那些最有吸引力的便宜货,而是像吉姆·罗杰斯那样,一次购买整个股票板块(可能有几十只股票)。然后,在这些股票的上涨过程中,他可能会逐步卖掉一些,只留下他最看好的几只股票。

林奇十分重视对公司的调研,像须鲸吃食物一样,从巨量的海水过滤中获取需要的食物,他每天都要过滤海量的信息。比如说,林奇偏好的一种方法也是大多数精明的投资者所喜欢的:向正在拜访的公司管理人员打听他的竞争对手的情况。当林奇发现一家公司的内部人员在大量购买自己公司的股票时,他必定会探一个究竟。林奇很反感经纪人推荐一只股票却不给出任何恰当的理由的做法……

在林奇看来,增长性无疑是一家公司最重要的品质,而且成长型股票在麦哲伦基金的投资组合中所占的比重是最大的。然而对林奇来说,成长性公司并非唯一一种具有投资价值的公司,所有股票都有可能在某个阶段被市场低估或高估,从而可以相应地买进或卖出。

林奇最怕碰到的是最热门行业中的最热门股票——那只在市场中最受欢迎的股票。林奇认为要避开那些激动人心却没有盈利的公司,他在投资中没有禁区,他曾买过殡仪馆连锁公司的股票。他不去赌重组和并购的消息,认为那些令人望而却步的公司可能在股价上非常有吸引力(当然也包括那些无人问津的国家的股票,因为许多国家的投资效率很低)。林奇认为要投资业务健康、易懂的公司。

林奇会区别对待以下两种公司:一种公司聪明地将业务扩展到他们的知识和技能仍能派上用场的相关领域;而另一种公司则盲目收购那些他们控制不了的公司。总体而言,林奇觉得那些有多余现金的公司最好还是回购股票,而不是将业务盲目扩张到他们可能会遇到麻烦的领域。

林奇投资组合中的股票大致可以分成四类:

(1)成长型公司,他希望长期持有这些股票以获得 2 倍或 3 倍的投资收益。

(2)被低估的股票,"价值型"股票或者二线蓝筹股。在投资这类股票时,他希望能在短期内获得 1/3 的收益,然后果断撤出。

(3)暂时陷入困境和不景气周期的股票。

(4)防御性股票,他是将这些股票当作现金来持有的。如果市场上没有好的投资机会,他会将大部分闲置资金都投入这些股票中。

总之,林奇对股票市场十分着迷,有时甚至到了着魔的程度。他时刻准备着交易各种领域的所有股票,伟大的成功通常都需要一种痴迷和执着。不过,让人印象深刻的是:林奇在信仰和生活上却表现出一种谦虚平和、朴素率真的态度。

投资者要想获得投资的成功,并不需要顶级的智商、超凡的商业头脑或秘密的信息,而是需要一个稳妥的知识体系作为决策的基础,并且有能力控制自己的情绪,使其不会对这种体系造成侵蚀。

三、巴菲特与索罗斯的投资习惯

沃伦·巴菲特和乔治·索罗斯是世界上最成功的投资者,巴菲特的主要投资策略是购买那些他认为价格远远低于实际价值的大企业,索罗斯则以在即期和远期市场上做巨额交易而闻名。表面上,两人的区别实在不能再大了,但实际上,他们之间在投资上有很多令人惊讶的共同点。从他们两人的共同点上,我们归纳出 7 个关于投资的"事实"(或者说是正确的投资理念)和 23 个制胜习惯。[5]

事实之一:在对市场的预测上,成功的投资者并不比你我强。索罗斯承认:"我在金融上的成功与我预测事件的能力完全不相称。"巴菲特则对市场下一步如何变化根本不关心,对任何类型的预测也毫无兴趣。

事实之二:巴菲特和索罗斯都认为市场上并不存在一个权威可以告诉你市场未来会怎样发展。

事实之三:"内部信息"不是赚大钱的捷径。巴菲特最喜欢的投资消息来源通常是可以免费获得的,那就是公司的年报。

事实之四:分散化并不是好的投资策略。巴菲特惊人的成就是靠集中投资创造的。索罗斯认为,重要的不是你对市场的判断是否正确,而是你在判断正确的时候赚了多少钱,在判断错误的时候又赔了多少钱。

事实之五:要赚大钱,并不一定要冒大的风险。就像企业家一样,成功的投资者会尽可能地规避风险,让潜在损失最小化,他们知道赔钱比赚钱容易,这就是他们更重视规避损失而不是追逐利润的原因。

对投资大师来说,风险是与知识、智力、经验和能力有关的。风险是有背景的,对处于不同水平的人来说,风险是不一样的,就像巴菲特所说:"有风险是因为你不知道你在做什么。"从认知和能力的角度,我们可以把学习分成四个阶段:

一是无意识无能力阶段:不知道自己的无知。一个不知道自己不知道的人是个傻瓜。处在这个状态对财富极为有害。

二是有意识无能力阶段:知道自己不知道。一个确实不知道而且知道自己不知道的人是学生。有意识无能力是掌握任何问题的第一步。

三是有意识有能力阶段:知道自己知道哪些,又不知道哪些。这个阶段说明你已经开始掌握一个问题,但能力还没有达到无意识的境界。

四是无意识有能力阶段:知道自己知道。一个确实知道而且了解自己不足的人是智者。重复和经验已经将能力转移到潜意识中去了。将投资限制在自己拥有无意识有能力的领域是投资大师避开风险并赚取超常利润的方法之一。

事实之六:没有谁能够开发出一种能确保投资利润的系统——技术分析、原理分析、电脑化交易、江恩三角等等。

事实之七:没有谁知道未来将会怎样。那些执迷于认为自己已经知道未来将会怎样的投资者,他们已经失去了大部分的资本。

因此,巴菲特和索罗斯认为要养成良好的投资习惯,而这个习惯实际上是一整套的投资系统,包括你的个性(目标、知识、经验、技巧、能力和兴趣),投资哲学(也就是有关市场本质的信念),能力范围(你所了解的投资对象和你的竞争优势)、标准(好投资的特征)、投资组合的结构(找到符合自己标准的投资)、进入策略(何时买、买价、如何买、证券占总投资组合的比例)、退出策略(何时卖,即何时清仓获利、何时割肉退出),以及当系统不再有效的时候应该怎样做。这些投资大师在投资市场制胜的习惯,共有 23 条。

制胜习惯之一:保住资本永远是第一位的。

制胜习惯之二:努力回避风险。两位投资大师都不相信风险和回报是对等的。他们只在平均利润期望值为正的前提下投资,因此,他们的投资风险很小,或根本没有风险。

制胜习惯之三:发展你自己的投资哲学。巴菲特认为市场先生是躁狂抑郁症患者,今天可能欣喜若狂,明天就可能消沉沮丧,如果你被市场先生的情绪影响了,那将是灾难性的。巴菲特和格雷厄姆都把市场波动视为前提条件。他们没有有关市场为什么波动的理论——他们的投资方法也不需要这样的理论。他们的投资哲学是以价值判断和理想投资的特征为核心的。

索罗斯对投资现实的前提假设是:"市场总是错的。"巴菲特没有去深究市场为什么是错的,他只是观察并利用了这一点。但索罗斯却有一套有关市场出错原因的理论,而这种理论对他从市场的错误中获利至关重要。在索罗斯看来,我们的扭曲认识是影响事件的一个因素。用他的话说,"信念的作用是改变现实",在《金融炼金术》一书中,他把这称为一种反身性过程。他说:"根据公众的反应来判断……我在证明反身性过程的重要意义上并不成功。被接纳的似乎只是我的第一个观点——流行偏颇(prevailing bias)影响市场价格。而第二个观点——流行偏颇在特定情况下也会影响所谓的基本面,而且市价的变化会导致市价的变化,似乎被忽略了。"在索罗斯的手上,反身性理论变成了分析市场情绪何时波动的一种方法,让索罗斯拥有了一种"解读市场先生的大脑"的能力。

制胜习惯之四:开发你自己个性化的选择、购买和出售投资系统。比如巴菲特的投资标准是:(1)我了解这家企业吗?(2)它有理想的经济特征吗?(3)这些理想经济特征可维持吗?(4)管理层有没有合理地分配资本?他希望管理层能够像企业拥有者一样思考和行动。(5)如果管理层不变,我愿意拥有这家企业吗?(6)它有超常的净资产回报率吗?(7)我对它的价格满意吗?

巴菲特的目标是以低于企业真实价值的价格买入一家高质量的企业。而索罗斯的目标是从市场先生的情绪变化中盈利,他将他的投资决策建立在有关未来事件进展的一种假设上,衡量的是这种假设的可靠性和事件的进程。

假设两人都看中了同样一家企业,那么巴菲特会在股价下跌时买得更多,而索罗斯会在价格上涨时买得更多。

制胜习惯之五:集中于少数投资对象。巴菲特认为分散化是荒唐可笑的,当你对一笔投资有十足信心时,你必须全力出击。对索罗斯来说,如果你对某件事判断正确,你拥有多少都不算多。

制胜习惯之六:省下一美分等于赚一美元。巴菲特不喜欢分红,因为分红所获得的收入将被征两次税。巴菲特也不愿意支付资本利得税,这也是他最推崇的持有期是"永远持有"的原因之一:这相当于无限期推迟缴纳资本利得税。索罗斯的想法与巴菲特完全一致,但他规避税收的方法是在税收天堂荷属安的列斯群岛注册了量子基金。

制胜习惯之七:只投资于你懂的领域。同上帝一样,市场会帮助那些帮助他们自己的人。同上帝不一样的是,市场从不原谅那些不知道自己在做什么的人。

制胜习惯之八:如果你不知道何时应该说"是",那就永远说"不"。投资大师很明白他懂得什么又不懂什么,因此,他不会对一个自己不懂的投资对象感兴趣。

制胜习惯之九:用自己的投资标准滤光器观察投资世界。

制胜习惯之十:有无限的耐心。就像巴菲特所说,"一种近乎懒惰的沉稳一直是我们的投资风格的基石"。投资大师就像一个金矿勘探者,他完全知道自己在寻找什么,他大体知道他应该到哪里去找,他有全套的工具,而且他会一直寻找到发现金矿为止。在他发现一个金矿并开采完毕之后,他会拾起工具,重新开始寻找。

制胜习惯之十一:即刻行动。对巴菲特和索罗斯来说,做出投资决策就像是在黑与白之间做出选择,不存在灰色阴影。一项投资要么符合他们的标准,要么不符合。如果符合,他们就会迅速行动。

制胜习惯之十二:持有赢钱的投资,直到事先确定的退出条件成立。通常,利润和损失都会让投资者紧张,只有明确自己的投资哲学和投资标准,他才能摆脱紧张。

制胜习惯之十三:坚定地遵守你的系统。

制胜习惯之十四:承认你的错误,立即纠正它们。巴菲特能坦然承认他的错误,这在他每年写给股东的信中体现得非常明显。索罗斯将认识错误视为"我的成功秘诀",为了保住他的资本,他的政策是先抛售、再分析。

制胜习惯之十五：把错误转化为经验。

制胜习惯之十六：光有愿望是没用的。投资技能的形成需要长时间的投资实践，交学费可能是个漫长而艰辛的过程，巴菲特 5 岁时，做了自己的第一笔生意，11 岁时，购买了自己的第一只股票。索罗斯也像巴菲特一样，用了差不多 20 年的时间来形成自己的投资系统。

制胜习惯之十七：永不谈论你在做的事。巴菲特的投资观点就是：他的股票，也是他的财富。如果一个像巴菲特的投资者将他的意图公之于众，最糟糕的结果是其他投资者也会蜂拥而至，导致价格偏离他的意愿。索罗斯像巴菲特一样把投资视为私人财产，他严禁他的职员对媒体发言，他说："你在对付市场，你应该是匿名的。"巴菲特乐于在一天的任何时候谈论商业和投资，但索罗斯在社交场合更愿意完全回避这些问题。

制胜习惯之十八：知道如何用人。巴菲特很善于判断别人的品格，这是他的投资和商业成就的一个至关重要的方面。尽管索罗斯从不擅长委派，但最终，在经历了许多错误和磨难之后，他委派给其他人的任务已经比巴菲特还要多。

制胜习惯之十九：生活节俭。投资大师的成功基础"保住资本"正是以节俭思想为根基的。

制胜习惯之二十：工作无关于钱。对投资大师来说，工作是为了刺激和自我实现。巴菲特说："只要我活着，我就不会停止投资。"对他来说，乐趣就是每天"跳着踢踏舞"来到办公室，阅读一堆堆的年报，与"令人激动的人"在一起工作，"赚钱并看着财富增长"。

但索罗斯并不认为投资是一种乐趣，"如果你得到了乐趣，你可能一分钱也赚不到，"他说，"好投资是令人苦恼的"。他发现投资市场是检验他的哲学观点的绝好舞台。他梦想通过在现实世界中证明自己的观点而成为万人敬仰的哲学家。

制胜习惯之二十一：爱你所做的事，不要爱你所拥有的东西。对许多成功的投资者而言，投资过程中最有成就感也最令人兴奋的部分是调查研究而不是最终找到的投资对象，投资就像寻找藏宝的游戏。

制胜习惯之二十二：24 小时不离投资。投资大师的成功来源于长时间倾尽全力地掌握的投资技巧，就像其他在运动项目中获得世界冠军的选手一样。

制胜习惯之二十三：投入你的财产。巴菲特的绝大部分财产都在伯克希尔·哈撒韦的股票里，索罗斯的绝大部分财产在量子基金里。事实上，你所碰到的所有成功商人都将他们的大多数财产投入了自己的企业。

四、最赚钱的耶鲁大学基金会

个人、校友、企业、社会团体对私立大学捐赠是美国长期形成的传统。在美国,大学基金会成为资本市场重要的机构投资者,为大学的正常运营提供相当比例的财政支持,对各大学更好地发挥世界一流大学教学、科研、服务社会的功能起到了重要作用。比如,2011 至 2012 财年,耶鲁大学基金会支出了9.92亿美元给耶鲁大学,约占耶鲁大学年度预算的 37%。

根据 2013 年耶鲁基金会报告的数据,当年该基金市值达到 207.8 亿美元,投资收益率为 12.5%,高于当年全美捐赠基金的平均收益率 11.3%。在此前 10 年的时间里,耶鲁基金会保持了年均 11% 的收益率;此前 20 年的时间里,该基金保持了年均 13.5% 的收益率;此前的 10 年中的 9 年,其投资收益率在剑桥大学联合会公布的大学捐赠基金收益率中排名第一。[6]

1985 年,耶鲁大学聘请了大卫 F.斯文森来管理耶鲁大学基金,"耶鲁模式"最初由斯文森和他的同事创立,在此之前,大多数机构投资者会把资产集中于上市的股票和债券投资这样的传统资产类别,而斯文森却喜欢并鼓励逆向思维,他认为越是市场定价机制相对薄弱的资产类别(当然,流动性会较差),越有成功的机会。基于对市场的深刻洞察,斯文森大举进军另类资产市场,创造性地应用了风险投资、房地产投资和绝对回报投资等各种投资工具。

其配置资产中大致分为八类:绝对回报资产、本土股票资产、固定收益资产、境外股票资产、油气林矿、私人股权资产(PE)、房地产和现金类资产,如表4-2 所示。所谓绝对回报类资产是指能提供独立于市场走势的回报,一般是由金融机构提供的事件驱动或价值驱动的对冲性产品。每年度,基金会会根据历史数据和实际经济状况对各类资产的收益和风险进行合理重估调整;获得各类资产的预期收益和风险数据后,通过另类资产配置模型,计算各类资产的配置比例;根据计算结果对现有资产组合进行调整。

表 4-2　2013 年耶鲁大学捐赠基金七大类资产预期收益情况

资产名称	预期收益	风险	过去 10 年平均收益	收益概况	特点
绝对回报	5.3%	12.5%	9.7%	从 1990 开始,年均回报 11.2%	分为事件驱动和价值驱动两种;收益率与股票、债券市场走势相关度低
本土股票	6.0%	20.0%	10.8%	过去 20 年,年均回报 13.1%	比债券和现金的风险高,但收益较高,借助积极管理策略,发现被低估股票,买入进行投资
固定收益	2.0%	8.0%	3.4%	过去 20 年,年均回报 5.6%	提供稳定名义现金流收益,同其他资产类别相关性较弱,可对金融危机及其他非预测事件形成的冲击进行对冲
境外股票资产（新兴市场和部分发展中国家）	7.5%	22.5%	19.3%	过去 20 年,年均回报 14.1%	发达国家市场配置 5%,发展中国家配置 2%,中国、印度、巴西等存在机会的地区配置 4%
境外股票（发达国家）	6.0%	20.0%		过去 20 年,年均回报 14.1%	通过积极管理策略,发现被低估国家、行业的投资机会
油气林矿	6.3%	20.3%	15.6%	从开始统计至今,年均回报 16%	可较好防御非预期性的全球性通胀;提供较高的现金流;存在较多的非有效配置的投资机会
PE	10.5%	26.8%	14.4%	从 1976 年开始,年均回报 29.9%	在资产配置低效的情况下,可以提供极其优异的长期风险调整后收益;包括风险投资和杠杆收购;强调企业的价值增值,弱化财务指标
房地产	6.0%	17.5%	7.2%	从 1978 年开始,年均回报 11.6%	稳定的现金流和股票增值可对非预期通胀形成自然对冲,同时不影响预期收益

来源:章后注[6]

085

由于现金类资产一般被视为无风险资产,而大学基金会可享有贷款、发债及监管上的便利,可以通过卖出现金类资产从而增加其他资产的配置比例,形成现金类资产为负的现象。

在 2004—2013 年间,耶鲁基金会的资产配置结构中,绝对回报类、固定收益类和本土股票类资产的配置比例大致上逐步下降;而 PE 资产的增加最为明显;房地产和油气林矿的比例基本稳定;境外股票的比例随着 2008 年金融危机下降明显,而 2013 年又有所回升。从 1997 年到 2013 年,房地产、油气林矿、PE 三类非流动性资产的比例一直呈现上升的态势,这反映出耶鲁大学基金偏好非流动性资产等另类资产的投资策略。

由于耶鲁大学基金在投资的资产中有超过 60% 为非流动性资产,而此类资产最大的特点是没有公开交易的市场,资产的定价经常会偏离资产本身的价值,这就需要基金管理人随时掌握市场信息,发掘这样的投资机会。根据耶鲁大学基金会的报告,基金增值的 80% 是基金管理人的积极管理策略创造的,而配置模型确定的投资策略只创造了 20% 的价值。

第三节　股票投资的艺术性

投资是一门实践的科学和艺术,本杰明·格雷厄姆在《聪明的投资者》中说:投资艺术有一个特点不为大众所知,那就是:门外汉只需些微努力与能力,便可以取得令人尊敬(即使并不可观)的结果,但如果想在这个容易获取的标准上更进一步,则需要更多的实践与智慧。[7]

投资不可能被简化成计算机上简单的运算。即使最杰出的投资者,也不可能永远正确。原因很简单,没有放之四海皆准的法则,环境是不可控的,很少有精确再现的时候。人们对于未来的预测,也很少有成功的经验,未来的不确定性很难通过简单的手段去理解、量化和分析。同时投资者心理在市场中扮演着重要的角色,它的高波动性导致因果关系并不可靠。一种投资方法可能一时奏效,但是这种方法所采取的行动最终会改变环境,环境的改变则意味着需要采取新的方法。而且,如果一种方法有其他人效仿,那么这种方法的效用也会降低。金融这个联系着现在和未来的工具,它不是自然产生的,需要我们从文化上、从脑神经上,用不同于传统的方式去做决策。

投资的艺术属性至少和它的科学属性相当,直觉的、适应性的投资方法可能比固定的、机械的投资方法更为重要。其实问题的关键是你希望实现什么样的目标,人人都能取得平均投资表现——只需要投资指数基金,这会给你带来与市场表现相当的收益。但是,如果你想取得比市场更好的收益(某种意义上,这就是成功投资的定义),那么,你需要有良好的运气或者非凡的洞察力。

投资者们可以学习财会课程,广泛阅读相关书籍,幸运的话还能得到对投资有着深刻了解的人士的指导。但是,他们中只有小部分人能够获得维持高于平均水平的结果所需的非凡洞察力、直觉、价值观念和心理意识。

如果你想要的是超越平均水平,因此,你的思维必须比别人更好、更强有力、水平更高。其他投资者也许非常聪明、消息灵通并且实现了高度计算机化,因此,你必须找出一种他们所不具备的优势。你必须想他们所未想、见他们所未见,或者具备他们所不具备的洞察力。你的反应与行为必须与众不同。简而言之,保持正确可能是投资成功的必要条件,但不是充分条件。你必须比其他人做得更加正确……其中的含义是,你的思维方式必须与众不同。

霍华德·马克斯在《投资最重要的事》一书中提出了投资的第二层次思维的观点,那么什么是第一层次思维和第二层次思维呢?

第一层次思维说:"这是一家好公司,让我们买进股票吧。"第二层次思维说:"这是一家好公司,但是人人都认为它是一家好公司,因此它不是一家好公司。股票的估价和定价都过高,让我们卖出股票吧。"

第一层次思维单纯而肤浅,几乎人人都能做到。而第二层次思维深邃、复杂而迂回。第二层次思维者要考虑许多东西:

(1)未来可能出现的结果会在什么范围之内?

(2)我认为会出现什么样的结果?

(3)我正确的概率有多大?

(4)人们的共识是什么?

(5)我的预期与人们的共识有多大差异?

(6)资产的当前价格与大众所认可的未来价格以及我所认为的未来价格相符的程度如何?

(7)价格中所反映的共识心理是过于乐观,还是过于悲观?

(8)如果大众的看法是正确的,资产价格将会发生怎样的改变? 如果我是正确的,资产价格又会怎样?[8]

非凡的表现仅仅来自于正确的、非共识性的预测,而非共识性预测是难以做出、难以正确做出并且难以执行的。为了取得优异的投资结果,你必须对价值持有非常规性的并且必须是正确的看法,而这并不容易做到。

第一层次思维者的广泛存在使得第二层次思维者的可得收益增加了。为了持之以恒地获得优异的投资回报,你必须成为第二层次思维者中的一员。就好像投资的"真理"永远掌握在少数人手里一样,在股票市场上真正投资盈利的也是少数人。

经济学家保罗·萨缪尔森认为股价"微观有效"而"宏观无效",他的意思是,相比股市整体而言,有效市场理论对单一股票更有意义。过度波动是整体股票市场最显著的特征。金融分析师图奥莫·沃尔泰纳霍发表过一份名为《公司层面的股票回报驱动力是什么》的研究报告,他使用1954—1996年美国36 000家公司的年报数据进行了估值分析。他的结论是,单一公司股票价格的变化有2/3源自投资者对公司未来预期现金流的真实信息做出的反应,而仅有1/3是投资者对风险和时间的不同态度带来的。单一股票价格或者其他单一类型资产价格出现足额的波动确实有其合理性,它们证明了市场仍然是引导资源流向的重要信息来源。

第一和第二层次思维的综合和合理的运用,使投资者一方面及时了解上市公司的相关信息,及时把信息反映到价格上去;同时还要考虑投资市场整体上对于这样的信息的反映是过度的还是不足的,这样才能使投资者对于股票价值和价格有较为准确的认识,从而才能掌握好投资时机,提高投资的收益。

因此,罗伯特·J.希勒认为:投资是一门科学,也是一种博弈。投资之所以像投入博弈,是因为要想做好投资,需具备这样一种能力,即掌控自己的冲动、洞察他人的冲动。一个人若对与投资相关的心理学没有深刻理解的话,是做不好投资的。[9]

延伸阅读　　　　　　　　　　　　　　　　　　　　**市场高位**

从历史上看,近几年的美国股价已经飞涨至极高的水平。在广大的投资者中已经形成了这样一种观点,即当今的高价能够维持相当长的时期,并有望继续攀升。然而,如果我们以历史作为借鉴的话,就会发现未来几年股市的表现将会令人失望。

新千年来临前夕,一次前所未有的飙升使股市达到目前这个惊人的高度。道琼斯工业平均指数(以下简称道指)1994 年年初还在 3 600 点附近徘徊,而到了 1999 年却已经突破了 11 000 点大关,以道指为代表的股市整体价格在 5 年内的总涨幅超过 200%。2000 年刚一到来,道指便又突破了 11 700 点。

然而,与此同时,一些基本经济指标并没有同步增长:美国居民个人收入和国内生产总值(GDP)增长不到 30%,如果别除通货膨胀因素的话,这个数字还要降低一半;企业利润增长不到 60%,而且这个数据是从阶段性萧条时期开始计算的。从这些数据中,我们不难看出股价如此大幅度的增长是没有理由的,而且从历史上看,这种情况也不会持久。

这一时期,许多其他国家也出现了股价飞涨的情况。1994—1999 年,法国、德国、意大利、西班牙、英国以及加拿大的股市市值大约都翻了一番,澳大利亚上涨了 50%。1999 年,亚洲的股市(中国香港、印度尼西亚、日本、马来西亚、新加坡和韩国)和拉丁美洲的股市(巴西、智利和墨西哥)也都经历了相当大幅度的增长。但正如我们所看到的,自 1994 年以来,没有一个股票市场规模与美国相当的国家的股价增长幅度能达到美国的水平。

与此同时,美国单家庭房(single family homes)的价格也有所提高,但仅有少数几个城市的增长较为显著。1994—1999 年,美国 10 个主要城市的实际住宅价格平均增长率仅为 9%。可见这些价格增长与美国股市增长的联系微乎其微。

目前美国股价处于一个惊人的高位,人们认为它可以维持下去,并在不久的将来可能会超越目前的高度。这一切给我们提出了一些很重要的问题——我们要弄清楚在目前这一时期内,股价的高涨是否将会导致未来几年里股市表现不佳(在历史上的其他高价时期,通常都有这样的结果);我们要弄清楚股价被抬升至如此高的水平,是否是由于投机性泡沫(speculative bubble)在起作用(所谓投机性泡沫是指由投资者购买行为所造成的价格增长,而不是由于基本面的真实信息所引起的价格增长,这种投机性泡沫所造成的增长是难以维系的)。简而言之,我们要弄清楚投资者所估算的股市价值是否错误,以便调整我们的计划和想法。

——摘自罗伯特·J.希勒.非理性繁荣[M].中国人民大学出版社,2004:2-3.

第四章注释

[1]本杰明·格雷厄姆,戴维·多德.证券分析[M].海南出版社,1999:189-190.

[2]托马斯·卡里尔.智慧资本——从诺奖读懂世界经济思想史[M].中信出版集团,2016:193.

[3]希瑟·卡布里林特,伊丽莎·科林斯.投资的护城河——从晨星公司解密巴菲特股市投资法则[M].中国工信出版集团,2016:7.

[4]约翰·特雷恩.大师的投资习惯[M].中信出版社,2009:6,210.

[5]马克·泰尔.巴菲特与索罗斯的投资习惯[M].中信出版社,2005.

[6]苗春旺.揭秘世界最赚钱的耶鲁基金[J].首席财务官,2014(7):64-66.

[7]本杰明·格雷厄姆.聪明的投资者[M].人民邮电出版社,2010:7.

[8]霍华德·马克斯.投资最重要的事[M].中信出版集团,2015:4.

[9]朱宁.投资者的敌人[M].中信出版社,2014:序一.

第五章　外汇投资的收益与风险

收益与风险素描

　　货币一般有三种基本职能：交易媒介、计价单位和价值储备。汇率是指国内货币与一种基准货币的价值之比。但汇率的值并不是基于实物，而是相对于其他纸币的价格计算出来的。外汇投资在买进一种货币的同时卖出另一种货币，因此其投资收益来源于对于两种货币相对价格走势的正确的判断，如果判断错误，则会遭受损失。

　　汇率变化根本上反映实体经济的强弱对比。本币和外币的价值均来源于其购买力（既包括购买消费品，也包括购买金融资产等投资品），但不同时期和国家的投资者的消费篮子结构（或投资的资产组合）并不一样，因此，国际上并没有一个可以衡量货币购买力的恒定标准。外汇对于一个国家来说，有可能是重要的经济资源，很多国家对此进行程度不等的管控，到目前为止，它还不是一个完全市场化的投资市场，外汇交易受到各国政治、经济和法律相关制度的约束。外汇的价值受到各国的政治、经济、军事、消费者倾向和心理、利率、通货膨胀率、经济增长率、劳动生产率、自然灾害等等因素的影响，并且是受到至少两个国家相关因素的影响，同时还受到全球性的共同因素的影响。

　　从市场交易的层面，国际上外汇市场交易量巨大，流动性好，单个投资者很难有影响整个市场价格的力量。由于外汇市场在全球有很多交易中心，几乎一天24小时均可以方便地进行交易，可以说，外汇市场是融合了众多国家相关信息的大熔炉，但同时也决定了外汇投资风险来源的复杂性、突发性和多元性。再加上外汇投资的高杠杆，外汇市场是一个真正的高风险的、针对专业投资者和机构投资者的市场，并不适合普通的投资者进行投资。作为套期保值的一种工具，外汇投资的潜力尚未得到有效的利用，随着投资者了解的加深，会逐渐走入寻常百姓家；而外汇的套利交易和投机交易的风险巨大，需要普通投资者慎重对待。

经典阅读 中国恶性通货膨胀

日本侵华战争促使国民政府立即启动疯狂的武器采购计划,并且主要通过印发货币来进行融资。1937—1945年,纸币发行的数量增长了将近300倍,平均下来每年增长100%,1937—1938年增长27%,到战争结束的那一年纸币发行的数量增长了224%。价格上涨的速度更快,与初期相比增长了1 600倍,年均上涨150%以上。毫无疑问,这是严重的通货膨胀。然而,"由于美国向国民政府输送了大量的援助,也由于美国最终加入了太平洋战争,价格上涨并没有达到恶性通货膨胀的地步,而且,原先从日占区涌入的难民人数出现了大幅下降。在对日战争取得胜利的前几周,由于人们预期盟军将战胜日本并且随之将会恢复外国供给,商品价格实际上出现了大幅下跌"。

日本投降后,最初的前景看起来不错,国共两党达成了停战协议。但是,"到了1947年年底……内战又重新开始了……双方在长达几千英里的范围内展开大型战争,投入的兵力数以百万计……到1947年年底,共产党的军队占领了河北和山西,而到了1948年年底,他们已经在徐州附近的淮河平原取得了决定性胜利。1949年1月,国民党前线总指挥杜聿明将军率领大部分剩余的国民党军队向共产党投降了。……到了2月,蒋介石宣布下野,带着所有剩余的黄金储备(约300万盎司)逃往台湾"。

毋庸置疑,官僚、腐败和混乱的金融管理导致了货币市场的崩溃和真正恶性通货膨胀的爆发,这些才是造成国民党政府最终失败的主要原因。国民党垂死挣扎,"1948年8月22日,蒋介石宣布实施货币改革。……价格被冻结,所有私人持有的黄金、白银和外汇必须在3个月内上交",而且上交条件苛刻,几乎等同于直接充公。只有动用武力才有可能取得成果。然而,在这个过程中,"政府失去了少数还没有放弃更广泛意义上社会责任的人士对其残存的一丝尊重"。到了11月,由于黑市猖獗,政府不得不承认改革失败。总之,把"金圆券"和早期货币的实际汇率联系在一起进行考虑,到了1949年4月——政权实际上已经易手的时候,国民党统治区的物价水平上涨到了1946年12月价格水平的5 400万倍,这相当于每个月上涨将近90%——远远超过菲利普·卡根在他新古典经济学恶性通货膨胀研究中所定义的50%的水平,他用这个标准把恶性通货膨胀从其他通货膨胀现象中区分出来。

恶性通货膨胀不仅帮助共产党取得了胜利。内战结束后,共产党又消除了恶性通货膨胀,而这无疑帮助他们巩固了统治。

——摘自米尔顿·弗里德曼著.货币的祸害——货币史上不为人知的大事件[M].中信出版社,2016:202-204.

第一节　外汇与外汇市场特征

在经济全球化的背景下,国与国之间的联系越来越密切,经济往来也越来越频繁,国际上因贸易、投资、旅游、文化交流等活动,总免不了产生货币收支等活动。比如,中国人去美国留学、旅游,需要把自己的人民币兑换成美元,在美国消费。

外国货币当然是外汇,但只是外汇的一部分,外币支付凭证,如汇票、本票、支票以及外币有价证券,都是外汇。外汇属于金融资产,实物资产和版权、专利权等无形资产不是外汇。外汇首先是其他国家的货币,当然能被该国接受。然而,一般意义上的外汇必须被许多国家,最好是所有国家接受,甚至成为世界范围内的"通货"。如果一种外币只被少数国家接受,其使用范围就非常有限,不能成为一种普遍的清偿国际债权债务的手段,就不能成为普遍意义上的外汇。

汇率也叫汇价,是一种货币与另一种货币的兑换比率,是以一种货币表示另一种货币的价格。这个价格很特别,是一个比率,一个相对值而不是一个绝对数字。货币本身没有名义上的价格,但利率和汇率却是一种货币真正的价格或者价值,利率反映的是货币的时间价值,而汇率则是从另一种货币身上折射出该货币的价值,也可以说是货币价值在国家这个空间上的变化。

不同的货币之所以可以进行对比并形成相互之间的比价关系,根本原因在于它们都代表着一定的价值量。在金本位制度下,汇率是由两种货币各自的含金量决定的;在纸币制度下,各国发行纸币作为金属货币的代表,以法令规定纸币的含金量,称为金平价,金平价的对比是两国汇率的决定基础。可是纸币不能兑换成黄金,所以,纸币的含金量往往是名义上的,形同虚设。在实行官方汇率的国家,由国家货币当局规定汇率,在实行市场汇率的国家,汇率随着外汇市场的供求关系变化而变化。

一、外汇交易本身是一种不断变化的规则

外汇交易从某种程度上说，首先是一种规则，然后才是投资。外汇市场与其他金融市场不同，外汇市场没有具体地点，也没有交易所。外汇交易市场是一个银行间的市场或交易商间的市场，外汇交易是交易双方通过电话或者一个电子交易网络而达成的。外汇交易同时买入一对货币组合中的一种货币而卖出另外一种货币。外汇是以货币对的形式交易的，例如欧元/美元或日元/英镑。外汇交易几乎是完全依靠电子规则的平台进行的，中断交易也极其简单，只要断网和切断电话线。直接的银行间市场是以有外汇清算交易资格的交易商为主，他们的交易构成了总体外汇交易中的大额交易。

外汇交易自古就有，比如，古代就出现过用金币国家和银币国家在货币上的折算交易，只是一种简单的换汇行为。在当时，金币或银币一定程度上可以成为很多国家普遍接受的货币。

从 19 世纪中期一直到 1973 年，世界实行的是固定汇率制度。1944 年以前实行的是金本位制度，各国货币都规定其黄金的含量，并以此为依据，确定各国货币含金量之比（汇率），汇率的决定是很简单的，不同货币之间的汇率也是固定的。

1935 年年初，中国秘密通知美国，计划放弃银本位，采取金银复合本位，并将这种新货币与美元联系，以稳定中国的汇率。时至 1935 年下半年，国民经济已经恶化到崩溃边缘。11 月 4 日，时任中华民国财政部部长的孔祥熙发表《关于发行法币的宣言》，宣布废除银本位，并立即实施停止白银合法出口、白银国有化、统制银行系统、垄断货币发行权、严格外汇和黄金管制政策。中国和美国经过"白银谈判"，于 1936 年签订《中美白银协定》，该协议成为美国支持法币改革的法律保障，标志着美国和中国正式实行货币体系的合作。法币诞生了，作为"白银帝国"的那个中国寿终正寝了。[1]

1944 年 7 月，44 个国家的代表在美国新罕布什尔州（New Hampshire）"布雷顿森林公园"召开货币金融会议，史称"布雷顿森林会议"。会议通过了《联合国货币金融会议最后决议书》、《国际货币基金组织协定》和《国际复兴开发银行协定》，总称"布雷顿森林协议"。这是一个关于各国间安排汇率的制度，核心有两点：一是美元与黄金固定挂钩，1 盎司黄金可以兑换 35 美元，任何国家的中央银行，随时都可以把手里的美元按照这个价格向美国联邦储备

银行兑换黄金；二是各国货币与美元固定挂钩，各国的货币按照原来的含金量，确定自己与美元的汇率。

但是，从 20 世纪 60 年代开始，美国国际收支持续出现逆差，越南战争又大大增加了政府财政赤字。法国等欧洲国家担心美元贬值，集中向美联储兑换黄金，市场上的黄金价格不断上升，导致美国的黄金不断外流，1971 年 8 月 15 日，尼克松总统暂停美元与黄金的兑换。布雷顿森林体系的基础不再坚固，名存实亡。

但直到 1973 年 3 月，世界主要货币受投机冲击，被迫实施浮动汇率，布雷顿森林体系才完全崩溃。之后，产生了汇率浮动的制度。外汇交易障碍的减少及机会的增加，比如东欧剧变、苏联解体、亚洲及拉丁美洲的戏剧性经济增长等等，为外汇投资人带来了新的机遇。

对于投机者来说，最好的交易机会总是交易那些交易量大的货币，或称之为"主要货币"，今天，大约每日交易的 85％是这些主要货币，它包括美元、日元、欧元、英镑、瑞士法郎、加拿大元和澳大利亚元。经过这些年的发展，外汇市场持续成长，并已经连接了全球的外汇交易人，包括银行、中央银行、经纪商及公司组织，如进出口业者及个别投资人。

由于全球金融中心的地理位置不同，全球各大外汇市场因为时间的差异，成为 24 小时连续运作的交易市场。惠灵顿、悉尼、东京、香港、新加坡、法兰克福、伦敦、纽约等各大外汇市场紧密相连，为投资者提供没有时间和空间障碍的理想投资场所。与其他金融市场不一样的是，外汇交易投资者可以对无论是白天还是晚上发生的经济、社会和政治事件导致的外汇波动随时做出反应。只有在星期六、星期日以及各国的重大节日，外汇市场才会关闭。

二、外汇市场供求及市场主体

1.外汇市场供求

外汇市场的供给。用外币兑换本币，形成对本国的外汇供给，主要包括以下经济活动：

（1）本国商品或劳务出口，不论是开出的汇票还是将所得外汇存入本国在外国银行的账户，都意味着获得外币的债权。

（2）本国人将在外国获得的投资收益，比如股息和利息等汇回本国，也需要将外币兑换成本币。

（3）外国对本国提供援助或私人汇入款项等单方面转移。

（4）外国企业向本国进行长期投资或者短期贷款。

（5）本国政府减少外汇储备资产等。

外汇市场的需求，主要包括以下经济活动：

（1）购买外国商品或者享受外国的服务，也就是有形商品和无形商品的进口。近年来，随着投资的国际化，人们在更大的范围内配置自己的资产组合，会产生对国外证券或资产的越来越大的需求，因此，因投资需要而产生的外汇需求越来越多。

（2）外国人将在当地直接投资和间接投资所得的利润汇回本国。

（3）本国对外国提供直接援助或者私人向外国汇款等单方面的转移。

（4）本国向外国长期投资或者短期贷款。

（5）政府增加外汇储备资产等。比如，我国政府在 2017 年年末的外汇储备余额是 31 399 亿美元，较 2016 年年末增加 1 294 亿美元，已经连续 11 个月回升。

2.外汇市场的市场主体

外汇市场的参与者，主要包括外汇银行、外汇银行的客户、中央银行、外汇交易商和外汇经纪商。

（1）外汇银行。又叫外汇指定银行，是指根据外汇法由中央银行指定可以经营外汇业务的商业银行或者其他金融机。外汇银行大致分为三类：专营或者兼营外汇业务的本国商业银行，在本国的外国商业银行分行及本国与外国的合资银行，经营外汇业务的其他金融机构。中国的外汇指定银行包括四大国有商业银行和交通银行等全国性的股份制商业银行，以及具有外汇经营资格的外资银行在华分支机构。目前，各地方的商业银行和信用社许多还不具备外汇指定银行的资格。

（2）外汇银行的客户。在外汇市场中，凡与外汇银行有外汇交易关系的公司和个人，都是外汇银行的供应者、需求者和投机者。他们中有为进行国际贸易、国际投资而买卖外汇者，也有零星的外汇供求者，如国际旅游者、留学生等。中国外汇银行的主要客户是由于生产经营和国际贸易而产生外汇需求的各类企业，随着国门的开放和人们收入的提高，个人在外汇交易中的地位变得越来越重要。

（3）外汇经纪商指介于外汇银行之间、外汇银行和其他外汇市场参与者之间，进行联系、接洽外汇买卖，从中赚取佣金的经纪公司或个人。

（4）交易中心。大部分国家的外汇市场都有一个固定的交易场所，交易中心为参与交易的各方提供了一个有规则和秩序的交易场所和结算机制,便利了会员之间的交易,促进了市场的稳定和发展。位于上海外滩的中国外汇交易中心是中国外汇交易的固定交易场所,交易中心于 1994 年 4 月 18 日成立,是中国人民银行总行直属事业单位。其主要职能是:提供全国银行间外汇、人民币同业拆借、债券以及汇率和利率衍生品交易系统并组织交易;提供银行间市场清算、信息和监管等服务;开展经人民银行批准的其他业务。

(5)中央银行与监管机构。外汇市场上另一个重要的参与者是各国的中央银行。这是因为各国的中央银行都持有相当数量的外汇余额作为国际储备的重要构成部分,并且承担着维持本国货币金融市场稳定的职责。

随着中国外汇储备的增加,中央银行在中国外汇市场上的作用日益重要,大量的外汇储备成为中央银行干预外汇市场的重要保证。外汇储备代表着一国应对国际经济风险的能力,外汇储备越多,应对的能力越强。当然,外汇储备也并非越多越好。理论上,外汇储备有一个最优规模。经济学家对此莫衷一是。美国经济学家罗伯特·特里芬曾经给出一个标准:一国外汇储备的最佳规模,是其年度进出口总额的 40%。2016 年年末,中国的外汇储备是 30 105 亿美元,2017 年年末达到 31 399 亿美元;2016 年中国的进出口总额是 36 855.57 亿美元,2017 年中国的进出口总额是 41 045.04 亿美元,同比增加 11.4%;2016 和 2017 年两年的占比均明显超过了 40% 的标准。

由于外汇市场的重要性,各国一般有专门的监管机构来规范外汇市场的发展,中国外汇市场的监管机构为国家外汇管理局。国家外汇管理局是中国人民银行管理的国家局,它对外汇收支、买卖、借贷、转移以及国际间的结算、外汇汇率和外汇市场等进行管理。

在中国外汇市场上目前还只有外汇即期交易。因为中国外汇市场条件的不成熟和风险控制技术的不完善,还不能开办外汇远期交易、掉期交易、期货交易和期权交易。但是随着中国外汇市场的进一步发展和中国金融改革的逐步完善,上述四种交易将会成为中国外汇市场的主角。

三、影响汇率波动的因素

1.汇率是如何决定的

在汇率决定上有形形色色的理论,代表性的主要是以下几种:

(1)国际借贷说。这是在金本位制度盛行时期流行的一种阐释外汇供求与汇率形成的理论,是英国人戈逊于 1861 年提出的。戈逊认为汇率决定于外汇的供给和需求,当外汇的供给大于需求时,外汇汇率下降;当需求大于供给时,外汇汇率上升。外汇的供求是由国际借贷引起的,而国际借贷的产生源于一国的外汇收入和支付。

(2)国际收支说。这是美国学者阿尔盖在 1981 年提出的,他认为,影响均衡汇率变动的因素有国内外的国民收入、国内价格水平、国内外利息率以及人们对未来利率的预期。

当本国国民收入增加时,进口会随之增加,国际收支会出现赤字,从而导致外汇市场外汇需求大于供给,本币贬值;当外国国民收入增加时,本国出口增加,国际收支会出现盈余,外汇市场的外汇供给大于需求,外币贬值。

当本国物价上涨或外国物价下降时,本国出口减少,进口增加,国际收支出现赤字,外汇的需求大于供给,本币贬值。反之亦然。当本国利率上升或外国利率下降时,国外资本流入增加,从而导致外汇的供给大于需求,或本币的需求大于供给,本币升值;反之亦然。对未来外汇汇率看涨,人们就会大量买进外汇,外汇就会升值。这个理论其实是从外汇的来源来看的,主要关注资本流动和进出口。

(3)利率平价理论。这是由英国经济学家凯恩斯于 1923 年在其《货币改革论》一书中提出,后经一些西方经济学家发展而成。该学说主要研究国际货币市场上利差与即期汇率和远期汇率的关系。

其主要观点是:由于各国之间的利率差异,投资者为获得较高收益,就将其资金从利率低的国家转移到利率高的国家。为避免汇率风险,如果甲国的利率高于乙国,投资者一般按照远期汇率把甲国的投资收益变成乙国的货币,并将此收益与在乙国投资所得收益进行比较,从而确定投资者的投资方向。

(4)汇兑心理说。这是从主观心理方面说明汇率变动的一种理论,由法国经济学家阿夫达里昂于 1927 年提出。需要外国货币是为了满足购买、支付、外汇投机、资本逃避等需要,这些需要是外币具有价值的基础。因此,外币的价值决定于外汇供需双方对外币所做的主观评价。外汇供给增加,边际单位的效用就递减,个人所做的主观评价就降低。虽然个人对外币的主观评价不同,但在外汇市场上供需将达到均衡,供需均衡时的价格就是实际的汇率。这种评价是主观的,但也受客观因素的影响。

(5)购买力平价说。该理论认为,人们之所以需要外国货币,无非是因为外国货币具有在外国购买商品的能力。而货币购买力实际上是物价水平的倒数,所以,汇率实际是由两国物价水平之比决定,这个比率被称为购买力平价(purchasing power parity)。

英国《经济学家》(*The Economist*)杂志从1986年开始推出著名的巨无霸指数,每年公布一次不同国家的麦当劳餐厅所售的巨无霸汉堡的当地价格,并把这些价格进行对比,作为不同货币之间汇率的标准,与实际汇率相对照,用于判断实际汇率是被高估还是被低估,非常有趣,也非常有影响力。[2]

(6)金融资产说。该理论是20世纪70年代中期以后发展起来的一种理论,它是在国际资本流动不断增加的背景下产生的,特别重视金融资产市场均衡对汇率变动的影响。金融资产说的一个重要分析方法是一般均衡分析,它较之传统理论的最大突破是将商品市场、货币市场和证券市场结合起来进行汇率决定的分析。在这些市场中,国内外市场有一个替代程度的问题。而在一国的三种市场之间,则有一个受到冲击后均衡调整的速度问题,由此引出了各种金融资产说的模型,包括货币论和资产组合平衡论。

投放于投资产品的资金已经远远超过进出口商品和服务所需的货币兑换量,这有助于解释20世纪90年代的货币现象,即日本股市和日元同时下跌,而美元和美国股市同时获利,这与根据利率平价理论预测的结果相反。在资产市场理论中,利率并非最关键因素,商品间的相对价格也不是最关键的,最关键的是流入投资产品市场的净资金量,它直接影响货币需求,带动货币的买卖。随着投资的便利化和全球化,外汇也只是人们可以持有的一系列金融资产中的一类,人们将根据对各种资产收益和风险的权衡,在世界范围内将财富配置于各种可以选择的国内外金融资产上。

上述汇率决定的理论带有明显的时代性,既说明了人们使用外汇的用途的多样性和其演进变化,也说明随着国家间交易的增多和外汇交易的便捷,决定汇率的因素更加多元化和复杂化,在不同的时点上,单一因素并不足以有效地解释汇率的决定。

2.外汇交易市场的有效性

外汇市场是建立在全球范围内的虚拟市场,各种复杂的因素,诸如政治、经济、社会问题、文化、心理、风俗、法律法规等,均可能影响汇率的波动。同其他的期货工具的保值性相比,外汇期货的保值性是最差的,因为谁也没有办法预测一个外汇的保值区间到底是多少。外汇交易中涉及的情况充满不确定性,因此,有专家认为,外汇交易市场符合有效市场的几乎全部条件,外汇市场是不可预测的,是随机漫步的。比如,政治风险是影响汇率的一个重要因素,但是人们通过对政治分析来预测汇率变动,却很少有成功的范例。

在华尔街的历史上,一些投资大师就是从外汇市场上历练出来的。索罗斯的那些闻名世界的投资案例,包括击败英格兰央行、狙击欧洲、战胜泰国和东南亚,他的武器都是外汇,许多金融帝国的传奇都和外汇交易有着紧密的联系,比如罗斯柴尔德家族,就曾经有效地利用了它在巴黎、法兰克福、伦敦等地均有分支机构的便利,赚取黄金、外汇等在不同市场间的价差,从而建立起庞大的金融帝国。

但是对普通人而言,没有进入金融市场,也许永远不会知道个体的脆弱、盲从、缺乏自制和疏忽大意是如此的明显。著名的混沌交易大师比尔·威廉姆认为金融交易是促进个人心智开发和身心平衡的良药,市场可以纠正人类天性中的很多弱点。外汇市场的剧烈波动和外汇投资的杠杆交易,可以放大交易者的脆弱。

从另外一个角度,外汇市场又是一个国家金融、货币市场的重要组成部分,受到国家政治、经济政策的严格约束,从这个意义上讲,外汇市场又不是完全市场化的市场,这一点也加大了外汇交易的政策方面的风险。

发展中国家在国际经济一体化和金融自由化的冲击下,面临着汇率选择的困境,是实行固定汇率制度还是浮动汇率制度呢?在亚洲金融危机后,在蒙代尔-弗莱明模型的基础上,普林斯顿大学教授保罗·克鲁格曼1999年提出了"三元悖论"的原理,即资本自由流动、汇率稳定和货币政策独立性三个目标,不可能同时实现,最多只能实现其中的两个。比如美国,只能实现独立的货币政策和资本自由流动,但必须放弃汇率稳定的目标。而发展中国家,他建议可以实现汇率稳定和货币政策独立,但需要限制资本的流动。一些亚洲经济体在金融自由化过程中,迅速放松外汇管制,并尝试实施独立的国内货币政策,其结果就是大量的"热钱"源源不断流入国内,造成本国股市和楼市的泡沫。从本质上讲,"三元悖论"讲的是价格、数量和制度风险之间的困难权衡。一国政府能够控制本国的价格和数量(通过储备、外汇管制、战略储备等),但从全球看,价格和数量都超出了任何一国政府的控制范围,因为资本流动会对此作相应的调整。

3.祸起外汇套利交易

1998年亚洲金融危机发生后,人们从很多视角来分析金融危机的原因和总结经验教训。其中,沈联涛(2010)从日本在东南亚进行巨额外汇套利交易这个角度的分析提供了一个独特的视角。

日元套利交易的做法是：以非常低的利息借入日元，投资于美元或者泰铢，以获得较日元更高的利息。如果日元对美元、日元对泰铢贬值，那么就能获得双重收益：利差收益和汇兑收益。

20世纪90年代中期，为防止出现通货紧缩，日本央行奉行低利率政策。1995年到1998年间，美国联邦基金利率和日本银行目标利率间的利差大约为5％，而当时流向东南亚地区的日元海外贷款粗略估算有2 600亿美元。这意味着，日元外汇套利交易的平均利差收益约为每年130亿美元，三年就是390亿美元。而同期，日元相对美元贬值了近一半，这样2 600亿美元的海外贷款的平均汇兑收益为1 300亿美元。保守估计，三年中日元套利交易的投资者获得了1 690亿美元的"天上掉下来的馅饼"。

可以说，资本从日本向其东南亚邻国的流动，以及这些新兴市场本身的吸引力，共同造就了1997年以前东南亚地区的经济泡沫，包括房地产价格和股票市场价格泡沫。

由于日元资本大量流入东南亚国家，新兴市场存在"双重错配"（double mismatch）的致命隐患。其一是东南亚市场"短期借入，长期投资"错配，其二是"贷外汇（美元或日元），投资本国货币"的错配。也就是说，有一个坏的贷款人，也有一个坏的借款人，双边都有错。亚洲金融危机的内在原因在于东南亚国家没有好的国家风险管理，而日本银行基于自身的原因，从这个地区撤资导致东南亚地区大部分资本外流，国际货币基金组织和国际清算银行的数据显示，1996年到1999年间，日本银行在五个发生危机的国家减少了474亿美元贷款，1995年到1999年间，在东南亚地区总共减少1 925亿美元贷款（大部分在新加坡和中国香港）。正是日本银行的撤贷，制造了东南亚急剧的信用紧缩，成为东南亚金融危机的重要导火索之一。[3]

第二节　外汇市场的作用

西方国家的中央银行执行外汇政策，经常买卖外汇。所有买卖外汇的商业银行、专营外汇业务的银行、外汇经纪人、进出口商，以及其他外汇供求者都经营着各种现汇交易及期汇交易，这一切外汇业务组成一国的外汇市场。外汇市场是由多种要素和参与者组成的有机整体，它有自己的功能和作用，主要是：

1.国际清算

因为外汇就是作为国际经济往来的支付手段和清算手段的,所以清算是外汇市场最基本的作用。国际清算银行根据海牙国际协定成立于1930年,后来演变为一家各国中央银行合作的国际金融机构,为国际金融业务提供便利,并接受委托或作为代理人办理国际清算业务等,实际上是西方中央银行的银行。

2.授信

因为银行经营外汇业务,它就有可能利用外汇收支的时间差为进出口商提供贷款。银行利用筹集的外汇资金对国内外企业或个人发放贷款,贷款对象是能够创造外汇收入、有偿还能力并且具备外汇贷款条件的企业或个人。

3.套期保值

也就是保值性的期货买卖,它是为了使得外汇的收入和支出不会因为汇率的非预期变动而造成大的损失,在期货市场上预先买进或预先卖出外汇合约,来与将来要使用或收取的外汇进行套期保值。

在现实中,有些公司的外汇交易操作始于套期保值,而终于投机,结果悲惨。比如,中信泰富是中信集团的子公司,因为在国内有很大的钢铁业务,在澳大利亚西部收购了铁矿项目,为了能够控制在澳大利亚开发和运营铁矿的成本,中信泰富进行澳元的套期保值业务。在套期保值的过程中,中信泰富发现自己对于澳元升值的预期是正确的,同时也发现与其进行套期保值,从银行获得一些低价澳元的保证,还不如自己建立大量澳元的多头仓位,通过澳元升值来获利。中信泰富与花旗银行香港分行、瑞信国际、法国巴黎百富勤等13家银行签订杠杆式外汇合约,其中金额最大的是澳元累计期权合约,总额为90.5亿澳元,锁定汇率为0.87美元/澳元。2008年10月20日,中信泰富公司发出重大预警,披露因为和多家银行签订杠杆式澳元对赌合约,而澳元的大幅贬值导致公司所持有的合约价值大跌,中信泰富在这些合约上的亏损预计达到155亿港元。消息传出,当日公司股价大跌55.1%,收于6.52港元。2008年11月,母公司中信集团出手相助,向中信泰富授出116亿港元的备用信贷、认购中信泰富发行的可转换债券,并承担中信泰富在外汇累计期权合约中的损失,荣智健也因此事件辞去中信泰富集团主席。

4.投机

投机者利用汇率的变动来牟利,产生"多头"或"空头",也就是对未来的汇率看涨或看跌,对未来市场行情下赌注。比如,1989年柏林墙倒下后,德国开始重建,无暇帮助欧洲其他国家渡过经济难关。当时英国经济日益衰退,英镑需要贬值来拉动经济,但 1990 年英国以 1 英镑兑 2.95 马克的高汇率加入欧洲汇率体系,其代价极其昂贵。该货币体系使得欧洲各国的货币不再钉住黄金或美元,而是相互钉住。到了 1992 年,索罗斯认为英国执行高利率政策来维持英镑对马克的汇率不再可行,9 月开始大量做空英镑,仅他一人就做空了 70 亿美元的英镑空头,60 多亿美元的马克多头,尽管英格兰银行动用了价值 269 亿美元的外汇储备,但最终还是惨遭失败,被迫退出欧洲汇率体系。索罗斯一战成名,从英镑空头中获利 10 亿美元,在英国、法国、德国的利率期货多头和意大利里拉上的空头使得索罗斯的总利润高达 20 亿美元,他被杂志称为打败了英格兰银行的人。

能利用杠杆进行保证金交易的外汇市场是全球最大的金融市场,单日交易额高达 1.5 兆美元。大约每天的交易周转的 5% 是由于公司和政府部门在国外买入或销售他们的产品和服务,或者必须将他们在国外赚取的利润转换成本国货币。而另外 95% 的交易是为了赚取赢利或者投机。巨大的交易量使市场保持了高度的流动性,这种情况与期货交易中只有很少的比例最终进行实物交割是一样的。

第三节　外汇投资的策略

一、防守策略

在外汇交易过程中,不确定性扮演了重要的角色。在高度不确定的条件下,降低交易风险的要求比任何时候都重要些。因此,墨菲定理有着重要意义,其主要内容是:(1)任何事都没有表面上看起来那么简单;(2)所有的事都会比你预计的时间要长;(3)会出错的事总会出错;(4)如果你担心某种情况发生,那么它就更有可能发生。墨菲定理的大概意思就是:"最坏的事情总是最可能发生。"我们必须做最坏的打算,以便提前做好准备,因为最坏的结果往往是无法承担的。

墨菲定理是外汇金融游戏的最大定律,遵守这一定律的前提是没有相当把握坚决不下单,并且做好安全空间和严格止损。聪明的止损符合两个条件:一是最大止损的损失不超过账户总额的 5%～8%;二是止损价格要离开支撑位和阻力位稍微远一点。还有就是要控制仓位,这是因为外汇交易很多执行的是保证金和强制平仓制度,控制不当,就会出现爆仓的情况。

对于一般投资者来说,能在合适的时机、关键的外汇交易上分辨机会和陷阱是投资成功最大的秘诀。保守型策略不一定能让你成为索罗斯,但可以让你在外汇市场的大风大浪中生存下来。

二、谨慎使用杠杆

在外汇保证金交易中,投资者采用高杠杆。美国的杠杆曾经高达 400∶1,后来调整为 100∶1,日本和韩国调低至 20∶1。高杠杆可以"以小博大",盈利的时候,杠杆越高,利润越高;当然,亏损的时候,损失也会被同倍数地放大。

外汇交易的成本很复杂,交易肯定需要成本,包括税收成本、经纪人成本,因此,利润是盈利减去成本的部分。为了吸引投资者进入,高杠杆可以覆盖较大比例的成本,使得外汇交易的各个环节可以顺利运转,增加整个外汇市场的流动性。但同时,高杠杆也有带来巨大损失的可能性。

三、坚决拒绝非法交易

非法外汇交易平台俗称网络炒汇,也叫外汇保证金交易,20 世纪 80 年代末传入境内,并于 90 年代初在广东、深圳、北京等地出现了一股外汇保证金交易热。近年来,借助移动互联网的兴起,网络炒外汇操作变得更加便捷、传播更加迅速。

2017 年 11 月,根据中国互联网金融协会发布的《关于防范通过网络平台从事非法金融交易活动的风险提示》,境内机构未经我国金融监管部门批准,通过互联网站、移动通讯终端、应用软件等各类网络平台为境内客户提供外汇、贵金属、期货、指数等产品交易(含跨境),以及境外机构未经我国金融监管部门批准通过互联网站、移动通讯终端、应用软件等各类网络平台为境内客户提供外汇、贵金属、期货、指数等产品交易,均属于违法行为。目前,从事外汇、贵金属等杠杆交易的网络平台(含跨境)在我国无合法设立依据,金融监管部门从未批准,开展上述交易业务的网络平台属于非法设立,参与此类平台交易的双方权益均不受法律保护。

2017 年 12 月,中国人民银行曾公示 40 家涉嫌非法的互联网外汇交易平台名单,提醒投资者注意风险。这些平台经常宣称外汇交易的巨大盈利性而闭口不提它的风险性,还有些平台利用各种手段侵害投资者利益,参与此类平台的交易具有巨大的风险性,投资者不可不慎,以免上当受骗。

第四节　人民币与美元汇率的变化

改革开放以来,美元兑换人民币的汇率大致经历了三个阶段。第一阶段是 1980—1994 年,美元兑换人民币的汇率出现了大幅度的上升;第二阶段是 1994—2004 年,美元兑换人民币的汇率维持在一个比较稳定的水平;第三阶段是 2004 年至今,人民币处在一个单边升值的阶段。每个阶段的汇率变化,都有其特殊的政治和经济原因,也隐含着大国之间的博弈。

从 1980 年到 1994 年,中国实行双重汇率制度,即除了官方汇率以外,另行规定一种贸易外汇内部结算价格,适用于进出口贸易结算和外贸单位经济效益核算,根据当时的出口换汇成本确定,固定在 2.80 元的水平。人民币官方汇率对美元由 1981 年 7 月的 1.5 元向下调整至 1984 年 7 月的 2.30 元,人民币对美元贬值了 53.3%。

1985 年至 1991 年 4 月,中国恢复了单一汇率制度,汇率也一直在向下调整,人民币大幅贬值,从 1984 年 7 月的 2.30 调至 1985 年 1 月的 2.8,之后又多次下调。这个阶段虽然名义上恢复了单一汇率制度,但在实践过程中随着留存外汇的增加,调剂外汇的交易量越来越大,价格越来越高,因此实际上形成了新的双重汇率。

1991 年 4 月至 1993 年年底,主要是对人民币汇率进行了微调。在两年多的时间里,官方汇率数十次小幅度调低,但仍然赶不上出口换汇成本和外汇调剂价的变化。到 1993 年年底,美元兑换人民币的汇率与调剂汇率分别为 5.7 和 8.7。

由此可见,在 1984—1994 年这段时间,人民币汇率的变动特点是:官方汇率和调剂市场汇率并存、官方汇率逐渐向下调整。

在 1994—2004 年汇率制度改革完成之前,由于人民币开始和美元非正式地挂钩,汇率波动只能在 1 美元兑换 8.27 至 8.28 元人民币的范围内。通过一定程度地将人民币贬值,不但促进了出口,而且汇率的稳定也对稳定中国经济发展起到了重要作用。

　　自从 2005 年中国人民银行重启汇率改革以来,人民币对美元不断升值。7 月 21 日,人民币汇率改为参考一篮子货币,汇率改为 1 美元兑换 8.11 元人民币,变相升值 2%,并且不再与美元挂钩。这一阶段的汇率制度变革主要存在两个方面的原因,既有自己改革的动力,也有国际社会的压力。

　　从中国自身来说,随着中国对外贸易的日渐深化,中国对外贸易已经不再仅仅局限于美国了,中国和欧洲、日本、韩国等国家的贸易也取得了巨大的进展。长期以来,鼓励出口一直是我国对外经济政策的重要目标。因此,我国一直将出口换汇成本作为确定人民币汇率的重要依据。无论是出口换汇成本还是进口换汇成本都是购买力平价在中国的现实运用,换汇成本说认为除了货币数量外,劳动生产率也是决定货币购买力的一个主要因素。但它的局限也很明显:换汇成本说认为只有贸易商品的价格满足一价定律。在鼓励出口的政策导向下,我国长期以来贸易顺差过大,积累了大量的外汇储备,也带来了一系列的经济问题,需要适时地进行调整。

　　人民币国际化是我们追求的金融目标之一,但也会带来金融市场不稳定、加大我国政府对经济进行宏观调控的难度等弊端,其过程也并非一蹴而就。人民币的国际化之路大致沿着以下路径:(1)人民币在境外可以流通。随着对外贸易越来越多,出国旅游、学习、工作和投资的人口也越来越多。目前在东南亚和一些欧洲国家,我们可以见到可以用银联卡结账的商店,也可以见到许多人民币兑换店。(2)人民币成为国际贸易的计价单位和结算货币。人民币目前已成为世界主要的交易货币之一。(3)人民币成为国际投资货币和储备货币。在这一点上,我国目前的进展甚微,还需要进一步完善市场体系和金融投资体系。

　　从国际社会来说,以美国为首的西方国家一直对中国的汇率制度以及在一定程度上的人民币贬值颇有意见。美国为了促进本国的出口,减少对中国的贸易逆差,也一直在向中国施压,希望中国能够让人民币进行一定程度的升值。2018 年 6 月 15 日,美国正式宣布将被加征关税的中国商品清单,将对500 亿美元从中国进口的商品加征 25% 的关税,美国贸易代表的最终名单包括 1102 个产品系列,包括机器人、航空航天、工业机械和汽车,而手机和电视等消费品不在名单之内。第一批加征关税产品总计 340 亿美元,征税措施从7 月 6 日开始生效。并且,美国威胁将制定 2 000 亿美元的征税清单。有研究认为,近年来,中国技术追赶引发美国恐慌,或是本轮美国对华贸易政策收紧的另一根源之一,高新技术行业或将成为本轮中美贸易战的主战场。

从较长时间的历史角度看,在外汇市场上投资,考虑的基本面因素更多的是大国之间的政治形势、经济发展情况、贸易情况以及大国相互博弈等的情况。如果不能深入地了解外汇市场汇率波动背后的历史原因和未来发展变化的潮流,就无法把握外汇市场的大趋势,很容易被短期的外汇市场波动所淹没,无法取得投资的成功。

延 伸 阅 读　　　　　　　　　　　　　　　**经济实验**

自20世纪70年代开始,全球范围内开展了三项大型经济实验,旨在更好地管理货币、汇率和金融体系积累经验。第一项实验是指让各国央行在压低并稳定通货膨胀这项任务上有更大的独立运作权,这项实验后来产生了一个受到人们追捧的通货膨胀目标制——此项实验追求一国范围内的物价稳定。第二项实验是允许资本在各个国家之间自由流动,鼓励欧洲和部分新兴经济体从浮动汇率制向固定汇率制转变,这主要是考虑欧洲当时正在酝酿建设一个货币共同体,同时许多经济增速领先的国家,尤其是中国,已经将其本国货币的汇率和美元挂钩——此项实验追求的是汇率稳定。第三项实验是逐步移除针对银行和其他金融机构的限制性监管措施,期望以此促进金融机构能够提供多样化的产品,覆盖更多的国家和地区,同时扩大经营规模,进而帮助金融机构应对地域局限性或产品同质化的风险,使得整个金融体系更加稳定,此项实验追求的是金融稳定。

从目前取得的效果来看,这三项同时进行的实验造成的后果可以从三个方面进行概括——也就是好的、坏的和丑的。所谓好的,指的是1990—2007年这段时间,其时代特征是社会产出和通货膨胀水平都维持在一个前所未有的稳定水平,因此我们也把这段时间称为大稳健时期。该时期内,全球范围内的货币政策出现了剧烈转变。30多个国家采用了通货膨胀目标制,并且赋予该国央行更大的自主权。与此同时,通货膨胀的波动程度也出现了明显变化,从均值来看,通货膨胀率平均偏低,其波动频率下降,且持续通货膨胀的情况也相应减少。

所谓坏的,指的是债务水平高企。它消除了欧洲和新兴市场国家的汇率灵活性,使得这些区域内的贸易顺差和逆差不断扩大。部分国家积累了巨量资产,而有的国家不得不依靠借债来弥补对外逆差。富国持续积攒财富的意愿远远超过了负债国借钱消费的意愿,当把这些因素整合到全球资本市场的运作中之后,结果就是远期利率持续下滑。资产价格,不论房子、股票还是期权,其实就是未来预期回报折算之后的当日价值。要将未来价值换算成当日价格,需要一个恰当的利率进行折算。利率下滑的即时效应就是导致各种类型资产的价格都出现增长。所以当全球范围内的远期利率下滑时,资产尤其是房产的价值开始攀升。由于资产价值提升,人们只能借贷更多的资金才能买得起资产。1986 年,美国每户人家的负债相当于其家庭总收入的 70%,而这个比例在 2006 年时涨到了 120%。同一历史时期内,英国的户均负债水平从 90% 上升到 140%。

所谓丑的,指的是金融行业变成了一个碰都碰不得的易碎品。在美国,联邦银行业监管者不断放宽银行业监管的法律边界,原本由《1933 年银行业法案》划定的商业银行和投资银行之间的业务边界也被逐渐打破,最终在 1999 年《格雷姆-里奇-比利雷法案》出台之后,银行几乎被授予了开展所有业务的权力。在英国,1986 年的金融大爆炸之后,原本以伦敦证券交易所引入竞争性环境为目的的举动,演变成了一场商业银行和证券公司“大鱼吃小鱼”的兼并浪潮。去监管化之后,银行类机构迅速丰富了其产品和服务,同时迅速扩大了业务规模。在欧洲大陆,所谓的全球性银行早已是人们熟知的概念。在 2003—2008 年的 5 年间,全球性银行的资产出现了成倍增长。大型银行间互相开展新型复杂金融产品的交易,这一举动使得银行类机构更加紧密地捆绑在一起,这意味着只要其中一家银行出现问题,很快就会连累整个体系,这无疑是放大了风险,而非分摊了风险。银行原本应该用自有资金开展借贷业务,但是它们越来越不依赖自有资金,反而更多地使用杠杆资金进行借贷。银行的股权资本金,也就是银行股东们提供的资金,在银行开展业务所使用的资金池中的占比越来越小。杠杆率,也就是总资产(总负债)占银行股权资本金的比例,上升到前所未有的水平。在金融危机爆发的前夜,大多数银行的杠杆率达到了 40 倍甚至 50 倍,极少数银行机构的杠杆率高得令人难以置信。如果一家机构的杠杆率达到了 25 倍,那么只要这家机构的资产均值下跌 4%,其股权资本金就等于完全被消耗掉了,这家机构将无法偿还其所承担的债务。

2008 年,丑的金融机构现状引发了坏的经济状况,进而吞噬了好的时代积累下来的财富。

——摘自默文·金.金融炼金术的终结——货币、银行与全球经济的未来[M].中信出版集团,2016:10-13.

第五章注释

[1]徐瑾.白银帝国——一部新的中国货币史[M].中信出版集团,2017:序一.

[2]王福重.金融的解释[M].中信出版社,2014:331.

[3]沈联涛.监管——谁来保护我投资[M].江苏文艺出版社,2010:166-168.

第六章　期货投资的收益与风险

收益与风险素描

　　期货合约的交易是一个零和游戏,买卖双方中一方的收益是另一方的损失。从这个意义上讲,衍生品市场并不直接创造价值,而只是进行风险分散以及财富转移和重新分配。期货投资的风险和收益来源于对于未来价格走势和不同期货价格之间相关关系是否正常的准确判断。

　　期货交易在全球范围内大多具有很好的流动性,一般而言,合约到期进行实物交割的交易量仅仅占总交易量很小的比例(当然也不排除在多逼空或空逼多的极端行情下出现惊人的实物交割量),买卖价差是市场交易者追求的主要目标。远远超出现货交易水平的期货交易量在各大交易所屡见不鲜,这在一定程度上也会偏离期货市场的经济功能目标,市场有可能沦落为炒作者的天堂或地狱,各种违规、欺诈、利令智昏的行为层出不穷,行业自律和政府监管对于期货市场健康发展的重要性不言而喻。但这些并不妨碍期货市场整体上发挥聚集信息、发现价格、分散风险等等经济功能。

　　期货交易的高杠杆性会放大交易结果的获利或损失,控制好交易头寸、控制好贪婪、放慢逐利的脚步、提高价格波动的承受能力,是普通期货投资者走向成功的必修课。从交易市场的层面,也存在多方或者空方利用资金优势或实物资产优势等进行价格操纵的风险,在市场极端波动的情况下,市场也存在流动性风险或者不能正常结算的风险,需要对此类整体性风险加以识别和控制。

2008 年法国兴业银行的重大损失

衍生产品变化莫测,它们可以被用来对冲风险、投机及套利。有时某些被指定只能做对冲或套利的交易会在自觉不自觉之中成为市场投机者,这正是公司在交易衍生品时要面临的挑战之一。

杰洛米·科维尔在 2000 年加入法国兴业银行,一开始从事合规工作。2005 年,他被提升为初级交易员,在银行的 Delta One 工作产品组工作。他主要交易股指,比如德国的 DAX 股指、法国的 CAC 40 和欧元的 Stoxx 50。他的职责是寻找套利机会:当股指期货在不同交易所的交易价格不相等时,就可能出现套利机会,或者当股指期货的价格与构成指数的股票价格不一致时,套利机会也可能会出现。

由于科维尔对银行监管流程非常熟悉,他进行了表面上看起来是套利,而实际上是投机的交易。他持有很大的股指头寸,同时建立了虚假的对冲交易。事实上,他在豪赌股指的走向,随着日结月累,他的未对冲的实际头寸高达上百亿欧元。

2008 年 1 月,科维尔的行为被法国兴业银行发现,兴业银行用了三天时间对他的头寸进行平仓,损失高达 49 亿欧元,这是当时金融历史上由舞弊造成的最大经济损失(后来由麦道夫的庞氏骗局造成的损失更大)。

在 2008 年之前,由无赖交易员而造成的损失就早有耳闻。比如 20 世纪 90 年代的尼克·利森是巴林银行派往新加坡分行的一名雇员。利森的职责类似于科维尔的职责,他负责在大阪交易所和新加坡交易所之间辨别日经 225(Nikkei 225)期货指数的套利机会,而在交易过程中,利森由一个套利者变成了投机者:他利用期货和期权对日经 225 进行豪赌,结果损失了近 10 亿美元。这一损失使得一家有近 200 年历史的银行破产。2002 年,爱尔兰银行的约翰·卢斯内克因进行非授权的外汇投机交易而损失了 7 亿美元。从以上的事例我们可以吸取一个非常重要的教训:在交易行为中,金融或非金融机构一定要给交易员定义一个清晰的风险限额,并对限额进行谨慎的监测以保证交易员遵守风险限额。

——摘自约翰·赫尔著.期权、期货及其他衍生产品[M].机械工业出版社,2014:14.

第一节　期货市场的发展

19世纪中期之前,美国中西部都为农业州,各地必须将农作物运往集散中心进行销售,而当时中西部最大的谷物运输及分配中心是芝加哥,大多数的农民在秋收后,便纷纷赶往芝加哥从事谷物交易。

由于秋季谷物丰收,造成了供给过剩,使谷物的价格节节下跌,许多农民因找不到买主而遭受损失,甚至有些农民将谷物倒入密西根湖。但是过了收割期之后,谷物供给不足,价格又逐渐回升,甚至反弹大涨。另外,由于谷物的品质不一,常常使买卖双方发生纠纷和争执,甚至大打出手。

到了1848年,为了规避谷物的品质不一及价格巨幅波动的问题,芝加哥市特别成立了"芝加哥期货交易所(Chicago Board of Trade,CBOT)",将谷物的数量与品质予以标准化;几年之后,该交易委员会推出了"将至合约(To-Arrive Contract)"规定谷物买卖双方未来交货的时间和价格,这样农民就不必急着在收割时将谷物运往芝加哥,只要在约定的时间交货,便可以规避供给过剩所造成的损失。

上述的方式其实是一种远期合约(Forward Contract),当时这种远期合约相当新鲜,一些投机者便开始买卖这种远期合约赚取利润,后来逐渐流行,芝加哥期货交易所便为这一类的合约建立各项规则,终于在1865年推出期货合约,正式成立了期货市场。目前,世界上最大的期货交易所是芝加哥期货交易所和芝加哥商业交易所(CME),这两个交易所已经和纽约商品交易所合并成为CME集团。

芝加哥期权交易所(CBOE)从1973年开始交易关于16种股票的看涨期权合约。1977年开始交易看跌期权,到目前,CBOE交易超过2500种股票期权和许多股指期权。现在,世界上有许多交易所进行期权交易,期权的标的资产包括外汇、期货合约以及股票和股指。

期货和期权交易在全世界许多交易所里都十分活跃。金融机构、基金经理和企业的资金部门之间经常在场外市场进行远期合约、互换、期权和其他形式的衍生产品交易。衍生产品(derivative)是指某种更为基本的变量派生出来的产品。衍生产品的标的变量常常是某种交易资产的价格。然而,衍生产品价值可以依赖于几乎任何变量,其中包括从猪肉价格到某个滑雪胜地的降雪量。

我们常常看到衍生产品被嵌入债券之中、被用于公司高管的报酬之中、被用于资本投资项目之中、被用作将按揭风险从发起人转移到投资人的工具等等。在投资市场中，衍生产品的地位变得越来越重要，其市场规模庞大；如果以标的资产进行衡量的话，衍生产品的市场远远大于股票市场。衍生产品标的资产价值是全世界经济总产值的若干倍。

现在信用衍生产品、电力衍生产品、期货衍生产品和保险衍生产品的交易均十分活跃，衍生产品可用于对冲风险、投机和套利。在转移各种不同类型风险的过程中，衍生产品扮演着非常关键的角色。在风险测量和风险管理方面也出现了许多新的方法；对资本投资估算方面，常常会用到所谓的实物期权（real option）对项目进行分析和估值。

但是，由于在 2007 年开始的次贷危机中所扮演的并不光彩的角色，衍生产品市场受到了市场人士的猛烈抨击和监管部门的高度关注，许多想要在衍生产品上追赶欧美的发展中国家也放慢了发展此类产品和市场的脚步，市场需要时间来重新审视衍生产品发展的合适的节奏和策略。

第二节　期货合约

在商品交易市场中，买方可以签订一份协议，按照约定价格和日期从卖方手中购买一种商品，而协议约定的日期往往是将来的一个日期，所以称之为远期交易。商品期货市场是衍生品市场的一种，它是由远期合约发展而来的，其基本性质与远期交易市场相同，但是与远期合约买方卖方单独谈判订约不同，期货合约是标准化的合约，同时还有一系列的制度保证交易的顺利进行，买卖双方唯一需要关注的是商品价格的变动。

一、期货合约的概念

期货（future）合约要求在确定的交割日或到期日按确定的价格交割商品。合约严格规定了商品的规格，以农产品为例，交易所规定了允许的等级、商品交割地点与交割方式。农产品的交割是通过交易所指定的交割仓库的仓单来实现的。对金融期货来说，交割可以通过电子转账来完成。而对于指数期货与指数期权,需要现金结算来完成。虽然在实际的交易中,只有很少的期货交易需要进行实物交割。合约双方在到期前平仓,解除自己的权利和义务,以现金核算盈亏。

因为交易所已经对期货合约的重要条款作了明确规定,所以交易者可以协商的只有期货价格了。多头方(long position)承诺在合约到期日买进商品,空头方(short position)承诺在合约到期日卖出商品,所以多头方称为合约的买方,空头方称为合约的卖方。买与卖在这里只是一种说法,因为合约并没有像股票与债券那样买卖,它只是双方之间的一个协议,在合约签订时,资金并没有易手。

当价格上升时,多头方,也就是将来购买商品的一方,会从中获利,而空头方则会相应地受到损失。如果中间没有任何的交易,买卖双方一直持有到期货合约的到期日,那么:

多头方的利润＝到期时的即期价格－开始时的期货价格
空头方的利润＝开始时的期货价格－到期时的即期价格

其中即期价格是指商品交割时的实际市场价格。

所以,多头方和空头方的利润之和为零,期货合约的交易是零和游戏,所有头寸的总损益是零。每一个多头都对应一个空头,所有投资者的总利润为零,对商品价格变化的净风险也为零。期货交易不产生价值,它不是生产部门。但是不能因为期货市场的零和游戏,对期货市场持简单的否定态度。

期货市场作为市场机制的一个部分,是合理配置市场资源的一种工具,商品期货的交易往往比直接交易商品本身更容易,期货合约比标的资产的流动性更好,在交易所很容易获得期货的价格,而标的资产的价格并不一定很容易取得。这给对冲、套利、投机都带来了方便,期货市场具有发现价格、风险管理和提升交易效能等等作用。尤其对于我国这样一个资源相对不足、需要进口大量铜矿石、铁矿石、石油、农产品等等的进口大国,如果这些商品的定价权掌握在别人手里,就会出现只要中国在市场上购买,价格就会上涨,国家从整体上就要付出更多的成本。期货市场因为集中了众多的买方和卖方,可以比较好地发现价格。因此,我们不仅要参与期货市场的交易,自己也要开设这样的期货市场,来掌握期货商品定价的主导权,这也是国家经济安全的应有之义。

有三种人参与期货交易,投机者、套期保值者和套利者。投机者(speculators)和套利者(arbitrageurs)参与买卖期货合约纯粹是为了获取利润。当期货市场的价格优于他们开始的买入或卖出价(或他们所希望的价格)时,就可以获取利润。这些人在日常的业务中既不生产也不使用合约中的资产。相反,套期保值者(hedgers)买卖期货合约是为了冲销现货市场上的不确定因素可能造成的风险。在日常的业务中,他们生产或使用合约中规定的资产。

当然,基于期货的交易功能,投机、套利和套期保值的商品对象必然进一步扩展到了金融期货,比如外汇、股票指数等等,期货交易也进一步发展出期权市场。期权和期货合约是典型的衍生产品,近年来,投资银行为了满足客户的需要,创造性地设计出许多新型衍生产品,比如互换合同,包括利率互换、货币互换、商品互换、权益互换等。以外汇互换为例,交易双方约定在未来某个特定的时点按照预先约定的汇率交换手中的两种货币。这些衍生产品或者通过柜台交易方式由金融机构卖给他们的客户,或者加入股票或债券的发行过程中,使其对投资者更具吸引力。

不管是期货市场还是期权市场,套期保值者进入市场是为了避免由标的资产价格的不利变动而产生的风险,而投机者正是因为打赌未来价格会上升或下降才参与市场,套利者利用两个不同市场(或不同标的资产间,等等)价格的差异而获利,他们均为市场提供了流动性。合理的投资者类型结构到底是如何影响一个市场健康发展的,对这个作用机制,学术界还缺乏研究。

二、期货合约类型

期货与远期合约所交易的商品可以分成四大类:

(1)农产品,包括玉米、燕麦、大豆、豆粕、豆油、小麦、大麦、大米、可可、咖啡、棉花、糖、木材、牛肉、活牛、活猪、橘汁等。2013 年中国大连商品交易所推出了鸡蛋期货,2018 年 2 月,中国证监会批准了生猪期货,理由是我国生猪产业规模化、标准化程度越来越高,在安全管理方面已形成比较完备的检验检疫制度和方法,现货交易各环节衔接顺畅、风险可控。

(2)金属与矿产品(包括能源),品种有铜、铝、黄金、白银、白金、镍、钯、原油、供暖用油、天然气、汽油、丙烷、电、气候等。国内的原油期货 2018 年 3 月26 日在上海期货交易所子公司上海国际能源交易中心上市交易,是中国第一个国际化的期货品种,直接引入境外投资者参与,探索期货市场全面国际化的市场运作和监管经验。

(3)外汇,包括美元、英镑、日元、加元、欧元、美元指数等。目前在国内还没有这些品种的交易。

(4)金融期货(固定收益证券与股票市场指数),包括道·琼斯工业指数、标准普尔 500 指数,标准普尔 400 指数,纽约证券交易所指数、罗素 2000 指数、纳斯达克 100 指数、日经 225 指数、FTSE 指数(英国)、CAC-40 指数(法国)、DAX-30 指数(德国)、普通股指数(澳大利亚)、多伦多 35 指数(加拿大)、道·琼斯欧洲 STOXX50 指数等;还包括利率期货,有欧元、欧洲美元、欧洲马克、金边债券、德国政府债券、意大利政府债券、加拿大政府债券、市政债券指数、伦敦同业拆放利率、联邦基金利率、银行承兑汇票等。

沪深 300 股指期货是以沪深 300 指数作为标的物的期货品种,在 2010 年 4 月由中国金融期货交易所推出。我国的股指期货(包括 2015 年 4 月推出的上证 50 股指期货和中证 500 股指期货品种)在 2015 年 6 月开始的股灾中被认为起到了助长暴跌的作用,一段时间内被暂停和限制交易。

金融期货的创新发展很快,比如,现在有电的交易合约,还有气候期货和气候期权合约。气候衍生品(在芝加哥商品交易所交易)的最终支付依赖于一个地区的温度高于或低于 65 华氏度的天数有多少天,这些衍生产品在控制电力或石油天然气使用风险方面的潜在用途是显而易见的。

当然,由于期货是标准化的合约,它的使用会有一定的局限,比如在外汇期货市场之外,完善的银行与经纪人网络已经建立起一个远期外汇市场。由于交易所的期货合约有确定的条款,而在远期市场上,交易者可以协商交割任何数量的商品,银行与经纪人在必要时可以为顾客就合约的内容进行协商,极大地满足了不同投资者有针对性的特色需求。

第三节　期货市场的交易机制

一、结算所与未平仓合约

早期在美国,期货是由一群场内经纪人在场内集中交易,以声音和手势表明他们的买卖意愿。一旦一方愿意接受另一方的报价并成交,交易结果就被记录下来并通知投资者。现在,世界范围内的期货交易基本上是通过计算机交易系统来进行的。

　　期货合约的交易机制比一般的股票交易要复杂得多,期货结算所(clear-inghouse,也称为清算所)出现之后,期货交易是多头方与空头方相互持有对方的合约,对于多头方,结算所是合约的卖方,对于空头方,结算所是合约的买方。结算所有义务交割商品给多头方,并付钱给空头方以获得商品。因此,结算所的净头寸为零。这种机制使得结算所同时成为买方与卖方的交易对手,买卖双方任何一方违约都只会伤害到结算所。这种安排是必要的,因为期货合约涉及将来的交易行为,不像即期的股票交易那样容易得到保证。

　　结算所的存在使得交易者很容易退出交易。如果投资者本来处于多头,现在想退出的话,只要通知经纪人做一个空头就可以了,这就是所谓的平仓。无论是多头还是空头,通过反向交易,多头与空头抵消,净头寸为零。与结算所之间的零净头寸使交易者在到期时既不需要履行多头的义务,也不需要履行空头的义务。

　　未平仓合约数(open interest)是流通在外的合约总数(空头与多头并不分开计算,未平仓合约数可定义为所有多头之和或者所有空头之和),结算所的净头寸为零,所以不计入其中。合约开始交易前,未平仓合约数为零,随着时间推移,更多的合约签订,未平仓合约数增加。但在合约快到期时(也就是接近最后交易日时),几乎所有的交易者都会结清头寸,即平仓,未平仓合约数会大幅下降。

　　过了合约的最后交易日还未平仓的头寸,需要进行实物交割。但实际上绝大多数市场参与者在最后交易日之前通过反向交易来冲销他们的原始头寸,从而实现合约本身的盈亏。实物交割通过交易所的标准仓单来完成。期货合约中最后真正实物交割的只占未平仓合约最大值的 1%～3%,这取决于商品及合约的活跃程度,也取决于交易量中套期保值和套利者的比例。在极端的情况下,也会出现市场赌"到底是钱多还是货多"的逼多或逼空行情,在巨量的未平仓合约的前提下,多方或空方均不能轻易平仓,因为一旦平仓需要做相反的交易,会使期货价格进一步朝不利于自己的方向运动,最后,多空双方相持的结果就是巨量的实物交割。在这种情况下,如果没有那么多的实物可以交割,空头方就可能面临巨大的损失。比如,1997 年株洲冶炼厂在伦敦金属交易所(LME)卖出 45 万吨锌的期货,而当年株洲冶炼厂全年的产量才 30 万吨,巨量的抛售被国际炒家盯上并逼空,最终损失达 15 亿元人民币。而本来主要是原油需求方的中国航油(新加坡)有限公司,从 2004 年 1 季度开始持有原油的空头,并随着油价的高涨加大空头的头寸,至 2004 年 10 月,卖出的原油期货合约已经达到 5 200 万桶,而同时油价上涨至历史高位,中国航油(新加坡)有限公司不得不平仓,最终损失达 5.5 亿美元。随着经济的全球化,在我国企业走出国门参与国际期货市场交易的过程中,这样的投资失败的事例还有很多,不能不引起我们对于企业如何管控期货交易风险的高度关注。

二、盯市与保证金账户

交易所的一个核心作用是组织交易以便最大程度上减少合约违约的情况。最初开新仓时,每个交易者都要建立一个保证金账户,由现金和类似现金的短期国库券组成,保证交易者能履行合约的义务。由于期货合约双方都可能遭受损失,因此双方都必须交纳保证金。例如上海商品交易所的铜期货合约,每一手是 5 吨,如果成交价格是 80 000 元/吨,那么,按照 10%的保证金比率计算,一手合约需要 40 000 元保证金。一般而言,标的资产的价格波动幅度越大,所要求的保证金比率越高。交易所可以通过保证金比例的调整来限制或鼓励投资者进行某一个期货合约的交易,从而控制市场整体上的波动风险。

期货合约交易的任何一天,期货价格都可能上涨或下跌,交易者并不是等到期货到期日才结算盈亏,结算所要求所有头寸每日都结算盈亏。这种每日结算就是所谓的盯市(marking to market),盯市保证了随着期货价格的变化所实现的盈亏立即计入保证金账户。

如果盯市的结果是某交易者连续亏损,其账户里的保证金可能降至某关键值以下,这个关键值称为维持保证金(maintenance margin)或可变保证金(variation margin),一旦保证金账户的余额低于维持保证金,交易者就会收到保证金催付通知,于是,要么交易者立即在保证金账户中补充资金,要么经纪人将交易者的部分或所有头寸平仓到现有保证金能满足要求为止,这就是所谓的强行平仓。这种程序可以保护结算所的头寸:在保证金用完以前,及时平仓——补平交易者的亏损,结算所不会受其影响。经纪公司也可以凭借保证金制度尽量规避投资者大幅亏损带来的影响。

除了合约的标准化以外,盯市也是期货交易与远期合约交易的主要区别。期货采取随时结算盈亏的方法,而远期合约一直持有到到期日。在到期日之前,尽管合约也可以交易,但是买卖双方之间并没有资金的转移。

需要特别注意的是,交割日的期货价格等于当时的现货价格。因为到期合约需要立即交割,期货到期就变成了现货,所以当天的期货价格必然等于现货价格,这称为期货价格对于现货价格的收敛性(convergence property)。

三、现金交割与实物交割

大部分期货合约要求,如果合约在到期日没有平仓,则需要实际交割商品,如特定等级的小麦或一笔特定金额的外汇等等。对农产品来说,商品的质量差别很大,于是交易所将质量的标准化作为期货合约的一部分。有时,标的商品的质量符合交易所的交割标准,但是会在一定幅度内变化,合约还会因质量高低而分别处理,通过溢价或折扣(即所谓的升水与贴水)来调整质量差别。

有些期货需要现金交割(cash delivery),如股票指数期货,其标的物是股票指数,如标准普尔 500 指数或纽约证券交易所指数。交割股票指数中的每只股票是不现实的,于是合约要求以现金交割,其金额等于合约到期当天股票指数达到的值再乘以一个乘数,这个乘数是由交易所在期货标准合约中约定好的,比如,沪深 300 股票指数期货一个点是 300 元人民币,香港恒生指数一个点是 50 港元,也就是它们的乘数分别是 300 和 50。

由于期货合约交易的巨大风险,需要对其进行监管。就美国而言,商品交易委员会负责监管期货市场。商品交易委员会对期货交易所的会员公司制定资本要求,授权交易新合约,对每日的交易记录进行监督等。我国期货交易是由中国证券监督管理委员会监管的,与美国相比,监管内容和方式有比较大的差别。当然随着期货交易的国际化,国家之间的监管标准越来越趋同,监管合作也越来越多。

期货交易所则对期货交易实施一线监管,比如说设立各个期货交易品种每天的涨跌幅度限制,或调整保证金比率,或对交易者的持仓进行限制,或新设立指定交割仓库,或对异常交易进行处理等等,交易所的监管是期货交易监管环节中最接近市场和交易者的部分,也是最重要的部分。

第四节　期货市场投资策略

一、套期保值

在现货市场买进或者卖出一定数量的商品的同时,在期货市场上卖出或买进与现货品种相同、数量相当,但方向相反的期货商品(期货合约),以一个市场的盈利来弥补另一个市场的亏损,就可以达到规避商品价格波动风险的目的。而期货市场之所以能够进行套期保值,一方面是期货和现货价格受到共同的经济因素的影响,价格变动的方向是一致的;另一方面,期货市场的存在,使得投资者可以对商品进行预先的买进和预先的卖出。

比如,一个大豆经销商在1月3日购进了10 000吨大豆(现货多头),打算3个月以后卖出去。但是他很担心到时候大豆的价格会跌,因此,他在期货市场上同时卖出了10 000吨4月份到期的大豆期货(期货空头)。

假定1月3日大豆现货的价格是4 000元/吨,4月大豆期货的价格是4 500元/吨。2个月之后的3月3日,现货价格跌到了3 800元/吨,期货价格也跌到了4 100元/吨。为了保证一定的利润,该经销商同时在现货市场上卖出10 000吨大豆,在期货市场上买进10 000吨大豆(平仓),那么,该经销商的盈亏情况为:

现货市场亏损:4 000－3 800＝200元/吨

期货市场盈利:4 500－4 100＝400元/吨

这样,通过期货市场的套期保值,该经销商每吨可以赚得200元。

假设2个月之后的3月3日,大豆的价格变化是上涨的,现货价格涨到了4 800元/吨,期货价格也涨到了5 100元/吨。这时,该经销商也可以赚得200元/吨。

基差(basis)是指期货价格与现货价格的价差,在合约到期时,期货价格的收敛性隐含了基差会变成零。但在到期前,期货价格与现货价格可能会有很大的不同。因此,如果套期保值者将该资产与期货合约都持有到期,则没有任何风险,因为资产组合在交割日的价值已经由现在的期货价格锁定了。因为到期时期货与现货价格一致,资产与期货的损益正好抵消,所以风险被消除

120

了。如果在合约到期前清算合约与资产,则套期保值者承担基差风险(basis risk),因为期货价格与现货价格在到期前不完全同步变化。

有些投机者会利用基差的变动获利。他们赌的不是期货或现货价格的变动方向,赌的是基差的变化方向。在基差缩小时,现货多头加期货空头的组合会盈利,正如上例所显示的,如果基差扩大,上例中该经销商就有可能是亏损的。

一个相关的投资策略是日历价差(calendar spread)头寸,即投资者购买某一到期日的期货合约,同时出售同一标的资产,但到期日不同的另一期货合约。如果两种期货价差的变化与预测相符的话,即多头合约的期货价格升高幅度大于(或下跌幅度小于)空头合约,投资者就会有利可图。

对某些商品,完全套期保值是不可能的,因为所需要的期货交易不存在。例如,铝土矿,因不存在铝土期货,所以就无法进行套期保值。但是由于铝与铝土的价格是高度相关的,可以通过铝期货对铝土做近似的套期保值。这种用其他商品的期货来对另一种商品进行套期保值的做法叫作交叉套期保值(cross hedging)。当然,交叉套期保值也是有风险的,未来各种商品的价格变化总体上是相关的,但变化的步调并不完全一致。

期货合约也可以用来对一般的资产组合进行保值,假如我们发现商品期货的收益与股票市场负相关,于是投资者就可以将期货资产组合加入股票资产组合中,来减小资产组合预期收益的标准差。

当然,对于套期保值,也存在拥护与反对的观点,赞成的认为:大多数公司的业务为制造业、批发业或服务业,这些公司没有预见利率、汇率以及商品价格变化的特殊能力,通过套期保值,公司可以免于由于商品价格巨幅波动带来的不利局面,把主要精力集中于自己的主要业务。反对的认为:套期保值可能使得结果更糟,比如黄金开采公司担心未来的黄金价格下跌,在期货市场上卖出大致相当于其产量的黄金期货合约,如果现实中他们的预测是错误的,该公司将失去黄金价格上涨带来的好处,因为此时该公司在期货合约上的损失将抹掉现货黄金价格上涨带来的利润。实际上,现实中的套期保值并不容易,部分原因如下:

(1)需要进行套期保值的资产与期货合约的标的资产可能并不完全一致,比如,可能有品种和质量上的差别,有的套期保值的资产根本就没有期货交易品种。

(2)套期保值者可能无法确定买入或卖出资产的准确时间。

（3）套期保值者可能需要在期货到期日之前将期货平仓，从而套期保值的目标有可能实现不了。

二、投机

期货投机与股票投机是一样的，都是在对未来价格变动方向预测的基础上，选择某一个大概率的方向进行投机。比如说，如果投资者认为黄金价格将上涨，就可以买进黄金期货的多头，去获取价格上涨带来的收益，当然，如果黄金的价格下跌，投资者将面临损失。

有些投机者是长线交易者，持有期货合约的时间较长，有些投机者是短线交易者，取决于投机者自己对于行情走势的判断。还有一部分投机者，被称为"抢帽子交易者（scalper）"，他们一天要交易很多次，期望从微小的价格变化中获利。

近年来，关于高频交易、闪电交易、暗池等新的金融市场技术手段，一直存在着各种各样的争议。支持这些新技术的人认为，技术手段的应用极大地提高了交易的流动性，并因此优化了市场的价格发现机制，也促进了交易所之间的竞争，鼓励交易所在机制、技术和服务等领域进行创新。而反对者则认为，这些新技术的应用破坏了市场的公平公正性，使得拥有技术优势的投资者在交易中占据有利的地位，而其他投资者的利益则会受到损害。[1]

2015年11月，上海公安机关成功破获了一起以贸易公司为掩护，境外遥控指挥，境内实施交易操作，作案手段隐蔽，非法获利巨大的涉嫌操纵期货市场的犯罪案件。

涉案的伊斯顿公司是两位境外人员 Georgy Zarya（音译扎亚）和 Anton Murashov（音译安东）于2012年9月在张家港保税区设立的一家国际贸易公司，安东及其境外技术团队设计研发出一套高频程序化交易软件，远程植入伊斯顿托管在中国金融期货交易所的服务器上，凭此操控、管理伊斯顿账户组交易，该账户组通过高频程序化交易软件自动批量下单、快速下单，平均下单速度达到0.03秒一笔，申报价格明显偏离市场最新价格，实现包括自买自卖等大量交易，还利用保证金杠杆比例等交易规则，以较小的资金投入反复开仓、平仓，使盈利在短期内快速放大，仅在2015年6月初到7月初，该公司账户组就盈利超过5亿元人民币。在2015年中国股灾前后，非法获利20多亿元人民币。

据报道，扎亚曾任职俄罗斯金融市场最大的经纪商之一 BCS 集团旗下的

Prime Brokeage,安东曾在 Innovation 科技公司担任商业开发总裁,负责开发高频交易的解决方案。

三、套利

根据著名的"一价定律(law of one price)",如果同一商品或者资产在不同的市场上价格不同,那么投资者就可以在低价市场买入,在高价市场上卖出,从中获利。这种在不同市场上低买高卖的行为,就是套利。

套利可以分成利用期货与现货、不同到期日的期货合约之间、不同期货交易品种之间、不同市场同一品种期货之间等等的价差进行无风险的操作,以获取正的收益。

1.期货与现货之间的套利

直观上,如果现在购买现货,一直持有,在付出运输、装卸、仓储费用等运输保管成本,付出资金占用的成本等相关成本之后,持有了 6 个月,理论上应该等于目前 6 个月以后到期的期货合约的价格。那么一旦期货价格大于现货价格加上相关成本,就存在套利的机会。比如说,目前现货玉米的价格是3 000元/吨,6 个月以后到期的期货价格是 3 600 元/吨,相关的持有成本是200 元/吨,那么,就可以采取买进现货、卖出期货的策略,赚取 3 600－3 000－200＝400 元/吨的差价。

2.不同到期时间期货合约之间的套利

如果不同的期货合约之间存在如同期货与现货之间的不合理价差,也可以采取套利的做法。比如,3 个月以后到期的期货合约价格是 3 300 元/吨,而9 个月以后到期的期货合约价格是 3 900 元/吨,那么也可采取买入近期合约的同时卖出远期合约的策略,这种套利几乎没有风险且能获得正的收益。这和期货与现货之间的价差套利原理是一样的。

3.不同期货品种之间的套利

比如说,期货品种中有大豆、豆粕和豆油,理论上,大豆成本加上加工费用会变成一定比例的豆粕和豆油,因此,理论上大豆、豆粕和豆油三者的价格之间有一定的关联,如果它们之间的价格比例不合理,也会产生套利的机会。

然而,市场的实际情况比理论上更复杂的是,不同的产品有各自的供需关系,尽管商品之间有理论上的可转换性,但它们价格变化的节奏并不完全一致,比如说,在现实中,我们经常会遇到"面粉比面包贵"的情况,并且这种情况很可能持续相当长一段时间,这是在不同商品之间套利时要特别注意的风险。

4. 不同市场同一品种期货之间的套利

不同的交易所之间相同标的资产的期货合约之间存在价差,在相关的条件具备,比如说运输成本可控、其他风险可控,就可以在不同市场同一品种期货之间进行套利。

由于套利者大量频繁的交易,不同市场的价格差异趋于消失,价格同一。套利的魅力在于套利活动的风险较低,收益较为稳定。当然,没有真正只赚不赔的交易,只是套利活动相对于纯粹投机而言,风险较低。所以,在大部分正常的情况下,也被称为"无风险套利"。

香港回归祖国后的 1998 年,亚洲金融危机爆发,东南亚一片凄风苦雨,多个国家股市、汇市暴跌。8 月 5 日,国际炒家索罗斯大肆冲击香港的联系汇率,一天之内就抛售 200 多亿港元,其后 6 天,炒家继续疯狂出货,并同时卖出股票和股票指数期货,最初,香港当局力保汇市稳定在 1 美元兑换 7.75 港元的水平上,但随着市场资金紧张、利率暴涨,恒生指数一路狂泻到 6 600 点,比一年前几乎下跌了 10 000 点。面对这样的汇市、股市、期市联合操作套利,东南亚其他国家政府即使有心干预,也往往顾此失彼,且双方力量对比悬殊。国际炒家屡试不爽,尝到了甜头。为了不使香港成为国际炒家的免费"提款机",8 月 13 日,香港政府在朱镕基总理的支持下,携巨额外汇基金进入股票市场和期货市场,与炒家直接对抗并十分强悍地宣布将"不惜一切成本,一定要将8 月的股指抬高 600 点"。8 月 28 日,炒家疯狂抛盘,港府照单全收,当日成交量创下了历史纪录。收盘时恒生指数和期货指数分别稳坐在 7 829 点和7 851点,索罗斯集团一败涂地。曾荫权当晚宣布:在打击国际炒家、保卫香港股市和港币的战斗中,香港政府已经获胜。张五常教授评论说:"做衍生工具交易的,没有一家背后有无穷资本支持。假如是那样,你就肯定赢,但也没人敢和你作对家。中国政府在金融大鳄狙击港币汇率时放话力挺,最后那些投机的炒家被吓跑了。"[2]

四、期权的运用

按照期权买方权利的不同,可以将期权分成两种基本类型:看涨期权(call option)给期权持有者在将来某个日期以一定价格买入某项资产的权利。看跌期权(put option)给期权持有者在将来某个日期以一定价格卖出某项资产的权利。按照买方执行期权时限的不同,可以把期权划分为三种:美式期权可以在到期日之前的任何时刻行使,而欧式期权只有在到期日才能行使,百慕大期权的持有者则可以在到期日前所规定的一系列时间行使。

期权与远期合约和期货合约有着本质的不同:期权给买方的是权利,给卖方的是义务,但买方必须向卖方支付权利金来获取这种权利。买方有某种权利去做什么事情,但买方不一定必须行使权利,就好像买了电影票就可以在指定的时间和地点看电影,但也可以浪费这张电影票不去看电影一样。在期货合约和远期合约中,买卖双方均有权利和义务,买卖双方的收益和风险是对称的。但是,在期权交易中,买卖双方的收益和风险并不对称:期权买方的损失是有限的,而利润有可能是无限的;卖方的利益是有限的,最多就是买方支付的权利金,而风险有可能是无限的。期权的这种特点使其可以广泛地应用于对冲某些风险,或者在资产组合中加入期权来稳定其收益,可以与其他资产组合成具有不同的风险收益结构的资产组合。特别是由以下的头寸构成的资产组合:(1)期权与债券;(2)期权与标的资产;(3)同一标的资产上两个或更多个期权。

除了交易所交易的期权品种外,金融机构向其客户提供许多种类的期权产品,这些产品是针对客户的需要开发的,往往与交易所内交易的标准化期权有所不同。因此金融机构会面临自身风险敞口的问题,作为期权的卖方一般需要有相应的资产可以对冲这样的风险。

期权在现实中应用非常广泛,比如说,员工股票期权给予员工按照一定价格在未来购买公司股票的权利,如果公司效益很好使其股票价格超过了执行价格,员工就可以通过执行期权,然后将所得股票按市场价格卖出而获益。这种制度安排使得员工(主要是高管和技术、管理骨干)的利益与公司的利益比较好地一致起来,从而员工在工作时会更加努力以增加公司的价值。当然,运用股票期权来激励公司高管也会存在弊端:公司高管会更加注重公司短期内的财务表现和股价表现,有可能冒更大的风险进行激进的投资,或者进行盈余管理以提高会计利润,或是为了短期利益牺牲公司的长远发展(如减少研发投入或销售投入等等),最终的结果都是损害股东的利益。

还比如说,在公司发行债券时,债券可以附带可以转换成股票的选择权,实际上是赋予了买方一个可以按照约定的价格将债券转换成股票的权利,而可以转换成股票的权利是有价值的,因此,可转换债券的买方获得两个部分的价值:一是债券本身的价值,与当前的同等评级的公司普通债券相比,可转换债券的利息支付水平很低,因此这部分的价值也较低;二是可以转换成股票的期权的价值,可以用期权定价公式进行计算,这两部分的价值加起来与其他同等评级的普通债券的价值相当,但这种做法可以增加债券对购买者的吸引力、有效地降低债券的融资成本。

延伸阅读 　　　　　　　　　　　　　　　万国大佬

1995 年 2 月 26 日,国际金融界发生了一场大地震,有着 233 年历史的英国老牌商业银行宣布破产。其诱因居然是一个多月前,它在新加坡的一位 28 岁的期货经理的一个错误判断。1 月份,这个名叫尼克·里森的年轻人看好日本股市,分别在东京和大阪等地买了大量期货,指望在日经指数上升时赚取暴利。谁知天有不测风云,月底,日本的大阪和神户地区发生大地震,东京股市掉头下挫,巴林银行最后损失金额高达 14 亿美元之巨,不得不宣告破产。

中国最大的证券公司万国证券的总经理管金生在 1 月底就耳闻了"巴林事件",他对上海的另一位"证券教父"、申银万国的阚治东说,"中国要发生那么大的事件,大概要等 10 年以后吧"。谁也没有想到的是,造化居然如此弄人,几乎就在他说这段话的同时,他一手导演了一场毫不逊色的大灾难。

此时的管金生正春风得意,万国证券在他的打理下,从 4 个人,半间小办公室起步,已经发展成拥有 250 多名员工,与国内外 200 家以上金融机构合作、总资产超过 12 亿元的明星公司。从 1994 年的下半年起,上海证券市场的国债期货交易渐起高潮,与股票市场的低迷相比,国债期货的成交量逐日放大,各个品种的价格也上涨得让人咋舌,当年就是从国债倒卖起家的管金生在这波行情中当然不会落于人后。1995 年 1 月,国债期货市场最大的一个悬念是 1992 年发行的三年期国债会不会加息。这期代号为 327 的国债规模有 240 亿元,将在 6 月份到期。按照它的 9.5% 的票面利息加保值补贴率,每百元债券到期应兑付 132 元,而此时在市场上的流通价为 148 元上下。当时,银行的储蓄利率为 12.24%,市场普遍认为 327 的回报太低了,因此有消息称,财政部可能要提高 327 的利率。

但是管金生不这么看。他认为目前的宏观局面是投资过热,金融秩序混乱,特别是不久前发生的沈太福集资案,让中央在利率提降等敏感决策上会采取保守的策略,因此,不可能从国库中拿出额外的钱来补贴。于是,他下令万国做空 327。

　　然而,这次他竟赌错了。他的做多对手是中国经济开发总公司,隶属于财政部。2 月 23 日,财政部宣布提高利率,327 国债将以 148.5 元兑付。

　　消息一经核实,327 国债的市价就开始一路上涨,当日上午,价格就冲到了 151.3 元,比上日涨了 3 元多。这时候,管金生手中握有大笔 327 国债期货合同,每上涨 1 元,就意味着他将赔进十多亿元。被逼到死角的管金生急红了眼,他下令,不惜一切代价必须把价格打回去,万国在市场上不断放单,多空双方发生惨烈的绞杀战,市场上一派血雨腥风,到收盘前的最后 7 分钟,已经失去理智的管金生孤注一掷,共砸出 2112 亿元的卖单,硬是把价位打落到 147.4 元。

　　管金生的疯狂举动,终于让管理层无法容忍。在这一天的攻防中,万国放出上千亿的卖单,这至少需要 100 亿元的保证金,他显然不可能有那么多的资本保证,毫无顾忌地违规操作几乎是板上钉钉的事。当晚,上交所受命宣布,16 点 22 分 13 秒(也就是管金生用天单压盘的那一刻)之后的交易是异常的,经查是万国证券为影响当日结算价而蓄意违规,故此后的所有 327 交易均无效。试图虎口夺食的管金生终于被老虎咬住了,当时的局势是,如果按照 147.4 元的收盘价计算,万国在 327 国债期货交易中盈利十多亿元,而按上交所后来的决定,万国则巨亏 60 亿元。

　　5 月 19 日,管金生被逮捕。9 月 15 日,上交所总经理尉文渊因管制不力被免职。1996 年,万国与申银合并,改称申银万国。

　　把中国股市搅得天昏地暗的 327 事件留下很多疑云,双方争夺的焦点其实就是 327 国债到底会不会"升息"。很多证券专家事后承认,"做梦也没有想到会升息,而且一升就是 5 个百分点。"至于市场上的多空绞杀更是失去约束,双方都在保证金不足、恶意操纵价格等方面存在诸多的违规行为。

　　对管金生的审判结果要到 1997 年的 2 月份才出来,他被判处有期徒刑 17 年。有意思的是,全世界的人都知道他是因为 327 国债事件而被捕的,但是对他的指控罪名则是受贿和挪用公款,上海市第一中级人民法院的刑事判决书指控,管金生利用职权,先后三次受贿 29.4 万元,此外还挪用公司公款 240 万元供他人进行营利活动,"犯罪情节特别恶劣"。管金生是中国企业史上独特的"法罪错位"现象的又一个牺牲者,这位从江西小山村里走出来的股市枭雄功败垂成,无语向天,他没有委托辩护人,也拒绝法院为其指定辩护人。

　　摘自:吴晓波.激荡三十年——中国企业 1978—2008(下)[M].中信出版社,2008:65-66.

第六章注释

[1]迈克尔·刘易斯.高频交易员——华尔街的速度游戏[M].中信出版社,2015:序言第6页.

[2]吴晓波.激荡三十年——中国企业1978—2008(下)[M].中信出版社,2008:108-109.

第七章　天使投资、风险投资与私募股权投资

收益与风险素描

　　从现金流的角度,每一家新创办公司都有现金流入(投资)和现金流出(红利),一家公司发展的过程就是现金流不断投入和产出的过程。在公司发展的早期,现金投入多于现金产出,到了一定阶段,现金流出产生了投资的净现值,有了可观的回报率,公司也会成长为上市公司。当然,能够顺利长大成人的公司只是少数,找出这样的公司并帮助他们健康成长、获取良好的收益,是天使投资、风险投资和私募股权投资的根本目的。

　　因为是投资于公司发展的早期和中期,公司能否健康成长的关键因素就构成了此类投资收益与风险的来源。公司创始人的敬业精神、经营能力、公司的技术水平、品牌影响和市场上的声誉,以及行业和地区社会经济发展、金融市场的发育程度等等因素都可能影响公司未来的健康发展。在学术领域,对早期公司未来发展潜力和公司价值的评估,还停留在半是理论半是经验的阶段,更多的是要依靠专业投资人的经验。投资之前,需要做详尽的尽职调查,从成千上万个项目中挑选出未来能够长成参天大树的种子项目;并且在投资后,还要利用投资人各自的资源帮助该项目健康发展。

　　此类投资没有统一的交易市场,流动性较差。可能也正是因为这个原因,专业投资者才可能找到好的项目并以合理的价格进行投资,以补偿流动性不足的缺陷,并最终获得较为理想的收益。当然,项目的失败率也居高不下,产生损失的可能性非常高。市场很热的时候,有过多的资金追逐有限的好项目,很容易发生定价过高的情况,或者投入了不该进入的项目,最终导致投资收益不理想。因为没有统一的估值标准,现金流方法、比率方法、期权方法等等各种估值方法和针对未来不确定性的对赌协议得到了广泛的应用,投资者以此来分担和控制投

资中的风险,当然,这样的投资需要专业的技术和技巧,是专业投资者和机构投资者大展身手的领域,普通投资者可以借助投资基金的方式进入这个市场。

经典阅读   **做喜欢的事情是快乐的**

美图秀秀董事长、隆领投资创始人 蔡文胜

几乎所有人创业的目的,都是为了更好的生活。我摆过地摊,做过服装,炒过股票,卖过域名,当过站长,不懂英文,没上过大学,还是农村户口。我的知识都是后来自己读书、与高人打交道、在创业与投资的过程中以及在生活中学来的。

26年前,我刚刚开始认识外面世界的时候,梦想是能够偷渡到纽约打工。2000—2004年,我在厦门卖域名挣了一些钱。卖掉265(上网导航)之前,我前进的动力几乎都是赚钱让自己过得更好。2008年,我在北京已经奋斗四年之后,从北京回厦门,决定成为一个天使投资人,换个"频道"过日子,去帮年轻人实现梦想。美图秀秀就是我那时从30多个项目中精挑细选留下,决定自己亲身参与的公司之一。我选它是基于两个原则:一是要做我有兴趣、有优势的;二是要做符合大趋势、有商业机会的。这家公司,从策划到起名我都亲身参与,整个团队都是由我以前公司的员工组成,它有我自己的基因。爱美、追求美是人类的天性,美图秀秀就是要发现、创造一切美的东西,分享一切美的事物,让这个世界更美好。对于它,我有一个梦想——让全世界人民都用上美图秀秀。

网络是好东西,我的第一桶金来自网络。后来做投资,也是找网络领域的项目。同样拜网络所赐,我玩微博,认识了很多新朋友,其中就包括桂曙光。他的原创和转发内容几乎都是关于创业与投资的,犀利而幽默,让人很爱看。现在他和罗明雄凭着兴趣和实力培养天使投资人,短短半年就做得风生水起,实在难得。

做投资是需要想象力的。15年前的2001年,一个四数字.com域名100元就可以注册到,现在价格都在30万以上。当年好一点的双拼.com域名一万元可以任性买,现在都价值百万元。可以说,域名见证了互联网的飞速发展。10年前,要是有人说10年后中国互联网会出现几十家10亿美元市值的

公司,一定会被嘲笑为异想天开。现在我预言10年后中国互联网会出现几十家百亿美元市值的公司,相信没有人会认为我是疯子。我们处于高速发展的信息时代,互联网正在改变一切,而我们都还年轻,只要敢于梦想,超过阿里巴巴是有可能的。

2014年我领悟到一点:所有的商业形态最终是金融运作,所有的成功模式最终是读懂人性。

商业的本质是:产品、服务、营销。无论是创业还是投资,归根结底离不开这个本质。很多人年轻时也定下宏伟目标,可没几个人能够实现理想。为什么没有?我想除了努力、坚持以及运气之外,大概是因为做的事没有接近这个本质。还有很重要的一点,也是我自己时常自问、深有体会的,他们做的事情是否是自己喜欢和擅长的?如果一个人对真正喜欢且擅长的事情持久付出,那么他想要失败都很难。

我要对创业者们说:"一定要明白,所有的奋斗都是为了让生活更美好!保持野蛮生长,不要管它什么商业模式与规则逻辑。"

我要对投资人们说:"为吹过的牛而奋斗,带着公益心态,陪伴创业者一起成长,不要惧怕时间和'时尚'。大家一起加油,支持更多草根创业!"

——摘自桂曙光,罗明雄.投资人——从0到1,如何投出伟大公司[M].机械工业出版社,2016:推荐序1.

第一节 企业发展阶段与另类投资

一个企业就像一个人一样,也有其生命周期,只不过企业的发展过程中面临种种风险,其存活率是比较小的。一般来说,企业成长发展的过程大概可以分成五个阶段,呈现出不同的投入和现金流特点。

(1)种子期(seed stage)。此时企业尚处在构想之中。产品或服务还没有完全开发出来,市场营销模式尚未正式确立,管理团队尚未正式形成。企业在技术研发等等上面的投入使得最初的现金流是比较大的负数。

(2)起步期(start-up stage)。此时企业已经注册,产品或服务虽然已经开发出来,但是还处于试销阶段;市场营销模式尚处于探索过程中;企业有了初步的管理团队。企业在生产设备、工具和净运营资本上需要大量的投资。

(3)扩张期(expansion stage)。此时企业处于快速成长时期。一是产品经过试销和完善后,已经逐步打开市场并形成一定的市场占有率;二是市场营销模式已经初步确立;三是企业组织管理模式逐渐形成,管理团队已基本稳定。销售收入增加了,但净利润和归属于投资者的现金流量有可能还都是负数。

(4)拓展期(pre-mature stage),也称成熟前期。此时处于向成熟期的过渡阶段。此时产品质量、市场竞争力及社会知名度均达到相当水平;市场营销模式已经很成熟;企业组织管理模式也已成型,并开始形成自己的管理理念。快速的销售增长也带来沉重的资金压力,创业者必须找到能够支撑相应的运营资本和固定资产增长所必需的资金。在此阶段,企业要生存下去,净利润必须变成正数。

(5)成熟期(mature stage)。各方面比较成熟,在无须增加外部融资的情况下,企业能够给债权人和股东提供回报。企业处在可以公开上市的前期,但是还需要在市场营销、组织管理、财务等方面进一步调整和完善。[1]

由于不同国家和地域、不同行业的企业,其存活和生长速度存在差异,上述阶段的划分有时候并不完全是清晰的。依次来说,对应的投资分别是种子投资(seed investment)、天使投资(angel investment)、风险投资(venture capital,简称VC)和私募股权投资(private equity investment,简称PE)。风险投资主要投资在扩张期和拓展期,也有极少部分投资在成熟期和初创期;私募股权投资主要投资在成熟期,一般是公开上市前的投资;天使投资一般投资于初创期,天使投资人通常需要一份完整的商业计划书,他们更加看重创业团队而不是创意,投资金额相对比较小,他们喜欢与创业团队保持密切联系;种子投资是一笔提供给企业家的数量较小的资金,通常用来验证其概念,使用范围可以包括产品开发,但是很少用于初期市场运作,种子期的投资项目大多仅仅是一个创意,没有任何详细计划、产品原型、没有团队、对市场了解不足等。但种子期投资与天使投资有时候区分并不那么明显,有时候也被当成同样的含义在使用。

做早期投资最难,风险最大,越往后则相对越容易。都说种子期主要看人,看创始人和创业团队;天使阶段主要看发展趋势,包括行业发展趋势;VC、PE阶段看财务表现和投资回报情况,说明在企业发展的不同阶段,能够增加企业存活和发展并最终产生投资收益的关键因素是不同的。

天使投资、风险投资和私募股权投资也被称为另类投资。另类投资还包括对冲基金、大宗商品、房地产和基础设施等,另类投资是主要针对专业机构和富裕个体的特殊投资工具,这类投资具有与传统的股票和债券投资不同的特征,比如,与广泛使用的指数以及其他资产的关联程度通常较低、资产的不可变现性、超长的投资周期、非透明的市场估值等等。另类投资具有高收费、相对专属的特性,通常属于机构类和比较富有的投资者的产品。自 20 世纪70 年代以来,另类投资一直主要为机构类专业投资者所使用。

第二节　天使投资

天使投资,通俗来讲,就是一部分有财力的人愿意出资协助那些有专门技术或独特理念的创业者去完成他们的创业梦。创业成功,投资人一起分享成功后的喜悦和财富增长;创业失败,投资人的资金就算是给创业者的一种无偿支持或赞助。天使投资人投资那些在种子期和非常早期阶段的公司,它们还没有足够成熟到可以寻求正式的风险投资,或者融资量太小还不足以抵消相应的融资成本。

天使投资人并不一定认识初期的创业者,如今,有很多"正式的"天使群体,他们聚在一起寻找和投资年轻公司。天使投资属于早期投资,没有太多的财务数据模型可供参考,因此,"看势"和"识人"是非常重要的。天使投资和娱乐行业的"童星星探"非常相似。天使投资是发现并投资那些崭露头角的小公司,并帮助它们长成独角兽。如果创始人和团队足够优秀,后期经过不断融资和发展,终究会脱颖而出成为行业的佼佼者,最后上市退出,投资人也就赚得盆满钵满,收获几十倍甚至几百倍的收益。但如果投资失败,投资资金也就全部打了水漂。好在天使投资一般投资金额较小,可以较好地使用组合投资的策略,把鸡蛋放在许多篮子里。只要有一个项目成功,就可以弥补其他项目的损失。

易一天使基金有自己的投资理念,他们总结了天使投资选择项目的六个评估原则,这就是所谓的"熊六刀",从中我们也可以看出天使投资的项目选择策略和应该注意的风险。

(1)"熊六刀"之第一刀:用户及用户价值。要有清晰明确的目标用户和刚性的用户价值。创业者要对目标用户进行细分,要从最迫切需要的地方找机会。比如猪八戒网初创时平台上有 40 种业务,后来砍掉了 39 种业务,只留下一个为企业设计 LOGO 的服务作为"细分刚需"。这一刀砍下去的结果是在六个月内,猪八戒网变成了行业。项目是否值得投资,可以用两个问题帮助判断:有它之前我的体验怎样？有它之后我的体验怎样？换言之就是考察实际使用的情景下,面向一个用户群,这个产品到底有没有价值。

(2)"熊六刀"之第二刀:市场规模及趋势。首先,市场规模要足够大。一个很大的市场意味着很多的用户,如果用户热爱并反复使用你的产品,就能滚雪球般低成本地赢得更多用户。其次,如果现在市场还不够大,但未来会有变大的趋势。再次,符合服务升级、消费升级的趋势,如从电商到跨境类电商。

(3)"熊六刀"之第三刀:要有优秀的创业领袖及合格的团队。归根到底,事业都是人干出来的。可以从六个方面来判断一个人和一个团队:胸怀、格局、态度、能力、身体素质和性格。胸怀是这六个里面最重要的。一个企业所能达到的高度,就是创始人胸怀和格局的高度。身体要健康到精力充沛,能力要强到擅长。

(4)"熊六刀"之第四刀:业务模式。业务模式必须是低成本、高效率的。首先要找到用户聚集地,在某种营销场景下,能够迅速打动用户。

(5)"熊六刀"之第五刀:商业模式。是否有好的、成熟的商业模式。好的商业模式不尽相同,但最终都必须能够实现投资者、创业者与用户的三方共赢。

(6)"熊六刀"之第六刀:相对竞争。创业者要了解自己所在领域的相对竞争状态。要研究竞争对手是谁,要在早期就想到未来的竞争门槛可能是什么。[2]

易一天使这六刀砍完之后的所有被投资企业,都具有同一个特征:有潜力成为一个垂直领域的第一名。前三刀是必要条件,缺一不可,后面三刀是充分条件,假如有一刀没过,还是可以考虑投资的,但可能被投资企业的估值会低一点。

总而言之,有一个好产品,能够解决用户的问题,并且用户数量很庞大,有一个可靠的领袖带领一个团队,能够把这个好产品推广给越来越多的用户使用,自然就能赚到很多钱,最后干掉所有竞争对手,成为这个行业的第一。

天使投资从整体上来讲,具有如下的特点:

(1)周期长。因为天使投资的投资对象是创业初期处于种子或起步期的企业,新创企业能够熬过婴儿期、儿童期、长成少年和成年的并不多,即使长大了,财务上也不见得很成功,企业也可能因营利性不足而关门。因此,成功的天使投资(往往以顺利退出为目标)往往需要很长时间的经营。

（2）低流动性。如果天使投资以上市退出为目的,在目前我国企业公开上市实行核准制的制度安排下,符合条件的企业需要排队等待上市的机会,这个周期有可能非常长。尽管新三板的开通为解决企业股权的流动性提供了一个渠道,能够将天使投资人顺利退出的时间提前,但目前的新三板在融资功能上和交易功能上亟待完善和提高,还远远不能满足庞大的待上市企业的需要。严格来说,还没有一个比较成熟可行的天使投资权益或债券的交易市场。

（3）低成功率。天使投资的成功率比较低,这个行业存在"幸存者偏差",也就是存活下来的天使投资企业往往被视为传奇,它们的做法被争相效仿。能够在各种媒体上宣传其成功经验的只是极少数人,绝大多数看不到、听不到的天使投资人,你甚至不知道他曾经出现过,也不知道他是如何从这个行业中消失的。

对于新创企业,进行公司估值是非常困难的,未来现金流是如此的不确定,以至于对于新创企业单一情景的预测没有太多的价值。然而,合理的情景分析和模拟对于理解和处理风险、确立公司发展战略、评估现金需求以及对企业进行估值都具有相当的实践价值。基于上述天使投资的周期长、低流动性和低成功率的特点,天使投资人在投资时有可能会要求比较高的预期回报率。

在天使投资中,不会有天上掉馅饼的事情。一个明智的天使投资人会在投资之前仔细地观察创业者,一个精明的创业者也会尽可能地找到一位有潜力的天使投资人。只有在真实的投资和实践中,天使投资人才有可能慢慢形成自己的投资理念与投资体系,不断修正,成功率才会越来越高。

第三节 风险投资

风险投资（在国内也称为创业投资）是广义的私募股权投资的一个重要子集,也是另类投资的主要组成部分。理想情况下,风险投资所投资的增长势头强劲的公司通过被更大、更完善的公司收购,或者通过公开募股的形式被公众所知并最终获得利润,这种典型的投资获利方式将继续吸引风险投资行业的投资者。当然,失败的风险投资项目也比比皆是。

一、风险投资需求的产生

美国第一笔风险投资基金建立于 1946 年,风险投资的出现可以说是基于这样的考虑:企业家通常很乐于想出一些好主意并且对他们的创业计划倍感兴奋、满怀热情。但是,当我们以更加客观和严格的眼光来看待这些新创企业时,我们会发现这些企业面临许多问题,这使得这些企业的融资变得极为困难,它们不会成为传统商业银行的合作对象,这些新创公司有以下的共同特性:

(1)这些公司的发展前景都是非常不确定的。

(2)这些公司的实际情况如何、企业家对这些公司的看法和外界对这些公司的看法之间存在很大的信息不对称和沟通的障碍,通常外界的评价不像企业家那么乐观。

(3)这些公司通常没有什么固定资产,其所有的资产大多是公司的知识产权,比如专利、想法或者为公司工作的人员。

(4)通常这些公司之间的市场也是不均衡的。[3]

为小公司提供资金是非常复杂和有挑战性的,小企业缺少资产尤其是固定资产,技术、市场和产品等等都处于发展和完善之中,业务的波动幅度大,盈利前景不明,银行并不善于为上述这些公司提供资金,也就造成了所谓的中小企业融资难的问题。因此,需要有一种新的组织来扮演以下与众不同的角色:

(1)这种组织只对它收到的商业计划书中的极小部分企业提供资金。一个银行家可能贷款给他们收到的贷款申请书中的三分之二的公司,而一个风险投资家只会在一百个或数百个投资申请中挑选一个。以高淘汰率来寻找和挖掘值得投资的企业。

(2)风险投资家并不像银行家那样简单给钱,然后每个季度要求报送财务报表;随着时间的推移,风险投资家会有一个提供资金、审查、监控被投资公司的更紧密、更积极的过程。相比其他投资者,风险投资家会坐镇该公司的董事会,更紧密地参与到公司的经营管理中,为企业的发展出谋划策,参与经营和决策。

(3)他们还能够为这些公司提供所谓的资信保障,风险投资公司以自己的信用和资源为所投资企业保驾护航,这对于帮助企业渡过危机、建立与大公司的商务联系、公开上市和成长发展都非常重要。

从整体的经济层面,风险投资在美国的发展,极大地促进了大量企业的公开上市和企业的技术创新。硅谷是美国科技企业最集中的地区,也是美国风险投资业务最活跃的区域。风险投资在硅谷发展中起到了关键性的作用,可以说,离开了风险投资,硅谷就不可能是今天的硅谷了。

二、风险投资的风险控制策略

风险投资主要是通过直接参与所投资企业的创业过程来消除信息不对称和主动控制风险,具体做法如下:

1.严格筛选项目

从成千上万个项目中筛选出符合自己标准的公司,风险投资基金管理人还要对其进行深入的分析、论证。在初步确定拟投资项目后,前往创业企业,对企业产品、市场前景、管理团队等进行尽职调查(due diligence),然后制定投资方案。

2.通过特别股权安排防范风险

常用的方法有:(1)有特别投票权的股权普通股,对于企业的重大决策,如重大融资安排、清算、合并等,可以行使一票否决权,以保护投资方作为弱势一方的权益。(2)可转换优先股。一方面投资方可以优先获得像普通优先股那样的股息,并拥有优先清偿权;另一方面基于其可能转换为普通股的预期,而拥有像普通股那样的表决权,也能享受公司增值带来的收益。(3)可转换债券。在适当的条件下,可以由债券转为普通股,让投资的价值与公司一起成长。(4)附加认股权证债券。在债券的基础上加上一份可以认购股票的权利。

总之是要通过这些安排增加自己的收益和权利,尽可能防范风险的发生。协议中还可以载明其他的各种权利,当然,各种各样的股权和债权的安排及权利的约定都必须符合当地法律的相关规定。这些选择权带来的优势是:当你正确时,你会获得更大的收益,这使得你可以根据情况的变化而拥有必要的选择权。

3.分阶段投资

为减少投资风险,对企业实施分阶段多轮投资策略。每一轮投资的金额通常限于使项目能达到下一个发展阶段为止。如果企业不能有效地达到预期目标,则投资者可以考虑不再进一步投资,以控制投资的总体风险。

分阶段投资还可以根据企业发展的需要,引进新的可以帮助企业进一步发展的投资者,扩大企业可以利用的资源量。

4.通过参与决策和全方位全过程项目监控来管理风险

风险投资通常直接派董事参与被投资企业的经营决策,且为企业提供多方位的管理服务,比如协助物色重要战略伙伴,提供财务、融资和市场营销咨询等,在密切的合作中,准确深入地掌握企业发展的实际情况。

与其他投资形式明显不一样的是,风险投资者不是甩手掌柜。在经营上,他们是合作伙伴,他们主动参与企业的管理,与被投资企业的创始人和管理团队一起促成企业的成长。

三、企业价值的评估要素与交易结构

只有确定了公司价值,才能搞清楚投资者因为提供资本而需要拥有的产权的数量。当然,在评估公司的价值时,首先要考虑的要素是公司所持有的价值观。公司的价值观决定了其盈利模式和未来的发展战略,并且如果公司的价值观在当前或未来存在不被社会接受的地方,那么也会极大地影响公司的整体价值。因为风险投资企业已经有了一定的销售规模或盈利,我们可以从以下几个要素来考虑其价值评估:

(1)一般的经济状况和特定的产业环境。包括经济的景气度、产业政策,甚至股票市场当前和未来的热度等等。

(2)公司所在产业的性质。不同的行业发展潜力和盈利能力都相距甚远,比如,可以用迈克尔·波特的五力模型来分析一个行业对投资者的吸引力。

(3)公司的账面价值和公司的整体财务状况。账面价值并不能很好地反映真实的市场价值,但是能够准确反映企业的历史和当前的财务状况。

(4)公司未来的获利能力。账面价值提供了评估基准和出发点,公司未来的获利能力才是评估中最重要的因素。

(5)公司的红利支付能力。公司的红利支付能力一定程度上可以验证我们关于该公司的种种假设。

(6)公司信誉和其他无形资产。尤其是在轻资产公司,该类资产是公司最重要的资产,具有比较大的价值,对公司的未来发展也具有关键意义。

(7)公司过去历次股权出售的情况。不仅要考虑其出售价格,出售动机和财务变化状况也需要关注。

(8)处于同一产业或相似产业中的企业股票的市场价格。我们可以在比较两者的相似程度、差异程度的基础上,合理地评估出公司的价值。

在价值评估的基础上,风险投资者和创业者会签署投资合约。创业者常常将投资者视为必要的恶人,有时甚至会失去对企业的控制,但是投资者也让创业者获得了好处:(1)外部投资者使得创业者可以减少投资并提高分散化的程度。(2)由于充分分散化的投资者具有更低的要求收益率,增加外部投资可以增加企业的现值。(3)一个外部投资者可以贡献他的建议和信息从而提升企业价值。

在融资过程中,新老投资者之间、权益投资者与债权人之间以及与创业者之间会形成非常复杂的权利义务关系,也会改变各自的激励约束机制,甚至会影响到企业未来的发展和估值。一般而言,在融资条款中,有投资者参与的合约具有三个影响:它们配置风险、它们配置期望收益率、它们改变期望收益率。例如,债务融资将大部分风险配置给权益投资者/创业者,将期望收益率在权益持有人和债权人之间进行不同的配置,并借助税收效应和激励效应改变整体收益率。[4]

第四节　私募股权投资

传统意义上的私募股权,是通过购买或者创造私营企业,最终实现将其卖给战略买家、其他私人股权公司或者使其在公开市场上市的目标。自 20 世纪 80 年代资产管理产业兴盛以来,主要的一些私募股权公司能够获得的收益和投资都非常可观。

一、私募股权投资的特点

私募(private placement)是相对于公募也就是公开发行来说的,私募本意上是指非公共企业筹措资金的方式。一方面,私募时,公司直接向小的机构投资者或富裕的投资者销售证券,其成本远低于公开发行。另一方面,由于一般社会公众不能投资私募的证券,它们的发行数量较小,私募证券也不能在二级市场,如在股市上交易,这都大大降低了私募证券的流通性,但同时也使得投资者有条件以较低的价格购买私募的证券。

私募股权(private equity,简称 PE)投资基金一般是指从事非上市公司股权投资的基金,国际上根据投资方式或操作风格可分成三种:一是风险投资基金,投资于创立初期企业或高科技企业;二是增长型基金(growth-oriented fund),投资于扩张期到成熟期企业的未上市股权,一般不以控股为目标。三是收购基金(buyout fund),主要投资于成熟企业上市或未上市股权,意在获得成熟目标企业的控制权,以整合企业资源,提升价值。狭义的私募股权基金是指增长型基金和收购基金。当然,由于企业的发展阶段难以精确清晰地划分,从严格的意义上,风险投资与私募股权投资只是从不同角度进行定义的,两者不能完全区分开,也可以说风险投资是私募股权投资的一种。

由于国内进行私募股权投资的历史很短,加上退出渠道的缺乏,国内的私募股权投资基金主要围绕着 IPO 前的投资,甚至会参与上市公司的定向增发,主要通过证券一级市场来赚取收益。这与国外的私募股权投资的概念有很大的差异。美国的 PE,主要是一种通过改善公司的组织架构、完善财务机制和主营业务发展,使公司满足上市条件,通过 IPO、发行可转换债券或管理层回购等方式来实现收益的一种方式。

从组织结构上,私募股权投资也有自己的特色,在国外尽管私募基金不一定需要是有限合伙制度。比如,索罗斯的量子基金就不是这样的形式,巴菲特的伯克希尔哈撒韦公司也不是。当然,有限合伙制的优势十分明显,作为资金提供者,有限合伙人承担有限责任,作为负责投资管理的普通合伙人则承担无限责任,可以建立良好的激励约束机制,充分发挥普通合伙人的长处。当然,有限合伙制度还有以下的三大好处:

第一,是避税。大部分国家的税法都对公司和股东分别征税,股份制公司要收公司税和个人所得税,是双重征税。合伙企业不成为纳税主体,利润直接分给合伙人,由合伙人直接缴纳个人所得税。

第二,融资限制少。只要双方达成协议,投资者即可以成为有限合伙人。因为普通合伙人承担无限责任,在一定程度上可以使得贷款人相信其贷款可以向普通合伙人追索,从而可能使融资成本及其他经营情况类似于采用有限责任制的企业。

第三,诚信度较高和减少道德风险,降低监督成本。普通合伙人一方面可以享有对整个合伙事务的经营管理权,另一方面却要对合伙事务承担无限责任。这种权责统一的经营模式使经营者清醒地意识到其利益与企业的经营业绩紧密联系着,这就给普通合伙人提高经营业绩带来巨大的压力和动力。

当然,随着私募基金的规模越来越大,合伙人之间的意见不一也会越来严重,对于很多雄心勃勃的创业者来说,有限合伙的制度空间太小,股份公司才是王道。比如,黑石集团,总部位于美国纽约,是一家全球领先的另类资产管理和提供金融咨询服务的机构,是全世界最大的独立另类资产管理机构之一,美国最大的上市投资管理公司,2007年6月在纽约交易所上市。其主要业务包括企业私募股权基金、房地产基金、可销售另类资产管理、金融咨询服务等。2007年5月,中国主权财富基金中国投资有限责任公司斥资约30亿美元以29.6美元/股的价格购买黑石近10%的股票,在持有了逾10年后,于2018年2月才卖出,成功获利退出。

二、私募股权投资与行业并购

私募基金的强大并购能力是美国实力的一个重要标志。通常有私募投资基金的地方,并购也会接踵而至。私募基金可以采取高杠杆的手段和秘密的操作手法,在大规模的并购中,往往会出现巨无霸类型的企业实体。一个不起眼的行业,可能因为私募的并购,成为经济的一个增长点。美国的硅谷就是这种并购的最大受益者。在硅谷的公司,凡是上市,几乎无不求助于私募基金的并购合作。

1978年科尔伯格・克莱斯・罗伯特公司中标得到了在那个年代投资历史上最大金额的杠杆收购——以250亿美元的价格收购了雷诺兹—纳贝斯克公司。这是历史上的一个著名投资案例。《门口的野蛮人》(*Barbarians at the Gate*)这本书和同名电影记录了这个故事。20世纪80年代的这几家公司是私募股权领域最早使用当代杠杆手段、高收益债券、股息资本重组和资金结构等技巧的公司。这些技巧在当今的私募股权领域十分盛行。产业内的第一批先驱者的创造性让他们获得了巨大的成就和奖励。[5]

然而,即使恰当地使用借贷是许多私募股权基金获得高额回报的一个重要因素,当具体运作和经济环境没有按照预期发展时,也会导致一些严重的后果。1982年至1993年,在美国,高额和低质量的债券发行确实导致私募股权产业出现了很多问题。

这种作用呈现出周期循环的特点。20世纪90年代初期的经济衰退导致了公共股权市场的价值被低估,机构性私募股权公司地位突出并再一次处于上升趋势。直到21世纪初,技术发展的泡沫破碎。随之而来的是导致另一次上升趋势终结的经济危机。许多依靠杠杆收购的私募股权公司的发展和公共股权市场之间有紧密的联系,毕竟许多出口是通过 IPO 面向公共市场的。因此,与二级市场的周期性价格波动一样,私募股权投资活动和私募证券市场经历从巅峰到谷底的起伏并不令人感到惊讶。

三、第一家中外合资政府间私募股权投资基金

中国与瑞士于 1996 年 10 月 11 日签署了一项关于建立一个私募股权投资(PE)合资基金的谅解备忘录,该基金由两国共同发起。1997 年 12 月 9 日,该基金获得中国人民银行的批准许可。1999 年 3 月 27 日,首批两家由中瑞合作基金(中瑞基金)参与投资的中瑞合资企业在巴塞尔签署协议。江泽民主席和瑞士联邦委员会主席露特·德莱富斯共同出席并见证了签约仪式。[6]

2003 年 3 月 19 日,中瑞创业投资基金管理有限公司(中瑞创投)成为中瑞合作基金的基金管理人。中瑞创投是一家独立的基金管理公司,也是第一家中外合资私募股权投资基金管理公司。

中瑞基金的宗旨是加强中国和瑞士之间的经济与商贸往来,推动双边合作。主要目标是帮助瑞士的直接投资进入中国,并推动中国资本市场,特别是私募股权投资行业的有效和可持续发展。中瑞基金主要投资于对具体行业及整个社会能产生持久、正面影响的项目,而不涉足娱乐、奢侈品等行业。本着这一原则,基金在成立初期就决定要"面向西部",为中小企业在中国中西部和西南地区开拓资源。自成立以来,基金已经在中国向中小企业项目投资了 2.7 亿元人民币,涵盖北京、上海、山东、浙江、江苏、四川、安徽、广东、山西等地,所涉及的行业包括信息技术、电子产品和软件、个人消费品、汽车零部件、医疗设备、新材料和电信等。基金在支持各行业及各地区的中小企业发展方面发挥了开创性的作用。

中瑞基金最成功的投资项目包括易保网络技术有限公司和索通发展有限公司。易保已成长为全球销量领先的端到端核心保险软件开发商。索通是世界领先的铝用预焙阳极研发生产商。

中瑞投资项目的成功取决于三个关键因素。第一,对宏观经济周期有深刻了解,能够选择投资的恰当时机。第二,能够洞察中国各行业的发展态势和前景。基金对中国的汽车行业和电气设备行业进行了投资,而这两个行业近年在中国都是高速发展的行业。第三,投资是否成功主要取决于投资标的公司的管理层是否具备专业素质、是否对公司忠诚、是否诚信。此外,基金管理

公司(如中瑞创投)的管理层和员工的敬业精神和专业水准也同样重要。

展望未来,中瑞创投的中期目标是确保实现具有社会责任性和商业可行性的业绩,进而成为可持续投资行为的典范。

四、国内私募基金发展现状

特别需要注意的是:私募基金与私募股权基金并不是一回事,国内所谓的私募基金是相对于公募基金来说的,其实是指"阳光私募基金"(在中国证券投资基金业协会有备案)。私募基金与公募基金最大的不同是募集方式的不同,在受托人义务方面则是完全一致的。因为私募基金发行的非公开性,符合规定的私募基金的投资者,也就是所谓的合格投资者要求有更强的风险识别和承受能力,比如说,更多的金融资产和投资经验。私募基金与私募股权基金在投资方向上有诸多重叠之处。

截至 2017 年年底,我国私募基金管理人达到 22 446 家,实缴规模达到11.10万亿元。私募基金已经为实体经济形成 4.11 万亿元资本金,其中,累计投资于未上市未挂牌企业股权的项目的数量达到 5.65 万个,形成资本金 3.39万亿元,在投项目数量排名前三位的行业是计算机应用、资本品和医疗器械与服务,投资阶段主要集中在起步期和扩张期。累计投资于新三板企业股权的项目达到 1.72 万个,形成资本金 2 183 亿元,在投项目数量和在投账面价值排名前三位的行业是计算机应用、资本品和原材料。累计投资于定向增发项目数量 3 482 个,形成资本金 4 995 亿元。[7]

相对国外而言,当前国内私募股权投资市场中的普遍做法是速战速决,倾向于投资于上市或挂牌前融资,即标的公司可能会在未来 12～18 个月内实现上市或挂牌。为了实现一级市场与二级市场的套利,很多私募股权投资基金更愿意接受较高的最初市盈率,也乐意在尽职调查方面做出让步,甚至彻底牺牲尽职调查的质量。他们更加关注的是股票市场,而不单单是投资标的公司或其基本面。对于这些基金而言,上市要求优先于标的公司的未来成长或发展前景,而实现增加值或提供扶持等考虑则被他们放在了次要的地位。这是在我国股票一级市场供不应求、股票上市后价格大幅上涨的背景下的一种特殊做法,并不是私募股权投资行业的正常状态。一旦股票发行上市市场化和常态化,整个私募股权投资行业也将会面临深刻的改变。

第五节　另类投资的未来

21 世纪前 10 年在全球资本市场的演进过程中是重要的阶段,许多另类投资,例如天使投资、私募股权、风险投资、对冲基金、房地产投资信托基金、大宗商品和自然资源(比如黄金、铜等实物资产,矿产权和收入来源许可权等等)、原木、农业和农田、基础设施、固定收入(结构性债券产品、夹层债券产品、不良债权产品等)等等纷纷登上时代的舞台;专业投资人也会在投机性资产领域,例如艺术品、邮票、硬币、红酒等进行投资;同时随着各国经济的快速发展,中产阶级的兴起也产生了资金管理的需求,比如养老基金、慈善基金、大学捐赠基金等金融机构应运而生,这些投资品种极大地拓展了投资工具影响人们经济生活的深度和广度。

然而,另类投资的未来仍然是不确定的,有两个因素会影响另类投资未来的发展轨迹。第一个因素来自于政府、行业管理和控制层面。毫无疑问,在出现了各种诈骗和其他形式的违法行为之后,政府和证券监管者会密切关注,详细审查另类投资来保护产品的投资人和消费者。另类投资中的透明度、管理制度、投资绩效和运行风险等因素有可能是行业未来发展的主要障碍。

第二个因素是相关的业绩。另类投资经理要能够识别出合适的基准并在扣除成本费用后仍能跑赢大盘,因为机构投资人越来越关注另类投资能否带来更高的风险调整收益率。[5]

另类投资必须通过稳定合理的投资收益来证明自己和行业存在的价值。无论如何,另类投资未来会面临许多挑战。另类投资作为一种新生事物,还会出现各种新的投资形式,另类投资方式也会带来对企业发展和经济繁荣的积极影响,它也将带来更加广泛的熟悉度和更强的流通性。当然,也需要更多的制度化建设和保护投资者利益的强有力的措施。

延伸阅读　　　　　　　　　　　　　　　**美国风险投资的兴起**

美国是风险投资的发祥地,其最早可以追溯到 20 世纪 30 年代惠普电子公司的创建。当时,惠普电子公司为解决新产品开发资金的不足,首次采取发行新产品收益凭证的方式吸引一些大企业向新产品开发项目投资。此后,随着电子科技的迅速发展,日益增多的大企业开始涉足开拓性投资,从事与高新技术相关的新产品的研制开发,与此同时,一些金融机构开始向这些研制新科技产品的企业提供资金,这就形成了最初的创业投资。1946 年世界上第一家创业投资公司——美国研究与开发公司(ARD)宣告成立,这是世界创业投资史上的里程碑,从此,创业投资开始了专业化和制度化的发展历程。

美国研究与开发公司是在哈佛商学院教授乔治斯·多瑞特(Georges Doriot)的支持下,由当时的美国国会议员、波士顿联邦储备银行行长拉弗·弗朗德斯(Ralph Flamders)创建的。它是第一家由职业金融家管理的、公开交易的、封闭型的投资公司,它主要为那些新成立和快速成长中的公司提供权益性融资。ARD 在创建初期,由于缺乏经验,投资效果并不理想。直到 1957 年,ARD 对数字设备公司(DEC 公司)的投资大获成功,改变了美国创业投资业的面貌。DEC 公司是由 4 个 20 多岁麻省理工学院的毕业生创立的,他们有很多改进计算机的想法。ARD 最初仅对 DEC 公司投资了 7 万美元,便已拥有其 77% 的股份,到 1971 年,ARD 所持有的 DEC 股份价值增加到了 3.55 亿美元,增长了 5 000 多倍。ARD 是传统创业投资的开创者,它的成功为其后继者提供了榜样和经验;同时,ARD 开创了创业投资合伙企业的先河,这是当今最为盛行的一种创业投资方式。

美国政府参与创业投资始于 1958 年,美国政府颁布了《小企业投资法》,由小企业管理局(SBA)批准成立小企业投资公司(SBIC)。为了鼓励投资于高新技术,政府规定,SBIC 的发起人每投入 1 美元便可以从政府得到 4 美元的低息贷款,可享受特定的税收优惠。同时,SBIC 也受到一定的投资约束,包括其所投资的企业规模和利益控制上的限制。尽管如此,投资决策仍由私人独立做出。政府的积极扶植促进了创业投资业的快速发展。

美国小企业投资公司本身存在许多缺陷:一方面,由于 SBIC 可以从 SBA 那里得到极低利息的贷款,一些 SBIC 倾向于提供债务融资,以获取利息收入,而并非所有的 SBIC 都为高技术企业提供权益性融资;另一方面,SBIC 缺乏高素质的投资管理者。因此,美国 SBIC 的发展并不成功。

1969 年年末股市开始迅速跌落,经济出现衰退,尤其是美国国会把长期资本收益税率从 29% 骤增到 49%,这个决定给创业投资业带来了毁灭性打击。1969 年美国创业投资规模为 1.71 亿美元,由于增税方案的出台,到 1975 年创业投资锐减到 0.01 亿美元。

尽管 SBIC 的发展并不成功,并未能在创业投资市场上占据优势,但是 SBIC 的经验和教训,以及外部经济条件的变化,促进了私人创业投资合伙公司的出现。合伙公司避免了 SBIC 所存在的诸如政府过多限制等问题,其资金主要来源于期望获得高额回报的机构投资者,如养老基金、保险公司等。但私人创业投资公司出现不久,美国创业投资业便遭遇了沉重打击,使其发展陷入了近 10 年的低潮。

20 世纪 70 年代,美国创业投资业虽然遭受了沉重打击,但在这一时期所做的一系列调整,特别是在政府管制和税收上的放宽,为 20 世纪 80 年代的繁荣打下了坚实的基础。

创业投资的锐减立刻影响了高新技术园区和高新技术企业的发展,于是,硅谷和其他地方的高新技术企业对国会做了大量的工作,国会终于在 1978 年重新调整税率,把长期资本收益税从 49% 降到了 28%,这一措施使创业投资规模奇迹般地激增。1974 年美国通过了退休收入证券法,促使养老基金进行广泛投资。1979 年进一步放宽了养老基金对创业投资的限制,这不仅使养老基金成为创业投资的最大资金来源,也使整个创业投资的资金水平有了很大提高。

20 世纪 80 年代以后,面对日益激烈的国际竞争,美国政府及各州政府积极鼓励开展创业投资,从而谋求高新技术产业的发展。为此,它们采取了各种措施,如实行税收优惠、政府担保、提供补贴、放宽限制、预签购货合同等扶持政策,为创业投资的发展创造了有利条件。特别是 1982 年美国还制定了《中小企业技术革新促进法》,通过立法,不仅政府按法定比例对高新技术企业提供资助和发展经费,支持高新技术企业的技术创新,资助具有技术专长和发明创新的科技人员创办高新技术企业,而且以法律的形式规定有关优惠政策,保证政策的稳定和贯彻实施,达到更大程度地吸引创业资本进入高新技术领域。从某种意义上,也可以说,高新技术产业的发展对资金的需求在一定程度上拉动了创业投资业在 20 世纪 80 年代的迅速复苏。

在 20 世纪 80 年代末 90 年代初,由于经济不景气,美国创业投资的狂潮开始减退,但经过短暂调整,美国创业投资业呈现出蓬勃发展的局面。

——摘自:司春林,方曙红,田增瑞.创业投资[M].上海财经大学出版社,2003:33-35.

第七章注释

[1]刘健钧.创业投资——原理与方略[M].中国经济出版社,2003:81.

[2]桂曙光,罗明雄.投资人[M].机械工业出版社,2016:81.

[3]刘曼红.风险投资与中国金融体制改革[M].中国金融出版社, 2002:155.

[4]珍妮特·K.史密斯,理查德·L.史密斯,理查德·T.布利斯.创业融资——战略、估值与交易结构[M].北京大学出版社,2017:309.

[5]诺顿·雷默.投资——一部历史[M].中信出版集团,2017:307, 319-320.

[6]沈联涛.金融、发展和改革[M].中信出版社,2014:78-81.

[7]洪磊.私募基金行业现代监管之路[J].财经,2018(11):14.

第八章　房地产投资的收益与风险

收益与风险素描

　　房地产是一种实物资产,自古以来就是人们青睐的投资对象。房产和地产既有区别又相互联系,历史上不同国家在所有权和使用权的属性上有很多不同的组合。作为一种投资工具,房地产结合了债券和股票的优点,它既像债券那样能够提供稳定的租金收入,具有安全性高的特点,又具有像股票一样的资产升值潜力。当然,如果你以很高的代价买进房地产,也会像其他投资一样,面临由于经济不景气、利率上升等带来的收益不理想甚至亏损的风险。

　　现代按揭贷款制度下的房地产投资具有高杠杆性,对于投资收益和风险来讲,这是一把双刃剑,在房地产投资上血本无归的投资者比比皆是。相比较于股票和债券投资,房地产投资的流动性比较差,只有在房价快速上涨、买方踊跃的情况下,卖方才可能得到理想的成交价格;而市场清淡之时,卖方可能需要付出很大的折价才可能成交。房地产交易中的费用比较高,并不适合在市场上频繁地买进卖出。住宅、工业、商业等房地产的细分门类,其影响未来价格变化的因素各不相同,投资的收益与风险各具特点。对于普通投资者而言,住宅房地产是主要的投资对象。而如果你没有自己的房地产,那么你便是在市场做空头,你会面临房地产价格上涨带来的财富相对损失的风险。因此,无论你是持有房地产还是没有,你都会面临房地产市场价格波动带来的风险。

　　据说房地产投资的三个要素是:第一是地段,第二是地段,第三还是地段,这说明地段是影响房地产价格的最重要因素。最好的房地产投资多发生在经济和房客质量日益提高的地区,比如像纽约、东京、北京、上海、深圳这样的大都市。近十年,国内一线城市的房地产价格增速远远高于二、三线城市,似乎证明了这一点。但是在国内,房地产行业的产业链条长、对国民经济发展的影响大,且事关普通人的安居乐业,它深受国家相关的产业政策、货币政策、土地制度、税收制度等政策和制度的影响。自己居住的房子其实并不是一项投资,而是生活必需品,"房子是用来住的"——这样的住宅房地产功能定位一定会深刻影响到未来房地产投资的收益和风险。当然,如果这样的功能定位发生改变(就像此前房地产政策不断发生的改变一样),也会随之改变房地产投资的收益与风险结构。

经典阅读

吉尔伯特的魔法

　　这个魔法显而易见的部分就是他获得的皇家许可。吉尔伯特提出要去探索"自佛罗里达角(cape of Florida)向北延伸广袤而富饶的土地",在对这一提议的回复中,伊丽莎白女王准许他占有"所有此类将被发现的土地、地区和地域……他,永久地或以其他方式可以根据英格兰法律全权处置那些土地及其每一部分"。在各种不同的土地支配方式中,永久地权等同于完全的所有权。从佛罗里达到纽芬兰(Newfoundland)之间所有还没有被"基督教徒或人民"所占据的北美土地,都可以成为吉尔伯特的财产,并可以被出售、出租或抵押,尽管吉尔伯特本人在英格兰。

　　要将荒地变为财产,在程序上还有一件事要做。土地必须经过测量、被绘制成地图,并被注册在产权人名下。因此,当吉尔伯特于9月率领一支由五艘船组成的小船队扬帆出海的时候,他的船员中也包括了装备有测杆和罗盘的测量员。尽管由他同母异父的弟弟沃尔特·罗利(Sir Walter Raleigh)爵士指挥的那艘船当即就返回了,但是剩下的船只仍然沿着过去100多年里来自法国、葡萄牙和英格兰的渔民们前往纽芬兰大浅滩(Grand Banks of Newfoundland)的路线前进。

　　1853年8月5日,吉尔伯特抵达圣约翰港(Saint John's harbor),此时他发现已经有将近40艘渔船了,这些人不仅在这儿捕捉鳕鱼,还在岸上将捕捉到的鳕鱼制成鱼干并腌渍起来。测量员们立即投入工作,如海斯所写的那样,他们"观测了测杆的高度,并依照地区的准确规模开始绘制平面图"。在8月结束之前,第一笔交易已经发生了,海岸边的地块正在被租给渔民们,而此前这些渔民都是无偿占用这些土地的。海斯指出,"为了这些土地,他们订立了

149

契约,支付一定的租金并提供服务"。相应的,吉尔伯特向他的租户保证,从现在开始到次年,他们有权使用各自所属的那块土地。

从表面上看,吉尔伯特的行为很荒诞。在过去的漫长岁月里,花岗石群山俯视着曲折而漫长的圣约翰港,密克马克族人(Mi'kmaq)一直在使用这座港口,他们将之视为他们的领地。可能在1492年哥伦布航行至美洲之前,巴斯克族(Basque)渔民就发现了这个可以提供庇护的天堂,在他们看来,他们及任何有胆量横渡大洋来到这里捕捉鳕鱼的人们,都赢得了在夏季使用这片登陆场的权利。不过,那只是以前的情况了。

而现在,依照英国的法律,汉弗莱·吉尔伯特爵士主张了这样一种权利,并以此权利为基础,计划向使用一部分荒地的渔民们征收租金,而此前渔民们都是免费使用这些荒地的。破天荒头一遭,一种将会对社会结构产生革命性影响并将改变人们看待自己的方式的理念,在其祖国之外为人所知晓了。

——摘自:安德罗·林克雷特.世界土地所有制变迁史[M].上海社会科学院出版社,2016:导言.

第一节 历史上的土地投资

一、古代的土地所有制

古代,土地投资者一般拥有非常高的经济、社会和政治地位。农业代表着贵族阶层,人们偏好利用土地和囤积地产来积累财富。尽管土地不一定是回报最优厚的投资方式,但是比较其他很多贸易和商业活动风险低,因此土地所有者通常能接受较低的资本回报。土地投资也是财富代际转移的主要机制。例如,在公元前2000年中叶的阿腊坡哈(Arrapha)古城,将土地所有权转移给家族成员之外的其他人是非法行径,但是越来越多的人渴求突破政策约束。[1]

土地所有者控制着土地资产,但他们通常不直接参与经营。古代的土地所有者基本由身份、军事条款、君权神授等非经济因素来决定,例如,被雅典和罗马所征服的一些殖民地中,军人多拥有土地,但他们没有时间来管理,也缺乏管理经验。因此,作为精英阶层的土地所有者通常会雇佣社会等级较低的人来管理自己所拥有的土地资产。

在公元前 500 年至公元前 200 年,希腊阿提卡地区使用了一种非常好的系统,能显示出房地产作为贷款抵押物的情况。这种系统使用了一种叫作界碑(horoi)的物品,或者可以说是一种放置在房产上的石头,以此区分房产状态。界碑上会写明贷款的期限和金额,因此人们能立刻了解该房产是否已经因某债务合同而抵押给了其他人。大约在公元前 450 年,阿提卡地区的一处村庄曾经请求,希望所有借款人的房屋都要放置界碑,想必是为了防止房产非法转让以及借款人逃避债务。界碑在当年极为重要,任意更改上面的说明会面临非常严厉的惩罚。[1]

在现代,一般房地产交易首先要在政府的房地产管理部门调查清楚,该处房产是否存在未说明的留置或抵押等情况。但是在当年,界碑对于贷款决策发挥了不可或缺的作用。

在中国古代的秦国,商鞅变法的第一条法令《垦令》有二十种具体的办法鼓励及资助农耕,对后世影响最大的是以“废井田,开阡陌”为主题的土地改革。井田制是一种土地国有制度,自商朝时就有文字记载,在西周盛行。从此以后,土地私有化成为中国历史上最主要的土地所有制度。以后各个朝代也有各种形式的公有土地,但数量远远不及私有土地。

就英国而言,17 世纪的人口统计学先驱约翰·格朗特(John Graunt,1620—1674),在分析当时伦敦的洗礼与殡葬数据时,发现本地的殡葬数远远大于本地出生的人数。他估算,从乡村和小城镇到伦敦的净迁入人口,平均每年高达 6 000 人。不少乡村人口是被赶出来的,主要是那些没有权利继承家庭农地或手工作坊的年轻人。当时的家产,是按家长的意志传给后代,但多数给了长子。后来所说的“自由民”“市民”或“市民社会”,就是这样来的;以市立城、作为自治体的“城市”,也是这样来的。财产包括土地的继承制度就这样无意间促进了城市的发展。

直到 1800 年,世界上的很多草原——北美大草原、南美大草原、澳洲内陆、非洲大草原——还都是为土著们所共有。范围最大的单一土地所有权模式是残暴的封建农奴制,在俄罗斯帝国,从波罗的海(Baltic)到太平洋的广大地区都是这一制度。但是,世界上大部分人所埋解的土地所有制是以农民耕作的多种形式体现的。在欧洲的大部分地区、印度、中国这些人口最为稠密、最有实力的国度,直到 18 世纪晚期,农民们在土地上劳作并拥有其产出,但是每一小块土地的所有权都是与家庭、家族或与权贵、君王共享的。在从非洲到爪哇的大片伊斯兰国家里,农民们劳作,地主们占有,但是土地的最终所有权属于其创造者。[2]

过去 200 年间的土地制度的大革命,关于个人所有权和专属所有权的理念,不仅是指那些可以被携带或者可以被占有的物品,还包括不可移动的、几乎永恒的土地,这一理念已经被证明是有文字记载的历史里最具摧毁性的,同时也是最具创造性的、推动经济社会发展的文化力量。

二、美国建国前后关于土地所有权的争论

在 1730 年至 1770 年,美国土地价格保持每年 1.6 个百分点的增长率。1600 年时,包括美国建国之初的 13 个州的领土本来没有什么价值,可是到了 1800 年,包括房屋在内,这些土地价值大约 6 亿美元,其中大概有 2/3 是在 1720 年之后增加的。战争一旦爆发,为了购置武器、制服和草料,就不得不向荷兰金融市场借贷巨款,给阿姆斯特丹的金融家们提供的抵押有一部分是来自征税的预计收入,不过更为可观的是北美土地的巨大资本价值。到了 1776 年,美国产权人的地产净价值的增长速度是英国产权人的两倍。由于 4/5 的美国人生活在自己的土地上,财富的传播范围更加广泛。"还没有人耕种的土地数量是如此之多,"瑞典植物学家彼得·卡尔姆(Peter Kalm)评论道,"新近结婚的人能够轻易得到一块地,可以在那里和妻子、孩子一起舒适地生活。税率非常低,他不需要担忧账户的任何问题。他享有很大的自由,以至于觉得他就像自己领地上的君王。"[2]

但是当 1765 年引进《印花税法》(Stamp Act)的时候,北美人的反应出人意料:作为贫穷的、人员不足的移居地,殖民地内部的税负相当轻,殖民地接受伦敦的统治。但是在他们富裕起来后,人口稠密的社会感到愤怒,开始抵抗外部权力的侮辱。

詹姆斯·奥蒂斯抨击《印花税法》的理由是作为一个"英国臣民",倘若没有议会中代表的同意,他有拒绝交税的权利。1773 年,纽约的"自由之子"宣称,英国对进口茶叶征税,将使他们不再拥有"属于自己的资产",并且断定在这种情况下,"我们也许会与北美的自由永别"。到 1776 年,乔治·梅森(George Mason)撰写《弗吉尼亚权利宣言》时,把"追求和获得幸福的"权利列为生存、自由和财产等人类的"固有权利"之一。《独立宣言》则进一步阐明,"我们认为这些真理是不言而喻的:人人生而平等,造物主赋予他们若干不可让与的权利,其中包括生存权、自由权和追求幸福的权利。"

为自己的自由而奋斗的人立即清楚地看到了其中潜在的冲突：黑奴制度导致 1/6 的美国人被当成财产对待，他们追求幸福的任何权利都得不到承认。罗得岛州的纳撒尼尔·奈尔斯（Nathaniel Niles）说道："倘若我们知道羞耻，要么停止奴役我们的同胞，要么就停止抱怨那些会奴役我们的人吧。"这种矛盾导致宾夕法尼亚于 1780 年制定法律，逐步废除黑奴制度。法令的序文写道："我们很高兴有权让其他人得到我们已经得到的一部分自由；让他们从我们曾经被专横地注定的奴役状态中获得解放。"进一步的发展，导致黑奴制度在美国最终被废除。

在南北战争前，新大陆实际上包含两个截然不同的区域，在北方是相对平均化的社会，资本不占优势，土地极其丰富，任何人都可以比较容易地当上地主，同时新来的移民还需要时间来积累财富。而南方却是一个采取了最极端和暴力形式的所有权高度不平等的社会，其中一半人是另一半人的财产，奴隶资本在很大程度上代替和压倒了土地资本。

社会不平等领域的这种复杂和矛盾的关系，直到今天对美国依然有影响：一方面，这是一个信奉平等的国家，是千百万出身低微的移民的希望之地；另一方面，它又是一个极端野蛮的不平等国家，尤其是涉及种族时。美国南方的黑人直到 20 世纪 60 年代仍没有公民权，并受到法定的歧视制度约束，在某些方面与 20 世纪 80 年代之前南非维持的种族隔离制度有很多共同点。这些背景无疑是美国福利制度在各个方面的发展（或者说欠发达）现状的根源。

三、香港和台湾的土地制度

1840 年鸦片战争之后，港岛被割让给英国，于是香港的土地就成了英国皇室的财产，与其在英国本土的皇家土地一样，都是 crown land。皇家土地可按年期批租给民间，而不是"断卖"。香港在远东，英国又要求香港"财政独立"，于是香港的 crown land 的批租权，就交给港英政府行使，租金所得也归港府库房。这样，香港的 crown land 就被统称为"官地"。

"官地"是公有土地的一个类别。欧美不少资本主义国家也有官地，明确归政府所有。香港的特别之处在于全部土地皆为"官地"。这是 1843 年《英皇制诰》宣布的，其实也不准确。因为港岛系割让，但九龙的部分和新界却是租借的，土地所有权当然不同。可是要殖民政府要"确权"，就没有那么多道理可讲了：除了新界部分农地归村民所有，其他港地一律被宣布为"官地"。[3]

因此,香港发明了一个"土地批租"制,由政府主事,让工业家、地产批发商竞标购买一个时期内的土地使用权。政府"批"出土地,得到收入;业界得到清楚的、可以再度交易的土地使用权。

土地批租也不一定都有偿。通常,香港政府对公用事业、学校、医院、慈善机构、教堂、庙宇等,多以无偿方式批出土地;对于不营利的公益用地,有时只收取象征性的价格。对那些经济效益不突出,但政府决定支持的行业与企业,也可免交地价或以低于市价的官方优惠价供地。至于香港政府自己的办公用地,则完全无偿。批租土地的方式,也是公开拍卖、招标或私下协议并举。

最为特别也是比较合理的是:已经批租给公司或个人的官地,即使还在约定租期之内,但只要政府"为了公共利益",便可以"收回"。香港法律专门有《收回土地条例》,规定因卫生欠佳、不适合人居住或危害健康或为军事利用以及"为行政长官会同行政会议决定为公共用途的任何类别用途",政府就可以把官地"收回作公共用途"。政府收回官地,要给予"公正的补偿"。原租用业主有异议,也可以要求独立的"土地审裁处"裁决。但拒绝迁出者,政府可以"占用官地"的罪名起诉、强制执行。香港政府通过这些制度安排解决土地用途变更的问题。

官地公有,所有权不能买卖、不能出租,但政府可以以批租获得收益,并以最终所有者身份主导土地利用契约的订立和执行,构成了香港土地制度的主要特色。这样的土地制度安排,与内地的政治、经济和社会体制一拍即合:被高度市场化了的,仅仅是土地的使用权,所有权归国家所有,并且政府主导了土地利用的控制权。

台湾从1949年年初开始推动土地改革,其政治逻辑则是出于预防造成国民党失去大陆政权的农民革命在台湾发生,而重新进行分配:"耕地三七五减租"部分主要是农地收益权上对于佃农的让利;"公有耕地放领"部分主要是扩大佃农的农地使用权;而"耕者有其田"部分则着重局部性、自愿性(通过买卖交易)而非全面性与强制性的,将公有和私有的农地处分权,由地主向佃农转移。[4]

第一次土改促使台湾经济的全面腾飞,1982年台湾进行第二次土改,主要内容是推行农地重划和辅导小农专业。同时推广"共同经营"、"专业区"、"委托经营"等经营方式,促进农耕机械化和产品商业化,提高农民的务农意愿。2009年台湾当局推行"小地主、大佃农"政策,这是国民党的第三次台湾土地改革。

目前两岸对于农地使用权的变革,基本方向都是利用市场机制,鼓励使用权相对集中,以提高经济效率、提高产出和保护生态环境。但两岸的政策略有区别:大陆基于庞大的人口和粮食安全,在政策上始终避免农地的闲置抛荒,并划定18亿亩的耕地红线,不允许突破。台湾基于对世界范围内市场化粮食供给的信心,近年来进行农作物总产量的调节,政府鼓励在一定的原则下,允许某些农地进行休耕。

香港和台湾,在城市土地制度和农地制度上,对大陆的土地制度改革有很好的借鉴作用,从中我们也可以看出中国特色的土地投资的逻辑。

第二节 新中国的土地制度

一、新中国农村土地制度的变迁

中华人民共和国成立后,1950年通过的第一部大法《土地改革法》第30条规定:"土地改革完成后,由人民政府发给土地所有证,并承认一切土地所有者自由经营、买卖及出租其土地的权利。"合作化开始的时候,土地还是农民私产。1955年全国人大通过的《农业合作社示范章程》,规定农民可以带土地入社,入社的土地参与分红,也规定农民可以带着土地退社,继续享有自由经营、买卖及出租的权利。事实上,初级社在很短时间内就转成高级社。1956年通过的《高级农业生产合作社示范章程》则规定:"社员的土地必须转为合作社集体所有,取消土地报酬。"

到了人民公社,实施"政社合一"体制,集体制彻底告别了合作制,不再是以农民私产为基础的公产,而变成了以消灭农民私产为基础的公产。1962年《人民公社60条》第21条规定:"生产队范围的土地,都归生产队所有,包括社员的自留地、自留山、宅基地等等,一律不准出租和买卖。"

实施包产到户或家庭联产承包制,改的是集体土地的使用权,但集体土地仍不能买卖、出租。直到1984年中央的"一号文件"才鼓励"土地逐步向种田能手集中",开始允许转包。

农村非农土地资源最早走向市场的,是乡镇企业用地。而农民的宅基地和农宅,自《人民公社60条》颁布以来,法定就是不准买卖、租赁和转手。例外也是一直有,那就是农民因家庭、人口变动发生的农居转让,实际上,宅基地也随之转让了。近年来,农村宅基地转让有规模扩大之势,其背景是城市土地市场化了,城市土地价格节节上升,对农村尤其是城乡接合部的农民是一个巨大的激励,把村子整理一下,结余出来的乡企用地、公共建设用地以及腾出来的宅基地,使用权也走向市场了。

二、新中国城市土地制度的变迁

我国城市土地的权属关系,原本相当复杂。解放后,旧中国官僚买办资本的土地被收归国有。民族资本主义的工商物业,经过社会主义改造,成为国有经济的组成部分,其中的土地当然也归国家所有。而大量的居民住宅,房子是私房,其下的土地就是民地,属私人所有。因此,《共同纲领》和1954年宪法时期实行生产资料的多种所有制,包括"个体劳动者所有制"和"资本家所有制",都受宪法承认与保护。1956年之后,中国加快转向社会主义改造,不过是工厂、商店和农业生产方面的公私合营与合作。直到1956年,城市私有土地和私房,基本上还可以买卖、出租、入股、典当、赠予或交换,只要缴纳相应的契税,就都是合法的。[3]

1956年《关于目前城市私有房产基本情况及社会主义改造的意见》,提到"一切私人占有的城市空地、街基等地产,经过适当办法,一律收归国有",开启了城市土地国有化的进程。但是相关的文件主要集中在私有出租房屋的改造,"文革"前的私房改造,大体都是划下每户可出租面积的界限(一般大城市为150平方米,中等城市100平方米,小城镇50平方米),超出部分的私房,归政府"经租",然后分成20%~40%作为利息付给原业主。从产权关系看,进入改造的城市私房民地,所有权并没有一下子归公,原业主一般还保有人民政府颁发的房证地契,但这部分私房的使用权、出租权已经归了政府,物业的私人买卖、处置和继承权都废止了,但收益分成权还是保留着。

限额以内的出租房和居民自有自住、没有出租的房屋,是完全的"消费资料",也无须改造。"文革"后,中央要求"落实私房政策",法律根据其实还是私房私有。但是,到了1982年修改宪法,当时委员们考虑的,主要是大规模国家工业化占地与农民之间的矛盾。

1982年的《中华人民共和国宪法》第10条规定:"城市的土地属于国家所有","任何组织或者个人不得侵占、买卖、出租或者以其他形式非法转让土地。"因为是宪法条款,所以也通管了当时的《土地管理法》。甚至那时候的《刑法》也把"以牟利为目的,非法转让、买卖、出租土地之"行为,列为刑事犯罪。

关键的变革发生在 1987 年。这一年,中国经济对外开放,民营企业也可以合法登记注册。人力、建材、机器设备和原材料都可以从市场上买到,但是内外的"非公经济"如何合法落地呢? 据《瞭望东方周刊》记者葛江涛、周丽和罗敏的报道,1986 年时任吉林省委副书记的王先进被调入京,出任国家土地管理局首任局长。2012 年,王老接受采访,讲到了一些关键情况:

> 1987 年 2 月,国务院组织召开外资领导小组会议,我作为领导小组成员参加会议。时任国务院副总理谷牧在会上传达了国务院主要领导同志的意见,提出能不能转让一部分城市土地,吸收一些外资,加快城市建设。
>
> 我当时表示赞同并提出三条意见:第一,转让的是土地使用权,不是所有权;第二,转让土地要有一定年期,不是无限的,到时无偿收回;第三,要按不同年期收取一定租金。只要把握这三条原则,搞土地转让就不会有问题。当时会议决定,由国家土地管理局和国务院法制办组织试点。
>
> 后来经过一系列准备,我们在 1987 年 11 月向国务院提交了试点报告。1987 年 12 月,深圳市按照国务院批转的文件精神,首次公开拍卖一幅面积 8 588 平方米的地块,使用权为 50 年,这就是新中国历史上土地拍卖的第一槌。

1987 年 12 月 29 日广东省人大常委会通过的《深圳经济特区土地管理条例》,其中有一条说,"特区国有土地实行有偿使用和有偿转让制度"。在深圳先行先试的基础上,1988 年全国人大通过了对宪法第 10 条的修正案:"任何组织或个人不得侵占、买卖或者以其他形式非法转让土地,土地的使用权可以依照法律的规定转让。"1990 年,国务院颁布了《城镇国有土地使用权出让和转让暂行条例》,从此,"土地使用权可转让"才算有法可依。

第三节 当前国内的房地产投资

房子是用来住的,购买住房是人类最基本的经济需求之一。一般来讲,即使经济能力不足,当一个人成家时也急需购买住房,或者在孩子降生或者刚刚怀孕时也会迫切需要购房。金融业有很强的动力协助人们满足这个基本需求。社会把资助购房的行为看成是一种善举,一般认为,推动住房抵押贷款业务的发展对公众是有益的。各国政府都在不同时期一定程度上推动国民拥有自己的住房。

房子也可以成为投资的对象,房子出租可以带来租金收入,也可以随着物价的上涨起到资产保值的作用,在房价有较大幅度上涨的情况下,可以获得较好的投资回报。

从 1998 年到 2018 年的 20 年间,国内房价大幅上涨。以新中国第一个商品房小区广州东湖小区为例,可以一叶知秋。1979 年 10 月广州秋交会结束后,穗港双方签订合同引进香港宝江发展有限公司投资 3 600 万港元(当时折算 1 080 万元人民币)兴建 60 000 平方米住宅楼。1981 年建成后对香港售价为 2 500～2 600 港元/平方米,对内售价 700 元/平方米。

1998 年,广州市实行房改政策,部分属于单位福利分房的住户可以 800～1 000 元/平方米买回房子。东华物业管理公司则以 2 800 元/平方米的价格出售给部分租赁的住户或拆迁户。

8 年之后,东湖新村的房价开始进入上涨的快车道,2006 年东湖新村二手房的成交价涨到 4 000 元/平方米,2008 年涨到 9 000 元/平方米,2009 年涨到 10 000 元/平方米,2013 年涨到 22 000 元/平方米。到了 2017 年,最高涨到 50 000 元/平方米以上,2018 年 3 月,还稳定在 46 000 元/平方米以上。

这样的故事,在北京、上海、深圳、厦门、南京等一线城市和众多的二线、三线、四线等等城市,在无数个小区,甚至在农村和城乡接合部均在上演,事实上,到了 2018 年,房产已经成为中国家庭最主要的资产。

一、关于住房制度的变化

1998 年 7 月 3 日,国务院下发了国发〔1998〕23 号文件《国务院关于进一步深化城镇住房制度改革,加快住房建设的通知》,各地福利分房逐渐停止,买房置业开始成为中国人生活中的一件大事,同年央行放开了个人住房按揭贷款。1997 年亚洲金融危机,中国陷入了通货紧缩,而且有进一步衰退的风险,在寻找新的增长点时,中央政府选择房地产作为新的经济起动机。

2003 年之前的数年中,房屋销售价格指数每年增长 3.5%,城镇人均收入却增长 9.5%。自 1998 年以来,房价收入比不但没有扩大,反而在缩小。上海市为了鼓励住房消费,拉动经济发展,自 1999 年开始实行个人购买住房减免个人所得税的措施,这一政策直到 2003 年 6 月 30 日才停止。

2003 年,国务院发布《国务院关于促进房地产市场持续健康发展的通知》,确立了房地产的国民支柱产业地位,明确经济适用房不再是面向中产阶级的主要供给品,而是针对低收入家庭的一种保障。2004 年,国家出台法律改变土地出让方式,由协议出让转变成"招拍挂",也是从这一年开始,土地价格开始飙涨,政府获得的土地出让金也水涨船高。加上商业银行对房地产按揭贷款的鼓励,越来越多的老百姓参与其中。房地产买卖几乎成为全民参与的投资活动或投机活动。

从历史的角度,21 世纪的住宅与 19 世纪的地产投资在一个根本方面存在差异,后者因为相对比较适度的投资而轻易地转变成了乡村资本。现代人则以按揭方式购置房产,通过银行贷款和信贷机构支付,新版本建立在大量债务的基础上,对普通投资者来说需要工作很多年才能全部偿还。因此,产权是按揭贷款人和信贷发行人共享的。

对于目前国内的房地产价格,人们有比较大的争议,有认为比较合理的,也有认为泡沫程度很大的,我们不妨来看看历史上的房地产价格泡沫都是怎样发生和发展的。

二、历史上的房价泡沫

房地产行业一直是泡沫比较眷顾的行业。一方面,房地产行业看起来受到土地这种自然资源的限制好像具有很强的稀缺性。另一方面,由于房地产交易的杠杆性和缺乏相应的卖空机制,关于房地产的负面信息和想法往往很难被反映到市场和价格中去。这也是为什么房地产市场特别容易经历大起大落,造成危机。[5]

1.日本的房地产价格泡沫

日本的房地产价格泡沫是从 20 世纪 50 年代开始的。二战使得日本经济遭受了严重的创伤,在此之后,日本的名义 GDP 和实际 GDP 都出现了快速上涨。日本出口额快速增长,出口商品范围从廉价的玩具、纺织品,到自行车、摩托车,再到钢铁、汽车、电子产品等,包罗万象。从 20 世纪 80 年代开始,日本政府的金融管制不断放松,银行不断通过增加货币和信用供给而抑制日元升值。

日本的房地产价格不断上升,其波动性也不断增加。由于金融管制的影响,50年代到70年代,日本的真实利率水平都是负数,即名义利率水平低于通货膨胀率水平。如果将1955年的六大城市房地产价格指数设定为100,那么到70年代中期,该指数就已经达到了4 100,1980年上涨到5 800左右,进行房地产投资的人是日本国内为数不多的真实收益率为正的群体。在整个80年代,房地产价格增长了5～6倍。在日本房地产泡沫最为严重的1990年,日本全国的土地价值是美国全国土地价值的4倍,仅东京都的地价就相当于美国全国的总地价,日本皇宫的占地面积仅为0.75平方英里,其估价就相当于整个加利福尼亚或加拿大的全国土地价值。日本房地产价值总额与GDP的比率是美国同期指标的4倍。

1949年5月日经225指数的基期数值是100点,到80年代初期,该指数就已经上升至6 000点,经历了80年代后半叶的快速上涨后,1989年日经225指数上涨到40 000点。随着股价的上涨,总市值的增长也很快,1983年,日本股市的总市值为1 200亿日元,到1989年,达到2 800亿日元。

日本股市的火爆很大程度上源于房地产价格的飙升。房地产业的上市公司在日本股市中占有举足轻重的作用,很多房地产公司在东京和其他主要城市的中心区都有大量的土地储备。房地产价格的上涨和金融管制的放松使得日本国内大兴土木,房地产业空前繁荣。银行通常拥有大量的房地产和股票投资,因此,资产价格的上涨直接导致银行股票价格上涨。日本的银行通常允许借款人以其房产作为担保进行贷款,随着房地产价格的上涨,担保品的价值不断提高,银行可以为借款人提供更多的贷款。日本银行为了在规模上超过欧美银行,非常急于扩大其业务规模,因此,也乐于为借款人提供更多的贷款。工业企业也更加愿意借款进行房地产投资,因为房地产投资获得的回报率远远高于钢铁、汽车、电视等传统产业的回报率。

1989年年底,日本的资产价格泡沫终于走到了尽头。日本的房价涨到了令人咂舌的地步,棒球明星约吉·贝拉(Yogi Berra)形容"那里物价太高,没人住得起"。日本的商业银行推出的抵押贷款最长期限为100年,跨越三代。新上任的日本银行行长对高房价忧心忡忡,唯恐其危害社会和谐。因此,日本银行推出了一项新的措施,限制商业银行房地产贷款的增长率。

1989年的最后一个交易日,日本股市创出了新高,在随后的1990年,股市下跌了30%。直至2002年,日本股市的价格水平比其最高峰时仍然下跌了20%以上。日本的地产价格下跌速度相对较慢,但下跌周期要比股市长得多。

2.美国的房产泡沫与次贷危机

2008 年的次贷危机源于美国的房地产泡沫。该泡沫是由住房价格的持续大幅上涨、大量通过破纪录的贸易赤字和经常项目赤字涌入的国外廉价资金,以及一个日渐宽松的监管政策等因素共同促成的。Case-Shiller 住房价格指数自 1891 年开始,还没有哪一次住房价格上涨可以和 2008 年次贷市场崩溃前几年的房价上涨相比。1996—2006 年,房价累计上涨了 92%,超过 1890—1996 年房价涨幅(27%)的 3 倍。在 2005 年房价泡沫的顶峰时期,房价上涨了 12%,而该比例是同期实际人均 GDP 增长速度的近 6 倍。而在二战后的世界繁荣时期,尽管有人口和收入增长的支撑,房价涨幅与 2007 年之前房价的暴涨相比仍黯然失色。结果 2007 年年中美国低收入者住房抵押贷款违约率的大幅上升,最终引发了一场全方位的全球金融恐慌。

抵押贷款业务是撮合三方交易的过程,三方分别是购房者、最终放贷者和通常希望提高个人住房拥有率的政府。参与交易的三方有不同的需求、不同的顾虑和不同的时限预期,而金融创新可以使三方在抵押贷款过程中的选择和匹配更高效。直到 2007 年金融危机爆发前,世界各国都在照搬源于美国的住房抵押贷款模式。这种模式的第一阶段称为发起抵押贷款,也就是银行职员直接与购房者商谈贷款细节,并签订贷款协议。第二阶段是抵押贷款的放贷者将抵押贷款协议出售给抵押贷款证券化专业人士,这些人将抵押贷款打包,形成住房抵押贷款支持证券(RMBS),再将这种新的证券出售给投资者。

引发 2007 年金融危机的根本原因是发起抵押贷款的过程有被严重滥用的现象。借款人获得了自己无法偿还的高额贷款,或者抵押贷款的种类与其需求不符。比如,经纪人经常花言巧语地说服购房者买下很大的住房,并签订浮动利率抵押贷款协议,而经纪人通常也不会明确告诉购房者:以后利率很可能上涨,房子太大可能使这个家庭无法负担。

就这样,那些没有收入、没有工作、没有资产的人都可以获得住房抵押贷款,就是所谓的"忍者"贷款,Ninja 在日文中是"忍者"的意思。对于贷款人来说,房价上涨可以得到资产升值的收益;对银行来说,只要房价不下跌,就没有风险,并且银行贷款后会迅速把贷款打包卖出去,然后再去贷款,扩大了银行的资产池;对于证券机构来说,只要能把证券化的衍生证券卖给全世界的各类投资者就可以了。所有环节里的利益相关人只要房价一如既往地持续大幅上涨,就没有任何风险。因此,2007年房价开始下跌的时候,由次级贷款人还不了贷款而引发的金融危机就随着投资和利益链条迅速扩大到了全球范围。

还有,特别值得注意的一个细节是美国抵押贷款合同里的无追索权条款,也就是,买房人如果不能负担抵押贷款,可以放弃房子,银行将出售它。一旦房价低于抵押贷款,银行就要承担其中的损失。买房人相当于得到了一个免费的美式期权:他可以在任何时候以贷款余额价值将房屋卖给贷款银行。无追索条款特性鼓励了市场投机行为,当房价变化对自己不利的时候,可以选择不再持有房屋。房屋抵押贷款合约买卖双方的风险与收益并不对等。

金融过度深化,过度依靠借贷来消费和经营,以至于过度暴露在风险之下的社会系统,是美国次贷危机的一个根本原因。

三、影响国内房产价格的因素分析

最近十多年来,关于中国存在房地产泡沫的声音从未中断,持泡沫论的人包括罗伯特·希勒,其主要理由是,与其他国家相比,中国房价与收入之比最高。其实,这样的声音在20年前就有过,1989年2月20日,《人民日报》发表了一篇文章《房价猛涨 百姓望楼兴叹 势在必控 国家正拟法规》,其中写道:"但是,买房对普通干部来说,有人打比喻,犹如从夜空里摘颗星星。今年1月,上海市场年初出售11 000多套住房,成交不到1/10,幢幢楼房无人买,几十万平方米新住宅空空荡荡。原因是价格昂贵,每平方米最高已达2 300元,令人咋舌。北京最近提供2万多平方米住房,每平方米为1 600元~1 900元。若买两居室,少说也要6万多元。一名大学生从参加工作起就日日节衣缩食,每月存储50元,已是最高极限,需100年才能买上两居室。"

用房价与收入之比来评价房价高低,其理论基础在于,通常情况下,一个家庭会将自己收入的某一个比例用于住房开支,这个住房开支不管是用于租房还是用于还贷,它反映的是住房的真实需求。如果家庭的收入不断提高,意味着家庭的住房开支不断增长;而随着恩格尔系数的下降,用于住房的开支占收入的比重还可以进一步上升。再假设新建的住房以某一个速度增长,那么房租和房价就取决于需求和供给增长的相对速度。如果在一段时期内,住房需求出现井喷,而住房的供给由于限制土地拍卖等等因素导致相对不足,就必然会出现在比较长的时间里,房价是不断上涨的。中国从1998到2018的20

年里,工资和物价也都有了大幅度的增长,人们对于改善住房、追求美好生活的需求被大大地激发了出来。

如果认识到房价的上涨趋势,而住房可以通过抵押贷款来购买,大多数人会选择马上就买,早买就成了理性的选择。对于买房做投资的人来说,房价上涨带来的回报要大于其他投资回报。如果消费者(或投资者)有了房价上涨的预期,随着购买人数的增加,这样的预期会自我实现,尤其是在居民平均收入达到一定水平时,对于住房的消费需求会出现井喷,产生爆发性的购房行为,也因此,国内各大城市排队购房的情景随处可见。

罗伯特·希勒在《金融与好的社会》中准确描绘了这种房价自我实现时投资者的心理活动:在特定的历史时期,价格上涨的消息会激发投资者的热情,这种情绪通过心理活动的传染力在人际传播,传播过程中作为价格上涨证据的事件被不断地夸大,从而吸引越来越多的投资者,这些新进的投资者虽然对同一项投资的真实价值存在质疑,但是一方面出于对其他投资者成功业绩的嫉妒,另一方面因为赌博心理作祟,最终还是使自己置身其中。这种投资者的共识,在房地产投资中,一段时间内会导致房价不断上涨。[6]

中国有两个特别因素加剧了房价快于收入上涨的趋势。第一个是低利率,由于对存贷款利率的管制,中国最近 20 年来的实际利率大约就在平均 1% 左右。对于一个年均经济增长大约 6%～10% 的经济体来说,这样的实际利率意味着资金成本非常低。在世界范围内,最近 10 年的实际利率也在零利率附近,甚至是负利率,因此,全世界范围内的房价上涨也就不奇怪了。第二个是土地供给的收紧。2003 年以来,中国一方面在土地的一级市场上实施了更为严格的招拍挂制度;另一方面开始减缓供地的速度,特别是相对减少了在东部城市的建设用地供给。2013 年 12 月,中央农村工作会议提出要确保粮食安全,坚守 18 亿亩耕地红线。同时还明确了到 2020 年解决三个“1 亿人”城镇化的目标。结果是,在大量人口流入的东部,土地供给却相对收紧,于是东部的地价和房价被更快地推高。

在全球范围内,越是发达国家,房价与收入之比越低。理由是发达国家增长率较低,城市化进程已经结束。而在发展中国家,城市化水平比较低,经济和人均收入在快速增长,这意味着从长期来看住房能够升值。国际横向的比较显示,在城市化水平比较低的发展中国家,房价与人均 GDP 的比值相对更高。根据 2018 年 2 月国家统计局发布的《2017 年国民经济和社会发展统计公报》,2017 年年末全国人口 139 008 万人,比上年年末增加 737 万人,其中城镇常住人口 81 347 万人,占比 58.52%,比上年年末提高 1.17 个百分点。而根据世界银行的统计资料,早在 1996 年,城镇化率美国为 76.3%,英国为 89.3%,法国为 74.9%,德国为 86.7%,日本为 78.3%,我国的城镇化率在相当长的时间内还有提高的空间。

城市化水平的提高意味着大量移民进入城市,这会带来持续的住房需求。由于住房是一种可以抵押的商品,因此,当城市化带来的住房需求增长被预期到的时候,投资者还会投资房地产,于是房价增长率可能快于人均 GDP(或收入)的增长。大城市吸引移民较多,于是,大城市房价上升速度将更快。近 20 年,房价涨幅居前的城市如北京、上海、深圳、广州、厦门等等,无一不是经济比较发达、人口持续流入的大城市。

在中国,以户籍制度为代表的城乡二元经济结构严重阻碍了城市化进程,导致城市化远远落后于工业化。在城市化水平的国家比较中,中国的城市化水平远远低于发展水平类似国家的平均水平。如果政策调整到位,中国完全可能进入一个快速城市化的时期。

与实际需求及其增长预期脱节的房价上涨才是泡沫。如果当前的房价上涨是基于对未来收入增长、城市化水平提高和住房需求增长的预期,而这一预期又被实现了,那么当前的高房价就很难说是泡沫。当然,从国家比较看,中国的房价与人均 GDP 之比不仅远远高于城市化水平较高的发达国家,如美国、德国和日本;还高于与我国发展阶段类似的发展中国家,如印度尼西亚。

事实上,房价的快速下跌也是许多利益相关者不愿意看到的,最近的 20 年,尽管房价在一定时期内会调整,但是下跌幅度都不会很大。如果房价真的出现大幅下降,将对房地产业乃至整个经济产生巨大冲击,还可能通过影响政府税收和土地价格,进一步加剧业已形成的地方政府债务风险。而要避免房价泡沫破灭,正确的政策方向是推进基于就业增加和劳动生产率提升的城市化,持续地提高收入水平,逐步消化当前的高房价。

持续的高房价能够为早买和多买住房者带来高额投资回报,也给将要购买的投资者带来沉重的支付压力,拉大整个社会收入和住房消费的差距,住房价格问题成为社会关注的热点问题,有必要通过针对多套住房的物业税来增加持有房产的成本,体现住房政策的公平性。

由于 2010 年之后房价的大幅上涨,各地政府出台了各种各样的限购、限售、限价政策和三者之间复杂组合的政策,用所谓的"一城一策"、"因城施策"

来应对不同的当地房地产市场情势,适当控制当地房地产价格上涨的幅度。当地市场对买方、卖方和销售价格的限制,使得房地产市场变成了分割的市场,本地因素对房价的影响在增大。作为房地产的投资者,需要更多地关注地方社会、经济和人口的发展变化。与此同时,房地产市场与政府对经济的宏观调控紧密相关,房地产的信贷政策、土地政策、税收政策等也会相应发生改变。2017 年,党的十九大强调"房子是用来住的,不是用来炒的",并且提出发展房地产业要"租购并举"、"租购同权"。2018 年全国人大政协两会期间,人大在报告中谈到今后一年的工作时提出,要研究制定房地产税法。房地产税法的出台将对房地产市场产生深远的影响,也会改变房地产投资的收益和风险结构,投资者要密切关注这些重要的政策调整。

延伸阅读　　　　　　　　一不小心成了"人民公敌"

　　1988 年 2 月 22 日的《人民日报》(原书如此,这个时间有可能是任志强记错了),就在批评北京的房价 1 600 元/平方米太贵了,如果按照刚毕业大学生的工资标准来计算,他们 100 年也买不起一套住房,但《人民日报》似乎认为工资收入是不会增长的,而现在回头看 1988 年时的大学毕业生还有哪个没有买房呢? 他们不但买得起,现在他们许多还将之前的小房子换成了大房子。即使是 20 世纪 90 年代中期毕业的大学生又有多少没有能力购房的呢? 也许今天普遍在喊房价过高的就只剩一部分 80 年代之后出生的年轻人了吧?

　　房价的高低从 80 年代末期有了商品房之后就开始争论,到今天这种争论也没有停止。从 1988 年开始大家就在讨论买房的问题,当时的观念是每人都应该拥有房产,那时大家还没有租房的理念。如果从那时就开始培养租房的理念,也许今天的大学生就不用着急一毕业就要购房了。

　　1998 年进行住房市场化改革,终止福利分配而变成货币化分配之后,那时的上海房价不高,并且供给充足,有了大量的存货,于是上海市政府不得不出台购房减免个人所得税的方式,激励民众市场化购房,自行解决居住问题,这一政策直到 2003 年 6 月才取消。

　　1998 年之后政府出台了大量的购房优惠政策,鼓励民众把未来的收入变成今天的消费能力,并通过鼓励对住房市场投资拉动中国经济,使之从亚洲金融危机中走出来。

1998—2003 年之间房价指数年均增幅只有 3.5%,但人均可支配收入的增长却超过了 9.5%,房价收入比在不断缩小,而不是扩大,到 2003 年全国市场的城镇平均房价收入比仅为 1:3.84,北京和西藏最高也仅为 1:6 左右。

但 2003 之后,土地供给政策的垄断使土地价格不断上涨,土地变得稀缺,所以,房价不断上涨。从经济运行的角度看,不解决这种土地制度的问题就无法增加土地供给也必然后导致房价持续上涨。当我利用我背后强大的研究力量,说出了这种经济规律的必然性时,就被当成鼓吹房价高涨的黑心商人的代表。

还有无数的言论被这种标题式的断章取义变成了所谓的"雷人雷语"。

例如,当我发表"品牌企业就应该是暴利"时,许多媒体将此改为了"房地产就应该是暴利"。其实品牌企业的品牌产品,比如像 LV 等品牌,它们的价格都是高于一般非品牌产品的价格的,因为品牌本身就是一种价值,遗憾的是去了"品牌"两个字之后,我那句话就被媒体变成了"房地产就是暴利"了。针对这种情况,第二年我专门请 REICO 工作室做了份正式研究报告,证明房地产是非暴利的,但这个结论很难被民众所理解。

于是,又有了许多民众要求公布房地产开发成本的争论,也有了媒体热炒的"公布成本等于是公布老婆乳房"的说法。其实有此争论时,一些公众房地产公司早就公布了它们的财务情况和开发成本,这就像参加模特大赛的模特当然都要公布自己的三围一样。但你不能随便要求任一家公司向你报告它的开发成本和财务状况,就像你不能要求所有的女人都告诉你她们的三围一样,你也更不可以随便问别人老婆的乳房大小。

随后 REICO 工作室也专门做了房地产成本构成的研究报告,并在"两会"期间由全国工商联主席黄孟复提交给政协大会将其做了主题发言,并在中央电视台就此做了现场讨论。经过这一争论,连国土资源部都不得不承认,土地和税收占了房价的 70%,实质上是土地的价格在影响着房价。

例如,当许多农村来的年轻人在电视节目的现场询问在大城市里买不起住房时怎么办,我的回答是:大城市买不起就去中等城市或小城市,连小城市都买不起,就回农村吧!但媒体的标题则是"农村人买不起房就回农村",于是大量的年轻人开始骂我。可如今的限购政策呢?我说的是经济能力达不到就不要在城里买房子,而限购政策则说的是农村人没有城市户籍,有钱也不让你买房子,那又该去骂谁呢?这种户口歧视难道不比我说的因为经济承受能力导致的自然淘汰更为可恶和该骂吗?如果按北京的规定要先交五年的各种保险和税收才能取得买房的资格,难道这五年的时间成本和交的钱不是购房的成本吗?

　　我说"商品房是给富人盖的,穷人的房子应该政府盖"时,媒体中的标题就只剩下"房子是给富人盖的"了,房子不等于是商品房,而商品房按中国的法律只能建在出让的土地上,开发商也只能依法在出让的土地上盖房子,全世界没有一个国家会在给穷人盖房子的土地上收取土地出让金。中国也同样将给穷人的住房如经济适用房、廉租房建在划拨的土地上,这划拨的土地国家是免收土地出让金的,那么法律不是明确告诉人民,商品房是给富人盖的吗?而开发商想给穷人盖保障房也必须是受政府委托的,否则就是违法了,开发商只能被委托代建各种保障房。这些保障房不是自由交易的商品,开发商不能决定房子卖给谁,购房人也无法自由将其再交易。这也从另一个侧面证明了商品房从来就是给富人盖的。虽然许多人不想承认这一点,但他们却愿意凭着媒体的断章取义而开口大骂"商品房不应是给富人盖的",开发商不主动给穷人盖房就是奸商,可他们从来不问除了政府谁还有权能划拨土地,并决定土地的出让权的。

　　例如,人们永远会问何时该出手买房,许多人解释说房价会下跌,有些所谓的"专家"一直在用这种谬论误导民众,我却会说"不买是傻瓜"、"房价还会继续涨",于是骂我的人很多,信我的人很少,但结果是信我的人都买了房,发了财,而骂我的人本来可以用它之前的钱买一套小房子的,现在只够买一个厕所了。

　　陈志武教授写了一本书《金融的逻辑》,张维迎教授也写了本书《市场的逻辑》。两本书里,他们都讲述了一个道理:支付少量首付款锁定当前的房屋价格,用抵押贷款将未来增长的现金流变成今天的消费能力,对市场、对个人都是一种有百益而无一害的事,然而社会中大多数的民众却更愿意听到房价的下跌,让他们可以用更少的钱买到更大的房子。

　　媒体断章取义我的"雷人雷语"还有许多,当这些"雷人雷语"汇集到一起时,我就变成了"人民公敌"。在中国能享有这一称号的人并不多,一个是曾为中华民国总统的蒋介石,另一个大约就是任志强了。自有了这个称号之后,每次我跟吴敬琏老师见面时,他都习惯用"人民公敌"跟我打招呼了。

　　——摘自任志强:野心优雅[M].江苏文艺出版社,2013:514-517.

第八章注释

[1]诺顿·雷默.投资——一部历史[M].中信出版社,2017:18,31.

[2]安德罗·林克雷特.世界土地所有制变迁史[M].上海社会科学院出版社,2016:5,187-188.

[3]周其仁.城乡中国[M].中信出版集团,2017:123,133.

[4]徐勇,赵永茂.土地流转与乡村治理[M].社会科学文献出版社,2010:3.

[5]朱宁.投资者的敌人[M].中信出版社,2014:169-170.

[6]罗伯特·希勒.金融与好的社会[M].中信出版社,2012:262.

第九章　投资的收益与风险综述

经典阅读

投资最重要的事

为什么说风险评估是投资过程中必不可少的要素呢？有三个有力的理由。

第一，风险是一件坏事，大多数头脑清醒的人都希望避免风险或使其最小化。金融理论的一个基本假设是，人的本性是风险规避的，意即他们愿意承受更低的风险而不是更高。因此，投资者在考虑某项投资时，首先必须判断投资的风险性以及自己对于绝对风险的容忍度。

第二，在考虑某项投资时，投资决策应该将风险及潜在收益考虑在内。出于对风险的厌恶，投资者必须被诱以更高的预期收益才会承担新增风险。简而言之，如果美国的中期债券和小企业的股票都有可能达到7％的年收益率，那么人人都会抢购前者（从而抬高价格并降低预期收益率）而抛售后者（从而拉低价格并提高收益）。这一相对价格的调整过程被经济学家称为"均衡"，使得预期收益与风险相匹配。

因此，除了确定自己是否能够容忍伴随投资而产生的绝对风险，投资者的第二项工作是确定投资收益是否与所承担的风险相称。显然，收益只是投资时需要考虑的一个方面，而风险评估则是必不可少的另一个方面。

第三，在考虑投资结果时，收益仅仅代表收益，评估所承担的风险是必需的。收益是通过安全的还是有风险的投资工具得到的？是通过固定收益证券还是股票得到的？是通过投资大型、成熟的企业得到的，还是通过投资小型、不稳定的企业得到的？是通过投资流动性股票和债券还是流动性欠佳的私募股权得到的？是利用杠杆还是没有利用杠杆得到的？是通过集中化投资组合还是多元化投资组合得到的？

投资者拿到报表，发现自己的账户当年赚到10％的收益时，想必无从判断投资经理的业绩是好是坏。为了做出判断,他们必须对投资经理所承担的风险有一定的了解。换句话说,他们必须清楚"风险调整后收益"的概念。

——摘自霍华德·马克斯.投资最重要的事[M].中信出版社,2015:45-46.

第一节 有效市场理论及其评价

一、有效市场假定的基本含义

20 世纪 50 年代计算机在经济领域的早期应用是分析经济时间数列。经济周期理论家认为,在时间上追溯某些经济变量的发展可以阐明并预测经济在景气和不景气交替循环上的发展。一个很自然的研究对象就是一个时期股票价格的表现。

莫里斯·肯德尔(Maurice Kendall)在 1953 年对这个命题进行了研究。他发现他找不到任何股价的可预测形式,股价的发展似乎是随机漫步(random walk)的,过去的数据提供不了任何方法来预测股价未来的升跌,股票市场似乎是由不定的市场心理学主宰着,没有任何逻辑规律。这个现象可以有两种解释,一种是认为市场是无理性的;另一种是认为股价的随机变化正好表明了市场是正常运作或者是有效的,而非无理性的。也就是说,随机漫步才是常态。

有效市场假说是金融经济学中的一个核心假说,该假说最初由芝加哥大学的尤金·法玛提出,他认为股市能理性地处理所有有价值的信息,并且总能够产生"正确的"价格。不过,这一假设需要很高的自觉性。为了使股市具备近乎完美的理性,它不能够受情感——如恐惧、兴奋、迷信、恐慌、事后反思或者其他人类情感波动的影响。

有效市场假说一般有三种可区分的形式:弱有效形式、半强有效形式和强有效形式,这些形式由其对"全部已知信息"的含义的不同理解来区分。

弱有效形式(weak-form)假定认为,股价已经反映了全部能从市场交易数据中得到的信息,这些信息包括过去的股价变化、交易量、融资融券情况等。该假定认为市场的价格趋势分析是徒劳的,过去的股价资料是公开的并且容易获得的信息。

半强有效形式(semistrong-form)假定认为,与公司前景有关的全部公开的已知信息已经在股价中反映出来了。除了过去的价格信息外,这种信息还包括生产线的基本数据、管理质量、资产负债表组成、拥有的专利、利润预测等。此外,如果任何一个投资者能从公开已知资源获取这些信息,我们可以认为它会被反映在股价中。

强有效形式(strong-form)假定认为,股价反映了全部与公司有关的信息,甚至包括了仅仅为内幕人员所知道的信息。这个假定是相当极端的,事实上,美国1934年通过的《证券交易法》的第10b-5条限制公司管理层、董事、主要股东等人员的市场交易行为,要求他们向证券与交易委员会报告其交易情况。这些内幕知情者、其家属以及其他相关人员若根据内部信息交易将被视为违反此项法律。各国的证券法都有类似的规定。尽管如此,要定义内幕交易并不容易,私人信息与内幕信息的区别有时候是含糊的。目前,我国证券监管部门利用大数据分析来遏制内幕交易,取得了很好的效果。

对世界各国证券市场进行的实证研究表明,绝大部分市场只是达到了弱有效形式,只有少数的成熟市场如美国才到半强有效形式,并且,不同专家对于同一个市场的研究结论也并不一致。从各个市场本身的时间序列看,市场是渐进有效的。换言之,随着市场管理的规范化程度和信息披露透明度的提升,投资者越来越成熟,市场也越来越有效了。

有效市场假说由两部分组成,其中一部分,可以称为"没有免费的午餐",即不可能战胜市场。随着有效市场理论的广泛传播和被广大投资者认同,一个很自然的结论就是:如果市场变得越来越有效,有些投资策略和投资分析方法就会变得越来越无效,譬如技术分析方法、主动型的基金管理等等。对投资者来说,长期战胜市场平均利润是很困难的。理论上有吸引力的机会在实际应用时可能就会变得颇具挑战性,因为受交易成本、交易风险以及其他制约因素的影响。一旦投资者发现那些以往一直可靠的统计模型,这些模型就可能很快会因为被更多的人知道和使用而变得不可靠。

有效市场价说的第二部分,即"价格是正确的",更加不可靠。这与我们在现实中观察到的价格泡沫的存在以及价格泡沫在一段时间内很难被击破等现象相矛盾,也与我们观察到的公司股票价格在短时间内波动剧烈,而公司基本面并没有大的变化这一现象相矛盾。

诡异的是:如果市场是有效的——首先是价格及时、完整、准确地反映了所有信息,也即价格是正确的——其次是你无法战胜市场而获利——那么,你做任何交易都是非理性的。有效市场假说存在着自我否定的含义。如果所有的投资者都相信这个理论——市场是无法战胜的,他们就不可能从交易中获利,就没有人愿意进行交易,市场也就无从正确地反映信息了。

沃伦·巴菲特曾经在 2007 年与美国资产管理界的对冲基金经理有过一场赌约,巴菲特主张,2008 年 1 月 1 日至 2017 年 12 月 31 日的 10 年间,如果对业绩的衡量不包含手续费、成本和费用,则标准普尔 500 指数的表现将超过对冲基金的基金组合表现。在巴菲特提出赌约之后,作为职业经理人的泰德·西德斯选择了 5 只组合基金应战。2017 年年底,赌约的最终结果公布——赌约开始的 10 年间,标普 500 指数基金实现了高达 125.8％的收益,年化收益率 8.5％;而 5 只主动型基金中,表现最好的基金 C 的收益率也只有 87.7％。上述结果印证了一个事实:即绝大部分主动型基金的业绩无法超过被动型的指数基金的回报率。

二、对技术分析的讨论和评价

技术分析家有时也被人们称为"股市图表专家",他们研究历史股价的记录或图表,期望能够找出可以用来构造盈利的投资组合的模式。由其创立者查尔斯·道(他创办了《华尔街日报》)命名的道氏理论(Dow theory)是大部分技术分析的鼻祖。道氏理论的目的是确定股票市场价格的长期走势。道·琼斯 30 种工业股票指数和道·琼斯交通运输股票指数是两个指示器,道·琼斯 30 种工业股票指数是市场基本走向的关键指示器,道·琼斯交通运输股票指数则通常作为核查、确认或抛售的信号。

道氏理论假定有三种势力同时影响股票价格:

(1)影响股票价格的长期变动是基本趋势,持续时间从几个月到几年不等。

(2)由股价对基本走势的短期偏离引起的是二级的或中间的趋势。

(3)第三种,也是最次要的一种势力,是极不重要的每日波动。

道氏理论是基于价格是可预测、会高低交替出现这样一个论点基础上的。可是,市场有效假定认为,如果任意一个技术分析模式是可开发的,就会有大量投资者企图从这种可预测性中获利,而这又最终会使价格移动并引起交易决策的自我破坏。

市场有效性假定意味着技术分析毫无可取之处。价格和交易量的历史数

172

据可以方便取得。因此,任何由分析过去价格和交易量等市场数据而获得的信息都已经在股价中得到了反映。当投资者争相利用他们对股价历史的平凡知识时,他们必然把股价推向期望收益与风险正好相抵的水平。在这样的水平上,是不可能指望有非常规收益的。

三、对基本面分析的讨论和评价

基本面分析(fundamental analysis)是利用公司的盈利和红利前景、未来利率的预期以及公司风险的评估来决定适当的股票价格。基本面分析由对公司以往盈利的研究和对公司资产负债表的考察开始,进一步研究可能影响股票价格的各种因素,通常包括对公司管理素质、公司在行业内的地位以及该行业前景的整体评估,甚至还包括宏观的经济发展预测。希望获得对尚未被市场其他投资者认识到的公司未来表现的洞察。

有效市场假定将再次预测,基本面分析也是注定要失败的。如果分析者依赖那些公开的利润及行业信息资料,那么其对于公司前景的评估就不太可能比其他竞争者更精确多少。有很多信息灵通、资金雄厚的公司进行市场研究,在这样竞争的背景下,要发掘别人尚未知的信息是困难的。只有那些独具慧眼的分析者才会有收获。同时,对公司的深入研究是需要成本的,这样的深入研究即使可以带来超额收益,也有可能并不能完全覆盖其研究成本,从这个意义上讲,机构投资者尤其是基金在研究上由于其资金规模大而拥有竞争优势。

因此,基本面分析的秘诀不在于确认公司是否良好,而在于要能发现比别人估计得要好的公司,要能挖掘出别人没有注意到也没有认识到的信息及其投资意义。惨淡经营的公司也能成为抢手货,只要它们并不像它们的股票所暗示的那么糟就行了;"漂亮50"也可能给你带来巨大的投资损失,只要它并不像大家所普遍认为的那么好就有这种可能性。

市场有效假定的拥护者们相信,主动管理基本上是白费精力并且未必值得花那么多钱。因此,他们提倡一种被动投资策略(passive investment strategy),该策略并不试图智取市场。被动策略的目的只在于建立一个充分分散化的证券投资组合,而不去主动寻找那些过低或过高定价的股票。被动管理常被描述为一种买入并持有策略。因为,有效市场理论指出,当给定所有已知信息时,股价的水平是公正的,频繁地买入或卖出股票是没有意义的,这只会浪费大笔交易费用而不会提高期望业绩。事实上，对基金业绩的评价表明，在长期内，很少有基金能够连续超过指数的收益，从这个意义上讲，基金经理的主动操作并没有带来额外的回报。

被动管理的一个常用策略就是要建立一个指数基金。1976 年，先锋集团组织了一个称为指数 500 资产组合的共同基金，该基金持有的股票种类与标准普尔 500 指数中的成分股相同，其持有的每股数量直接与标准普尔 500 指数中的成分股的权重成正比。当年，当一项主动管理基金的主要年费超过资产的 1% 时，先锋的指数 500 基金只需要支付比 0.2% 略低的费用。自 1976 年以来，对指数化基金的需求大幅增长，从反面证实了有效市场理论的正确性。

四、价值投资和行为金融对有效市场理论的质疑

很多人认为投资经理无法长期持续让股票增值，因为我们所处的是有效市场。但这个观点也有坚定的反对者，即价值投资学派。本杰明·格雷厄姆（Benjamin Graham）与戴维·多德（David Dodd）是该学派的奠基人，他们在 1934 年出版过著名的《证券分析》。他们认为，投资者可以通过集中投资有价值的股票从而使得投资表现超过市场。这些有投资价值的股票有安全边际，或者它们的基本估值超出了市场价值，可以确保其投资增值性。他们还提倡投资者寻找市净率相对比较低的股票，或者价格比有形资产净值还低的股票。他们相信股市存在非理性，能让股价下跌，也能让股价远远高于其基础价值。

行为金融则从另一个方向对有效市场理论提出了质疑，它试图解释包括有效市场理论在内的经典风险模型的经验反常与偏离情形。2002 年，丹尼尔·卡尼曼获得诺贝尔经济学奖，与其他诺贝尔经济学奖获得者相比，大众媒体对丹尼尔·卡尼曼投注了前所未有的想象力。原因之一是他是普林斯顿大学的心理学家，而不是经济学家；另外一个原因是，他所记录的奇异古怪的行为不符合大多数经济学家认为的人类本性。[1]他认为投资人不是超级理性、遵守有争议的效用函数的行为人，而是存在着各种偏差、成见与倾向，而且这些因素对市场与金融交易存在真实的、可测度的影响。投资人在现实市场中的行为与理性人的假设存在系统性的偏差。

行为金融学的快速发展，揭示出有效市场假说的局限性。尤其是，投资者个体和投资者群体乃至整个市场在投资中并不像传统认为的那样理性。但

是,因为离开了该假说,包括布莱克—斯科尔斯期权定价公式等等在内的许多原理、证明和公式都不成立,以至于这些问题都被新一代金融经济学家忽视了。但是如果没有合适的替代方案,经济学家将继续在金融市场必须处于完美的假设下构建复杂的数学理论,而这有可能是非常危险的。

比如说,有效市场假说认为,只有新信息的到来能够改变股价。但有时股价的波动与新信息没有明确的联系,这在股市崩盘时表现得尤为明显。1987年10月19日,道琼斯指数下降了508点,创下了一天内下跌23%的记录,但是那一天没有人能找到造成下跌的新信息,崩盘似乎突如其来。随后调查的一个有趣发现是,计算机交易在股票下跌时起到了助推作用。将金融模型编入程序的计算机可以自动授权买入和卖出指令。当计算机监测到市场价格下跌时,就马上自动进行抛售,导致价格下跌,而价格的下跌,又触发了更多的卖出指令,这最终导致市场价格螺旋式下跌,只有证券交易所停止交易才能让股价暴跌得到遏制。

当然,我们对有效市场假说不能把它过分教条化,认为努力研究是不必要的,因为有大量的经验证据可以解释为什么要对明显的持续定价过低的情况进行寻找,这样的寻找和据此进行投资本身就是使市场变得有效的过程。这就像经济学家说,掉在显眼处的100元钞票是假的一样,其逻辑是:因为如果是真钞,一定早就被人捡走了。然而事实上,如果所有看到这张钞票的人都做这样的推论,那么,这张钞票就很可能没被人拿起来好好看过,也就很可能是一张真钞。然而,任何想象的优异的投资策略都是值得怀疑的,都是不可持续的;因为如果这样的策略总是有效,理论上,你就可以赚到天文数字的利润,甚至市场所有的利益都归你所有,而这是不可能的。总之,市场整体上是十分有效的,并且不同的市场整体上变得越来越有效,但是,市场变得有效需要投资者挖掘信息,并把这些信息反映到股价上,而在这个过程中,总是有特别多的机会,特别的勤奋、智慧或创造性实际上都可以期待得到应有的报酬。

一个完美的有效市场,信息完全公开、信息完全传递、信息被投资者完全解读,并且没有任何信息及依据此信息采取行动的时滞。在这样的市场中,任何的交易策略,都无法获得超额收益。但这样的市场需要投资者整体上无所不知(所有的信息获取和解读)且无所不能(把解读的信息及时反映到股价上),这是一个终极目标,每一天、每一个投资者、每一个市场的交易都在趋向这个目标,但我们作为有着种种缺陷的人类将永远行走在通向这个目标的路上。

第二节　投资理论综述

投资过程主要由两部分构成,一是证券与市场的分析,对整体市场和可能选择的投资工具的风险及预期收益的特性进行评估;二是对资产进行最优资产组合的构建,它涉及在可行的资产组合中决定最佳的风险—收益机会,从可行的资产组合中选择最好的资产组合。

一、风险规避与风险溢价

1.风险与风险溢价

风险是指未来收益的不确定性,我们可以用概率分布来测度这种不确定性。期望收益 $E(r)$ 是所有情形下收益加权平均值,假设 $P(s)$ 为各种情形的概率,$r(s)$ 为各种情形的收益,我们得到期望收益为:

$$E(r) = \sum p(s)r(s)$$

收益的标准差 σ 用来测度风险,它是方差的平方根,即期望收益方差的期望值。结果的波动程度越强,这些方差的均值也就越大,所以,方差和标准差可以用来测度风险。

$$\sigma^2 = \sum p(s)[r(s) - E(r)]^2$$

我们将回报分为两种:一种是投资于指数基金的期望总收益,一种是投资于譬如国库券、货币市场工具或银行存款上的无风险收益。两者之差我们称之为普通股的风险溢价(risk premium),是承担股市的风险而获得的超出无风险收益的那一部分。如果无风险收益率为每年 3%,指数基金期望收益率每年 8%,那么,股票的风险溢价就是每年 5%。任何特定时期风险资产与无风险资产收益之差称为超额收益(excess return)。当然,风险溢价是要在未来投资的过程中承担风险之后才有可能获得的,因此,风险溢价也是期望的超额收益,并不是必然实现的超额收益。

与无风险资产相比,投资者投资于股票指数基金的程度取决于其风险厌恶(risk aversion)程度。通常假定投资者是风险厌恶型的,即如果风险溢价为零,人们是不愿意投资于股票的。从理论上讲,必须有正的股票风险溢价存在,才能使风险厌恶型的投资者继续持有现有股票和其他风险资产,而不是将资金全部投资于无风险资产。

实物资产的现金流动风险会引发经营风险(经营引发的利润波动)和金融风险(杠杆效应引发的利润波动)。这意味着一个全由股票组成的资产组合实际上相当于对杠杆企业有要求权,大部分公司持有负债,负债引发了固定费用的支出。日益膨胀的固定费用会使利润的取得过程蕴含越来越大的风险,所以,杠杆效应加大了权益风险,当然,顺利的情况下也会加大股东的收益。

某一给定的风险溢价是否足以补偿投资的风险,这个问题由来已久,在资本市场中测定风险并确定投资者预期的风险溢价是金融理论的核心问题之一,是投资决策中要面对的首要问题。

2.风险、投机与赌博

投机的定义是"在获取相应的报酬时承担一定的商业风险"。但如果不先明确"相应的报酬"和"一定的风险"的含义,这个定义就没什么用处。

"相应的报酬"是指减去无风险收益后的实际预期收益,这就是风险溢价。"一定的风险"是指足以影响决策的风险,当增加的收益不足以补偿所承担的风险时,投资者可能会放弃一个产生正的风险溢价的机会。[2]

赌博则是"对不确定的结果打赌或下注"。如果拿赌博与投机的定义进行比较,你会发现它们主要的不同在于赌博没有"相应的报酬"。从经济意义上讲,赌博是为了享受冒险的乐趣而承担风险,别无其他目的。而投机是投机者在看到有利的风险—收益权衡时发生的。把赌博变成投机要求有足够的风险溢价来补偿风险厌恶的投资者所承受的风险。因此,风险厌恶与投机并不是不可调和的,关键是预期的收益是否足以补偿风险。

在某些情况下,赌博看起来像投机。譬如张三和李四两个投资者对明年美元兑人民币的汇率可能持有不同的看法,张三认为,明年1美元的价值会超过6.90元人民币,而李四则认为明年1美元的价值不会超过6.90元人民币,他们可能为此打赌,也可能两个人压根儿就不认识,但是他们对明年美元对人民币汇率在远期合约上持有相反的头寸或者就是交易对手。这两个人都是基于自己掌握的信息得到对未来美元兑人民币汇率的认识和预测,但结论并不一致,我们说他俩对明年美元兑人民币汇率持有"异质预期"或者说是有"异质信念"。

其实这样的"异质预期"比比皆是,如果没有对同一资产或证券未来不同价值的认识,就不会有投机行为的发生。每天股票市场、外汇市场、债券市场、期货市场上巨大的交易量一定程度上都源自投机者(或者说投资者)之间的"异质预期"而发生的。"异质预期"也是不同的信息不断反映到资产或证券价格上的过程,某种程度上是市场有效性的体现。

投资不是赌博。但是职业赌博者在扑克牌桌上的行动与投资大师在投资市场中的行为有异曲同工之妙:他们都懂风险的评估,会在输赢概率对他们有利的情况下把钱摆到桌面上。他们有自己的投资系统,而这个系统的一部分就足以让他们立于不败之地,那就是选择那些从统计学上看可以在长期内盈利的游戏。

3.风险厌恶与效用价值

风险溢价为零时的情况称为公平游戏,风险厌恶型的投资者不会考虑公平游戏或更糟的资产组合。一般而言,对风险厌恶型的投资者来说,预期收益越高、风险越小,那么该投资的效用就越高。下面是金融领域广泛使用的一个效用函数,资产组合的预期收益为 $E(r)$,其收益的方差为 σ^2,其效用值为:

$$U = E(r) - 0.005A\sigma^2$$

式中 U 为效用值,A 为投资者的风险厌恶指数(系数 0.005 是一个按比例计算的方法,这样我们在上式中是按百分比而不是按小数来表示预期收益与标准差的)。在某种程度上,方差减少效用的程度取决于 A,即投资者对风险的厌恶程度。而无风险资产组合由于方差为零,其效用值就是组合的预期收益率。

在风险资产与安全的投资之间进行选择时,我们可以将效用值与无风险投资的报酬率进行比较,可以把风险资产投资的效用值看成是投资者的"确定等价"的收益率。也就是说,资产组合的确定等价利率(certainty equivalent rate)就是为使无风险投资与风险投资具有相同的吸引力而确定的无风险投资的报酬率。

对于风险厌恶型的投资者而言,只有当一个资产组合的确定性等价收益率大于无风险投资收益时,这个投资才是值得的。

风险中性(risk-neutral)的投资者只是按照预期收益率来判断风险投资。风险的高低与风险中性投资者无关,这意味着不存在风险妨碍,对这样的投资者来说,资产组合的确定性等价收益率就是预期收益率。

风险爱好者(risk lover)愿意参加公平游戏与赌博,这种投资者把风险的

"乐趣"(或者说是另一种收益)考虑在内,使得预期收益上调,上调的风险效用使得公平游戏的确定性等价高于无风险投资。比如说,经常光顾赌场的赌徒在整体赌场赌徒的预期收益为负(因为赌场不可能亏本经营)的情况下,还乐此不疲,除了盲目的过度自信(特别相信自己超过一般人的好运气或者好技术)外,根本上与赌徒把赌博当成一种乐趣,提升了赌博的预期收益有关。

二、资产定价理论述评

1.数理金融学之父——巴舍利耶

金融市场研究的第一个基础性的数学理论出自路易斯·巴舍利耶(louis Bachelier),他于1892年来到巴黎,在交易所找了一份工作,工作期间,他获得了对现货市场和远期市场的非凡判断。在存了一些钱之后继续他中断的学业,他在索邦大学打下了纯数学和数学物理学的坚实基础。特别的,他学习了热力学,那个用来描述热循环的扩散方程,成为巴舍利耶用来分析股票市场价格变化的工具之一。

巴舍利耶1900年3月发表了学位论文中的第一部分,题目为《投机交易理论》。在这篇文章中,他展示了如何运用高等数学对法国复杂金融衍生品进行估值。他讨论了一个非常难的问题:"在特定时期某个特定股票的价格为多少的概率是什么?"巴舍利耶的研究首次创新运用随机模型对市场进行描述与评价。在报告中,他运用了后来所称的布朗运动。

布朗运动是根据罗伯特·布朗(Robert Brown)命名,布朗研究了花粉在水中的随机运动过程。认为导致这一杂乱运动的原因是液体分子从四面八方撞击这些颗粒,并让它们运动。由于来自各个方向的分子是随机的,当某个方向的分子撞击数量超过另一个方向时,微粒将会沿该方向移动一个很小的距离。阿尔伯特·爱因斯坦(Albert Einstein)在1905年发表了一篇题为"用热分子动力学解释悬浮在液体中的细小颗粒的运动",用思想实验考察了布朗运动,并得到了关键的论断:"位置的均值与时间的平方根成正比"。马利安·斯莫鲁霍夫斯基(Marian Smoluchowski)则用"斯莫鲁霍夫斯基方程"描述了悬浮在某个特定浓度的液体中的有特定半径和数量的布朗微粒,在受到一个外部冲击时,其集中度随时间变化而演变的过程,分子对悬浮物的撞击可以描述为"之"字形运动。描述这种随机运动的数学基本理论不仅适用于微小物体的运动,而且也同样适用于证券市场的价格运动,证券的价格也是在不断的或利多或利空的"信息"冲击下发生变动的。

巴舍利耶的这篇文章在当时并没有产生很大的影响,直到几十年后保罗·萨缪尔森偶然发现这篇文章,其理论价值才逐渐被金融学界高度认可。

2.欧文·费雪的净现值

欧文·费雪1867年生于纽约,他用数学回答了一个更基础的问题:人们怎样对基础资产(非金融衍生品)定价?

在投资理论领域,费雪的主要贡献是提出了一种投资机会选择的度量标准。评估哪种收入流会导致最优的"成本回报率",这一概念即今天我们所说的净现值(NPV)。费雪在《利息理论》中提出了最优投资方案选择的两条基本原则。

关于第一条原则,他说道:"面临两个投资机会时,第一条原则是对各种可能的收入流进行逐一计算。有些方案所产生的现金流应该永远不会被我们选中,因为其现值不可能是最大值。"费雪期望投资者放弃NPV为负数的项目,这些项目不可能有最大的NPV。

第二条原则具体如下:"第二条投资机会原则就是现值最大化这点非常重要……让我们换一种形式重申最大化原则,即如果某一方案与其他方案的收入流相比,相对流入明显超过支出(用现值来衡量),那么应该选择该方案。"费雪告诉投资者应该考虑货币的时间价值,对未来现金流进行贴现,应留意到虽然有些投资方案可能在特定时间内产生较高的现金流,但应该从更广泛的视角对所有的贴现现金流进行比较。最后,费雪将成本回报率界定为让两种投资方案现值相等的贴现率。如果一项投资的成本回报率高于利率,那么就可以进行这项新投资。[3]

这个公式虽然简单,但是非常实用。人们可以通过测算未来现金流的净现值以评估一项投资方案的可行性和稳健性。

3.贴现现金流模型

费雪创立了针对任何一个资产的贴现现金流理论,但是这一理论的明显改进出自约翰·伯尔·威廉姆斯(John Burr Williams)。20世纪20年代,威廉姆斯曾经做过股票分析师,亲眼见证了1929年的股市大崩盘。

威廉姆斯的论文是关于股票估值的,他认为股票的价值应该等于所有未来股息的贴现值。如果把股份有限公司看成是一个永续经营的实体,股票永续持有,那么持有者能够得到的未来现金流就是股息。如果一家公司现在不能支付股息,那么该公司股票的价值应该是再投资收益最终变成股息时的预期股息分配。威廉姆斯当时已经构建了今天我们所称的股票估值的股息贴现模型。

威廉姆斯还认为,大部分市场波动是因为投机者没有找到对未来股息贴现的合理估值方法,而只是一味地对预测股票卖出价格感兴趣。威廉姆斯的学术思想为现代金融学奠定了基础,提出股票估值的现金流和贴现因子。威廉姆斯所做的研究在一定程度上借鉴了传统资产价值评估理念,譬如房地产或债券价值等于贴现现金流之和。现在看来这也许只是把这样的估值理念拓展到股票的估值上,只是一个简单的应用,但在当时是一大思想进步。

4.资本结构对资产定价的效应

弗兰科·莫迪利安尼(Franco Modigliani)和莫顿·米勒(Merton Miller)分析了资产定价中的另一个问题:资本结构如何影响一家公司的价值。他们的研究成果于1958年发表在《美国经济评论》上,论文的标题是《资本成本、公司金融与投资理论》。于是,MM定理(Modigliani-Miller定理)诞生了,该研究帮助米勒与莫迪利安尼分别于1990年、1985年获得诺贝尔经济学奖。他们证明了从微观经济学角度,唯一能决定股票价值的就是盈利能力,而与公司是否以债务和股本支撑它的扩展、是否支付股息没有关系。

MM定理的成立基于以下前提条件:没有通胀,没有税收或破产成本,没有不对称信息,价格随机游走,而且必须是有效市场。如果这些条件成立,则公司的价值应该不受其资本结构的影响。换言之,债务价值与股权价值的总和应该保持恒定,不需要考虑整体资本在债券与股票之间的不同分布。由于现实世界并非完美市场,因此出现了对MM定理的改进,将税收等因素加入对资本结构的讨论。这一研究结果在公开发表前并不明显,但是在公司金融领域最终引发了对资本结构及其与资产定价相互影响的研究热潮。莫迪利安尼和米勒都深信,通过将微观经济学理论应用到金融市场,他们将创造现代金融理论。

5.保罗·萨缪尔森与金融衍生品理论

在某种意义上,将路易斯·巴舍利耶与布莱克—斯科尔斯(Black and Scholes)的早期研究联系在一起的是保罗·萨缪尔森。萨缪尔森从故纸堆里重新发现了巴舍利耶的研究成果,他对巴舍利耶所提出的很多假设进行重新思考,譬如留意到巴舍利耶提出投机者的预期收益不应该为零,而应该为正值,应该与投资者所承担的风险程度相匹配。否则,投资者应该直接选择不投资或者持有无风险债券(短期国债)。萨缪尔森还对巴舍利耶的方程重新定义,用另一种略有差异的几何布朗运动,用收益替代实际股价变动,因为巴舍利耶在描述布朗运动中允许股价为负数,但这并不符合现实。

萨缪尔森认为股票市场中价格变化可被认为服从几何布朗运动而不是算术布朗运动,原因在于:(1)服从几何布朗运动的股票价值一直为正数,这与公司股票的有限负债特征一致;(2)在几何布朗运动下,用百分比表示的价格跳跃会相等地分布,而不管股票价格为多少;(3)如韦伯和费希纳的心理学规律所示,这个模型符合人类天性;(4)最重要的,股票交易所所观察到的数据与价格变化的几何布朗运动模型相一致。[4]

1965年萨缪尔森的一篇报告,以及1969年与罗伯特·莫顿合写的一篇同领域研究报告激发了学术界对衍生品定价的研究兴趣。但是萨缪尔森随后注意到,他遗漏了一个关键假设,而布莱克与斯科尔斯在期权定价公式中对此有所补充。

6.布莱克—斯科尔斯期权定价模型

布莱克与斯科尔斯在1973年的一篇论文《期权定价与公司债务》中发表了他们的革命性研究成果,布莱克—斯科尔斯期权定价模型从两个方面颠覆了人们对金融衍生品的理解。第一大贡献是萨缪尔森之前遗漏的一点,他们在衍生品定价中假定了市场不存在套利条件。他们运用动态套期保值的概念,即人们能构建一种金融工具,在价格变动(delta套期保值)、合同价格敏感度有变化(gamma套期保值)以及波动性有变化(vega套期保值),能通过购买或出售不同数量的基础股票来获得同样的收益。所谓动态套期保值,是指在上述任何因素发生变动时都必须完成交易。

布莱克与斯科尔斯对动态套期保值有一些不太现实的假设。他们假设没有交易成本,不会妨碍持续交易。此外,还有一个隐含假设,市场会形成持续定价机制,但现实中的价格变化经常是不连贯的,因此动态套期保值所需要的无套利环境很难实现。但是这些假设也并非完全脱离现实,市场如果有充足的流动性,就可以让交易成本保持在非常低的水平,而且不会产生巨大的价格变动缺口。[2]

他们所做的第二大贡献是改进了杰姆斯·珀利斯(James Boness)的模型,珀利斯最初的想法中存在几个严重的错误,影响了他的成就。其中一个错误就是模型中的贴现率,他使用的是股票的预期回报率,而这并不符合动态套期保值的逻辑,而布莱克—斯科尔斯期权定价模型中所用的是无风险利率。此外,珀利斯尝试把风险偏好纳入研究,但布莱克—斯科尔斯模型假定风险中性,并没有区分不同群体的风险特征。

从方程本身看,这是一个偏微分方程,其中偏导数分别为希腊字母 delta、gama、vega、theta、rho,与热力学方程有些类似。当然,1973 年发表的论文并没有收录所有的成果。莫顿在随后发表的一篇文章中解释了模型的数学原理,并详细论述了这个模型的结果能广泛应用于不同类型的金融衍生产品与市场。1997 年,斯科尔斯与莫顿因期权定价模型获得诺贝尔经济学奖,而布莱克因罹患癌症于 1995 年去世,失去了评选资格。

衍生品定价理论与其他金融资产定价理论相比更为成熟,其优势在于能将基础资产作为输入变量,而非衍生产品领域的资产定价则面临一个更大的问题,即股价应该如何确定。

确定资产价格是整个投资管理行业的核心。一些投资者尝试在股票市场中,通过观察产品周转期、公司管理改进或考察各种指标、数据来发现"错误定价"的资产。有些投资者则偏好不良债务,期望从中发现"浑金璞玉"。此外,还有一些投资者发现市场上有大量定价错误的资产。每个投资者在定价时都会融入自己的价值论。虽然学术层面尚有很多值得探讨研究的内容,但是我们永远无法得到一个"放之四海而皆准"的完美的价值理论,因为投资不仅仅是理论,更是一门高超的艺术,现实世界、现实中的投资者与理论假设中的设定有比较大的差距。

三、资产、资产组合的风险与收益

如果我们能够预知明天以及此后每一天发生的事情,那么就不会出现风险;如果我们能对预知准确结果的事情做出正确决策,我们就不会感到风险所带来的忧虑不安(或极度兴奋),也不会成为风险事故的受害者。事实上,在现实中,我们需要采取一些有用的投资策略来面对未来的不确定性。

1.多元化

在评估一个资产组合的风险时,投资者必须考虑到资产收益之间的相互作用。比如说,当资产组合中的一部分资产,如房屋或工厂遭受巨大损失时,购买的保险就派上了用场。这两种资产(住宅与保险)收益的相互抵消形式稳定了整个资产组合的风险。投资于补偿形式的资产,使之抵消我们可能遇到的某种风险被称为套期保值(hedging)。保险合约就是明显的套期保值工具。当然,也有一些资产天然具有互补的性质,可以避免大部分风险,也会起到套期保值的作用。

控制资产组合风险的另一个工具是分散化(diversification),这意味着我们的投资是散布于各类资产中的,这保证了任何特定证券所暴露的风险是有限的。通过把鸡蛋放在许多篮子里,整个资产组合的风险实际上要比资产组合中任何一个孤立的证券的风险低。威廉·莎士比亚(William Shakespear)在《威尼斯商人》中描写道,安东尼奥(Antonio)在第一幕第一场时说:"感谢我的运气,我的买卖成败并不完全寄托在一艘船上,更不是依赖某一处地方;我的全部财产也不会因为这一年的盈亏而受到影响,所以我的货物并不会让我担忧。"

但是,关于多元化也有不同的看法,原因在于倘若投资是为了实现高回报,就不应该选择多元化投资。安德鲁·卡内基有一句名言:"变成富人的途径是把所有的鸡蛋放在一个篮子里,然后盯着篮子。"

因为随着组合中资产的分散化,在降低组合风险的同时,也会带来预期收益的下降。比如,一个企业在发展早期专注于少量的产品,迅速成长,在达到一定资产规模和盈利规模后,则会尝试着进行多元化的投资,以获取较为虽然稳定但是只达到平均水平的利润。因此,集聚巨额的财富需要的是专注于少数几种资产,而保全财富则需要实行资产的分散化。

2.马科维茨的模型和托宾的改进

马科维茨认为虽然人们能通过股息计算价值,但是股息本身是不确定的。而且,费雪提出的净现值概念或威廉姆斯的股息贴现模型都没有恰当地反映出上述风险。事实上,人们并没有好的办法可以准确地估计未来的现金流,只有在对企业经营做了很多假设的前提下,折现模型才有可能转化为可以计算的。

马科维茨对此从另一个角度给出了技术上的解决方案。在期望收益和波动性(方差)的平面上,可以清楚地表达收益与波动性的关系,投资组合如果希望获得较小的波动性,那么就需要以低预期收益为代价;如果希望获得高预期收益,则必须承受高波动性也就是高风险性。按此规则,我们能标出所有可能的投资组合的风险与收益。在给定波动率时,代表最高预期收益的曲线被称为"有效边界"。

在1958年的一篇研究报告中,詹姆斯·托宾(James Tobin)进一步修订了马科维茨的理论,加入了无风险资产,对应于左侧的纵坐标,无风险资产被视为不存在波动性的资产。从无风险资产所对应的点向有效边界作切线就能找到有效边界上最有效率的点。这条直线就是资本配置线,代表市场组合与无风险资产的新的可行组合。由此产生了著名的托宾分离定理,投资者应该选择无风险资产,以及有效边界曲线与资本配置线的切点所对应风险资产的最优组合。

根据分离定理,市场每位投资者持有资产的差异只是在于无风险资产与切点投资组合资产的不同配置,其具体组合比例取决于投资者对风险的态度。极端厌恶风险的投资者可能只持有无风险资产,而特别喜欢风险的投资者在理论上可能会利用借款加大对切点投资组合的风险暴露程度,也就是有可能把超过100%的资产投在风险资产上(当然需要在无风险资产处借入资金,有一定比例的负债)。

马科维茨的模型并不是完美的。譬如,一些经济学家指出用投资收益的标准差无法充分衡量波动率。而且,马科维茨提出的投资收益波动缺少左偏的概念。更重要的是,该模型无法提前预测投资收益与波动率,那么如何能够构建模型呢? 马科维茨建议使用历史数据。然而,后期的大量文献已经证实预测收益率与波动率特别困难。但是,即便该模型存在自身缺陷,但不可否认马科维茨的思想为投资理论、资本资产定价模型的下一次革命铺平了道路。

3.资本资产定价模型

威廉·夏普(William Sharpe)和约翰·林特纳(John Lintner)在 1964 年和 1965 年的相关研究共同建立了资本资产定价模型(the Capital Asset Pricing Model,CAPM),是对马科维茨模型的扩展。CAPM 假设投资者对投资机会集内各种资产的预期收益与方差看法一致,而且投资者能通过借款筹集投资资本,并按照无风险利率出借资金。这就生成了一种条件,即所有投资者按照同等份额持有相同的资产组合,创造出市场投资组合。

在总风险或总体波动中有一部分可以称为证券的系统性风险(systematic risk),这种风险的产生源于两点:首先,一般来说,波动性是股票价格所具有的基本特征;其次,所有股票至少在某种程度上会随大市起伏。股票收益中余下的波动性则被称为非系统风险(un-systematic risk),这种风险是由特定公司的特有因素(如开拓新市场、推出新产品、采用新技术等)所导致的。

系统风险,也被称为市场风险,记录了单个资产(或投资组合)对市场整体波动的反应。这种对于市场变动的相对波动性或敏感性,可以根据过去的数据估算出来,算出的结果就是希腊字母 Beta(β)。β 在资本资产定价模型中至关重要,它测量了资产对基准价值变动的响应程度。β 值为 1 意味着资产与基准资产保持同步,β 值为 0 则代表资产的价格变化与基准资产无关。

资本资产定价模型首先可以用来选择投资的资产,CAPM 在给定资产的 β 值后,可以确定最低预期收益或者投资者要求的收益率。如果资产的预期收益超过最低预期收益,那么该投资是有价值的;反之则应该避免。其次,投资经理有时可能会在投资组合中加入预期收益为负数的资产,因为引入该资产会减少整体投资组合的总方差,减少组合收益的波动性,使整体资产组合更加稳定。

资本资产定价模型对于公司理财也非常有用,能帮助公司决定是否应该对某个项目进行投资。公司有一定的资本成本,可以简单用 β 值衡量。如果给定投资资本的情况下,某投资项目的收益率比 CAPM 所确定的最低收益还低,则公司应该舍弃该项目。

CAPM 最大的难题是计算 β 值,这不同于马科维茨模型中需要预测预期收益和波动率。投资者最常用的计算下一期 β 值的方法是采用最近一期的历史性 β 值数据,把它作为最合理的替代值。但我们知道,就像人的性格是会变化的一样,企业这个“法人”的性格也会随着资产结构的变化、产品收入的结构变化和盈利能力的变化等等而使得公司的 β 值在未来发生比较大的改变。

巴菲特的搭档查理·芒格说:“Beta 系数、现代组合投资理论等等——这些在我看来都没什么道理。我们想要做到的是,用低廉的价格,甚至是合理的价格,来购买那些拥有可持续竞争优势的企业。”[5]

4.Fama-French 三因素模型

1992 年,尤金·法玛与肯尼斯·弗兰奇(Kenneth French)合写了论文《预期股票收益的横截面分析》,其观点是:β 值不足以全面捕捉到风险与收益的权衡关系。他们引入了另外两个因素——规模(用市值衡量)和价值(用股票账面价值与市场价值之比衡量)作为对股票表现的解释因素。他们发现有价值的公司(或者说与成长型公司相比,市净率较低的公司)与小公司(低市值)总体来看有较高的预期收益,但同时也有较高的风险。换言之,持有价值股或小市值股通常会有风险溢价。三因素模型比 CAPM 更具有解释力。他们认为,其他因素也可能形成风险溢价,单因素 CAPM 可能无法充分解释市场风险溢价。此外他们还建议之前忽视风险溢价潜在来源的投资者,其投资组合收益可能不但取决于市场收益与股票挑选技术,而且也取决于对不同市场因素的风险暴露。

对于风险的认知,还有广阔的拓展空间。投资组合理论的资产价格的波动性以及资本资产定价模型的 β 值,这些测度能够有效捕捉风险吗?我们在多大程度上能依赖价格波动来识别投资的真实风险?这些问题的答案还远远没有得到实践的检验。

我们还需要更加有效地理解尾部风险的本质,即极端情形下的市场投资组合与市场行为。理论上,我们一般认为股票的收益率符合正态分布,但在实际中,有可能出现厚尾现象,即理论上的小概率事件在实际上并不罕见,这就是所谓的黑天鹅事件。极小概率发生的事件有可能对投资收益产生巨大的影响,这些异常事件对资金管理会产生相应的极端冲击,范围从流动性危机、信用枯竭延伸到经济中的根本性变化。我们无法将尾部风险事件的本质加以概念化,这造成一些投资者与机构过于冒险,这类激进行为可能影响其生存,比如美国的长期资本管理公司,由于其巨大的杠杆经营,在俄罗斯国债违约等黑天鹅事件面前不堪一击;而其他投资者与机构则过于谨慎,也可能造成投资业绩不理想。

当资产价格明显下跌,危机之后的市场到处弥漫着不堪忍受的绝望,投资者往往会拒绝能带来超额收益的良机。由于在一个人的生命周期里,证券市场危机发生的次数有限,而且内容也大相径庭,因此,投资者仍然需要增加自己在极端压力情景下进行有效管理投资组合的知识和能力。

四、长期资本管理公司失败的启示

1979 年,一家名叫 J.E.艾克斯坦的证券自营商面临倒闭,艾克斯坦来到所罗门兄弟公司求救,接待他的人当中就有约翰·麦利威瑟,这就是后来长期资本管理公司(Long-Term Capital Management,简称 LTCM)的创始人。

艾克斯坦的赢利模式是这样的:一般来说,国库券期货的价格要比正常的现券价格略低一些。在一笔典型的对冲套利交易中,艾克斯坦会买进国库券期货,卖出现券,然后,等这两种价格渐渐趋于一致。他并不清楚也不关心这两者的价格究竟是会上升还是下跌,对他来说,唯一需要关心的是,这两者之间价差是会缩小还是扩大。这一基本的交易模式也成为 LTCM 的心头之爱。

艾克斯坦用这种方式赌了很多次,通常都获得了成功,因此,他下的赌注也越来越大。1979 年 6 月,市场出现了不合逻辑的异动:期货的价格高过现券!并且价差还越来越大,艾克斯坦面临追加保证金,否则将被强行平仓。后来的 LTCM 几乎完美地重蹈覆辙,只不过 LTCM 名头更响、规模更大、对市场的影响更深更远。

1993 年麦利威瑟创办 LTCM 后,将网罗人才的眼光投向了顶尖的学术界。第一位接受邀请的是哈佛大学的罗伯特·莫顿教授,1997 年诺贝尔经济学奖获得者,是一位在金融界举足轻重、被许多业内学者视为天才的权威级学者。这一邀请也给了他在现实世界中验证其理论的极好机会。从 20 世纪 60 年代开始,莫顿取得了一个牛顿式的开创性成果,即建立一个价格模型,以反映在一系列微细时间段内的价格变化,这一模型就是"持续时间金融模型"。20 世纪 70 年代,莫顿开始致力于研究这样一个问题,即如何来为股票期权正确定价,他设计了一个形态非常优美的数学模型,彻底解决了这一难题。但是,他一直等到两位同行的论文发表以后,才很有风度地将自己的成果公之于众。这两位同行是费舍尔·布莱克和马尔隆·斯科尔斯,他们因期权定价公式而获得 1997 年诺贝尔经济学奖。第二位接受邀请的就是马尔隆·斯科尔斯。由于有了两位得到过诺贝尔奖提名的学者的加盟,LTCM 在业内的地位一下子变得无比高大起来。1994 年初,美国联邦储备委员会副主席、仅次于大名鼎鼎的艾伦·格林斯潘的戴维·马林斯的加盟,更让 LTCM 如虎添翼。[6]

LTCM 也不负众望,从 1994 年到 1997 年,年回报率分别为 28%、59%、57% 和 25%。但到了 1998 年 5 月至 9 月,LTCM 资产净值下降了 90%,巨幅亏损 43 亿美元,1998 年 9 月 23 日,美联储出面安排,避免 LTCM 倒闭。

总结 LTCM 从辉煌跌落的教训,大概有以下几点:

(1)黑天鹅事件下的风险积聚。1998 年 8 月 17 日,俄罗斯政府宣布卢布贬值和延期偿付到期债务,投资者信心受到打击,转而持有美国国债、德国政府债券等优质资产,高风险债券与优质债券间的价差不断扩大,股市波动率也达到了前所未有的水平,LTCM 的债券利差交易和沽空股票波动率,都大幅亏损。LTCM 的模型估算表明:利差扩大、波动率上升、不同国家股市债市同步下跌……这些因素加在一起让 LTCM 破产的概率等于 10 的 1024 次方分之一。

(2)过度的高杠杆。在 1998 年初,LTCM 的财务杠杆已经被放大到了 30∶1 的恐怖水平,且没有将他们在金融衍生工具交易上所利用的财务杠杆计算在内。高杠杆要求 LTCM 有足够的现金支持保证金要求,以维持巨额的交易头寸。但同时,极大的交易规模使得 LTCM 所持有的资产在市场中的流动性变小,那么在极高的杠杆水平下,LTCM必须保证对市场的最终判断是绝对正确的。而且,还要保证每一天都准确无误。不然的话,只要有一天犯了错误,就不得不出局。

(3)没有及时止损。信贷差价的扩大使得LTCM在1998年6月亏损约10%,到8月就损失约52%了。LTCM在不利的形势下未能及时止损,而是套现非核心资产来维持亏损的头寸,待市场平稳后可以反败为胜,但形势并未转好,LTCM最终变得不可收拾。

(4)LTCM是交叉运用金融经济学和电脑程序化两个新兴学科的一次绝好尝试。教授们认为,市场价格将根据模型所显示的方向和水平进行变动,也可以对市场行为的极限做出预测。但实际上,模型能够告诉我们的仅仅是:从历史的数据来看,什么东西是合理的,什么东西是可以预测的。但历史不是未来！这就是LTCM所犯的最基本的错误,而它所造成的巨额损失,更将现代金融学所具有的缺陷,暴露无遗。

(5)人并不永远都是非常理性的,包括交易员在内。他们很容易受到其他人的影响,而且还会竞相模仿,在市场追涨杀跌,造成市场价格的巨幅波动以及"不合理"的资产之间的价格差,并且有可能持续相当长的一段时间。遗憾的是,随后市场的发展表明,LTCM的很多预测最终都实现了,价格差以及市场波动率都朝着历史均值回归,只不过,LTCM已经牺牲在黎明前的黑暗中了。

第三节　投资业绩的评估

如何合理地看待投资的回报,尤其是如何判断专业投资者到底是投资能手还是自我标榜,表面上这是一个非常容易的事情,但在实际上,人们不太在意在投资过程中承担的风险,而往往只在意最后的收益结果,因此,准确地评价投资业绩的方法与我们的常识并不一致。投资不能重新来过,未曾发生的风险似乎对投资没有意义,从某种意义上讲,投资业绩的评估是困难的。

1.考尔斯与投资预测分析

阿尔佛雷德·考尔斯(Alfred Cowles Ⅲ)对金融预测能否得出准确的预测结果很感兴趣。考尔斯发表于1933年的论文《股市预测者能预测吗?》,对两类组别的机构进行分析,一类是对某些个股走势进行预测的机构,另一类是对股市整体方向进行预测的机构。结果发现,两类预测不仅在大部分时间内都不正确,而且其预测结果在整体上甚至比随机结果还差。[3]

虽然考尔斯选择的研究对象过于狭窄,无法全面反映整个投资管理行业,但这促使我们对某些金融服务增值性有了初步质疑。

2.从 β 的应用到 α 的出现

1968 年,迈克尔·詹森(Michael Jensen)提出 α,才真正改进了对投资经理的测算标准。这种方法是先计算投资组合的 β,按照 CAPM 模型计算出"应该得到"的收益,与实际的收益进行比较,这个差额就是 α,代表"超额"或者"反常"的收益。如果 α 为正值,则代表着投资经理已经在风险调整的基础上跑赢了基准股票,说明投资经理提供了增值空间。如果 α 为负值,则说明最好直接对基准股进行投资,投资经理不具备让股票增值的能力。

詹森在《1945—1964 年间共同基金的业绩》一文中,对共同基金开展的初步研究结果显示,在给定投资组合风险时,很少有投资经理能够比预期获得更高的投资回报。在文中提出的詹森指数,逐渐成为衡量基金绩效最为常用的经典方法。

3.夏普比率

1990 年诺贝尔经济学奖获得者威廉·夏普把资产的超额收益率除以波动率来反映该资产每承担一份风险所获得的超额收益,该指标被称为夏普比率。在海外,夏普比率是一个普遍用来衡量私募基金业绩的方法。在同样的预期收益率情况下,波动性越小,投资者资产增长的速度就越快。

根据朱宁的研究,很多国际资本市场的消极指数基金收益的夏普比率大概是 0.3~0.5(12% 的年化收益率减去 4% 的无风险收益率,除以 18% 的年化波动率)。我国 A 股市场过去 20 年的平均收益率是 18% 左右,平均年化波动率是 40% 左右,因此可算出我国 A 股市场的夏普比率大概是 0.35。中国 A 股市场的收益率水平超过了许多国际资本市场的同期水平,然而,国内 A 股市场的高波动率或是高风险使其资产在全球资本市场上的框架下显得不那么有吸引力。从这个角度讲,夏普比率不仅帮助投资者清醒地意识到风险,还揭示了不同资本市场、资产类别和基金管理者各自的优势。[7]

4.两点感想

感想之一是,在实际的投资中,投资者需要做出三个层面的决策:

一是资本配置决策(capital allocation decision),它是对整个资产组合中各项资产比例的选择,是放在安全但收益低的货币市场证券的资产比例与放在有风险但收益高的证券(比如股票)的资产比例的选择,也就是风险资产与无风险资产的配置决策。

二是资产配置决策(asset allocation decision),它描述了广泛的资产等级(股票、债券、不动产、海外资产等)投资的分布,也就是如何决定风险资产的分布。

三是证券选择决策(security selection decision),它描述了持有每种资产等级中的普通证券的选择。

资本配置决策主要取决于投资者风险承受的程度,资产配置决策而非证券选择决定了风险资产组合的大部分波动性,因此也决定了大部分收益来自于资产类型的选择而不是证券类别的选择。

资本配置决策和资产配置决策将在一个更高水平的组织中做出,具体的资产组合管理者只决定每种资产等级中的特定证券持有的选择。而典型的个人投资者在货币管理结构上没有这么复杂,但他们也需要优先考虑含义更广的配置问题。例如,个人的首要决策通常是考虑应该把多少财富留在安全的银行或货币市场账户里,其次才是持有多少其他的资产。

感想之二是,安排自己的财务未来其实就是进行取舍,要不停地寻找享受今天和为未来的不确定进行储蓄之间的平衡。下列几个问题可以帮我们建立起这个平衡游戏的框架。

(1)在合理范围内,你能积攒下多少钱?

(2)你能得到的回报率有多高?

(3)你需要多少钱?

(4)你什么时候需要这笔钱?

在投资之前,先要解决你面临的生活中的基本问题,比如说,购买必要的保险、偿还银行的欠款、保证必要的生活和教育开支等。这个世界上不存在最好的投资,针对你的最佳投资方式取决于你的个人因素——你的目标、你的性格、你的收入、你现在持有的资产、你信用卡的账目记录、你未来要支付的账单等等。

还有,投资者一定要记住:你选择的具体投资项目有可能无法实现你的财务前景,面对这样的风险,你要有具体的控制风险的办法,也要有能够承受这样亏损的财富空间。要让投资成为更加美好生活的推进器,而不是把美好生活完全押宝在预期的投资收益上。因为市场本身充满了不可避免的随机游走、偶发事件和反复无常。所有的投资者都要汲取曾经的错误和教训,持续关注投资对象的变化,不断验证自己关于投资的各种假设和期待,及时改变投资策略和投资组合,才有可能长期在市场中生存下去并获得良好的回报。

注意"宽客"

要了解一个市场的波动轨迹,需要探究那些关键市场参与者的行为特征。20世纪80年代末,随着"冷战"的逐步结束,许多物理学家和应用数学家从自己原来的专业领域转向金融市场,他们尝试在投资策略中引入许多创新的数学模型。这群投资专家因为其所用的数量分析模型而被称为"宽客"(quants)。

到了90年代早期,随着金融市场和大宗商品市场信息更加容易获取,一些"宽客"开始使用实时模型(real-time models)来模拟不同市场的波动特征。根据某些市场的波动轨迹,这些"宽客"能够从中发现一些有规律的模式,从而得到一些投资股票或者衍生品获利的机会。正是利用市场价格偏离统计"正态"情况下的风险套利机会,许多雇佣"宽客"的基金从各种"异象交易"(anomalies trade)中赚钱日多;而赚钱越多,他们就有更多资本来投资计算机设备和构建更复杂的数学模型。

长期资本管理公司(LTCM)就是这些"宽客"基金的一个经典代表。这家公司拥有两位诺贝尔经济学奖获得者,集中发掘那些价格波动频繁的市场中的投资机会。他们利用数学模型发现任何有利可图的市场异象,然后通过频繁交易,获取巨额利润。为此,他们需要有高杠杆率。不幸的是,因为1998年俄罗斯政府债违约,市场的波动突然比模型预测高出几倍的水平,很快长期资本管理公司就损失了大约40亿美元,最终毁灭了公司自身。

一些人以为"宽客"主要集中在对冲基金,这其实是一种误解。私募股权基金、共同基金,甚至一些更加保守的养老金和保险基金,也都开始在投资过程中使用复杂的数量模型。伴随这个过程,金融市场的波动性目前很大程度上是由计算机程序交易驱动的。具体而言,纽约市场高达70%的交易,伦敦市场差不多50%的交易,日本和其他亚洲地区大约40%的交易,都是由数量模型驱动的。

"宽客"们使用的基本工具其实相当简单。"宽客"交易策略大体可分成四类。

第一种是进行统计套利。这种策略是通过监测市场异象，然后沿着反方向套利操作。如果一种证券的价格远远低于它的长期均值，那么未来它很可能会返回到均值水平，此时"宽客"们就买入这种证券，从而在证券价格回到均值的过程中获利。但是价格波动轨迹也可能违背预测，所以"宽客"们还要设置一个止损策略。

第二种是股市中性策略（quantitative equity market neutral）。按照这种策略，"宽客"们同时持有某种证券的空头和多头头寸，最终头寸对冲的结果就是市场中性。

第三种是多头策略或者空头策略。如果你看好一只股票的上涨势头，那么你就做多；如果你预期这只股票未来会跌，那么你就做空。

第四种是"130/30 的多对空"策略（130/30 long-short equity strategy）。以一个 1 亿美元的资产组合为例，你在某一行业的一组股票上建立 1.3 亿美元的多头仓位，同时在另外一组股票上建立 0.3 亿美元的空头仓位，最终你的净头寸是 1 亿美元。

"宽客"给我们带来什么启示呢？

首先，他们通过快速的数据分析获取更高质量的市场信息，这使得他们比一般散户要更快进出金融市场。这一点是每一个散户，包括新兴市场的共同基金投资专家一定要理解的。除非你能够建立自己的数量分析模型，并能够随时获得模型所需要的数据和市场信息，否则在交易中，你必然处于劣势地位。作为本地人士，你也许能获得高质量的本地信息，但是，如果所有"宽客"的模型告诉他们卖出，而他们也决定这样做的时候，那么，市场不管有什么样的信息，很可能都会下跌。

其次，很多人往往低估了"宽客"们超乎想象的创造力。举例来说，如果 A 市场存在外汇管制或限制，那么，"宽客"可能在 A 市场之外凭空创造出一种替代的证券或者衍生证券以模拟其波动轨迹。可以说，在"宽客"们的金融创新推动之下，没有一个市场能够成为孤岛。

第三，许多"宽客"使用同一类统计模型进行分析，这就使得他们的行为可能促使市场沿着某一个相同方向波动，以至于他们会增大市场波动，而不是相反。传统理论指出，市场总是会回归均值，遵守一价定律。这种理论是存在缺陷的，因为如果所有的投资者都使用同一模型，并预测价格将会上扬，那么最终价格必然将偏离均衡。一般的市场套利者，都是逆市操作者，他们需要有充足的资源和坚定的信念保证自己在相反方向的投资总是正确的。市场价格很可能会按照套利者预期的那样回归均衡,但是正如凯恩斯所说,长期来看,我们都已经死了。所以,真正的难题还是在于预测大势将走向何方。

　　　　——摘自沈联涛:监管——谁来保护我投资[M].江苏文艺出版社,2010:51-53.

第九章注释

[1]托马斯·卡里尔.智慧资本——从诺奖读懂世界经济思想史[M].中信出版集团,2016:140.

[2]滋维·博迪.投资学[M].机械工业出版社,2003:171.

[3]诺顿·雷默.投资——一部历史[M].中信出版社,2017:254—262,272-274.

[4]乔治G.斯皮罗.定价未来——撼动华尔街的量化金融史[M].机械工业出版社,2014:213.

[5]彼得·考夫曼.穷查理宝典——查理·芒格的智慧箴言录[M].世纪出版集团,2010:125.

[6]罗格洛·温斯坦.赌金者——长期资本管理公司(LTCM)的升腾与陨落[M].上海远东出版社,2006:41.

[7]朱宁.投资者的敌人[M].中信出版社,2014:331.

第十章　投资与动物精神

动物精神

经典阅读

　　亚当·斯密的思想实验正确地考虑到人们理性地追求自身的经济利益，人们当然是这样。但是，这一思想实验并未考虑到人们受非经济动机的支配，而且没有考虑到人们的非理性程度或者被误导的程度。概而言之，它忽略了动物精神。

　　与此相反，凯恩斯试图解释对充分就业的偏离，他强调了动物精神。他强调动物精神在商人的计算中所起的基本作用。他写道："我们用于估计一条铁路、一座铜矿、一家纺织厂、一项专利药品的商誉、一艘大西洋邮轮或一座伦敦市内建筑未来十年的收益的知识基础，没有多大意义，甚或毫无意义。"如果人们是那么的不确定，又该如何进行决策呢？这些决策"只能被视为是动物精神使然"。它们来自于人们"想要采取行动的冲动"，它们不像理性的经济理论所预测的那样，是"收益值乘以其概率的加权平均值"。

　　动物精神这一术语在古语和中世纪拉丁文中被写成 spiritus animalis，其中 animal 一词的意思是"心灵的"或"有活力的"。它指的是一种基本的精神力量和生命力。但是在现代经济学中，动物精神具有略微不同的含义。它现在是一个经济学术语，用来指经济的动荡不安和反复无常；它还意味着我们和模糊性或不确定性之间的特有联系。有时候，我们被它麻痹，有时候它又赋予我们能量，使我们振作，克服恐惧感和优柔寡断。

　　正如家庭有时和谐、有时争吵，有时高兴、有时忧伤，有时成功、有时混乱一样，整个经济也是如此，时好时坏。社会组织会变，相互间的信任会变；同样，我们付诸努力、牺牲自我的意愿也绝非一成不变。

　　经济危机，例如当前的金融和房地产危机，主要是由不断变化的思维模式引起的，这种见解与标准的经济思想背道而驰。但是，当前的危机见证了思维

195

变化所起的作用。事实上,危机正是由我们不断变化的信心、诱惑、嫉妒、怨恨、幻觉,特别是不断变化的关于经济本质的报道引起的。这些难以理解的因素可以解释为什么有些人不会花钱买庄稼地里的房子,而有些人却愿意买这样的房子;为什么道琼斯指数攀高到 14 000 多点后,又在一年多后暴跌至大约 7 500 点;为什么美国的失业率在过去两年中上升 2.5%,而且这种上升仍没有止步的迹象。这些难以理解的因素还可以解释为什么全球最大的几家投资银行不是被救助就是遭遇倒闭的厄运,如贝尔斯登不得不接受美联储的紧急救助,其后不久雷曼兄弟则宣告破产;为什么很多银行缺乏资本金,为什么有些银行在接受紧急救助之后,仍摇摇欲坠,尚需再次救助。更重要的是,我们现在还不知道,将来会发生什么事情。

——摘自乔治·阿克洛夫,罗伯特·希勒.动物精神[M].中信出版社,2009:3-5.

美国经济学家尤金·法玛、拉尔斯·彼得·汉森、罗伯特·希勒因为"对资产价格的实证分析"获得 2013 年的诺贝尔经济学奖。颁奖词是这样评价他们的贡献的:

预测股票或债券未来数日或数周的价格是不可能的,但预测这些价格的更广泛长期走势是非常可能的,如未来 3～5 年。这些发现,或让人感到意外,或同时相互冲突,这就是今年诺贝尔经济学奖获得者美国经济学家尤金·法玛、拉尔斯·彼得·汉森以及罗伯特·希勒的研究成果。

始于 20 世纪 60 年代,尤金·法玛和数位合作者展示了股票价格短期走势极难预测,新信息非常迅速地就被计入股价中。这些发现不但对后续研究影响深远,同时还改变了市场实践。全球股市中指数基金的出现就是一个显著的例子。

如果价格未来数日或数周的走势几乎不可能进行预测,那么,未来数年的走势不是更难于预测吗?回答是否定的,这是罗伯特·希勒 20 世纪 80 年代的发现。他发现股价波动幅度远大于公司分红,市息率高时倾向于下跌,低时倾向于上升。这一模式不仅对股票适用,对债券和其他资产也适用。

理性投资者对股价不确定性的反应是这些发现中的一个解释,高未来回报之后被视为对高风险时期持有高风险资产的一种补偿。

拉尔斯·彼得·汉森研究出了一种统计方法,尤其适用于检验资产定价理性理论。用此方法,汉森和其他研究人员发现,为解释资产价格,这些理论的修正大有帮助。

另一种解释聚焦理性投资行为的背离。

这些学者为资产价格的当前理解打下了基础,这部分依赖于风险和风险态度波动,部分在于行为偏见和市场摩擦。[1]

换言之,短期投资中价格的形成,尤其是短期的价格波动,既来自于理性的成分,也来自于非理性的成分;而长期来说,价格会表现得更加理性,主要依据基本面的变化而波动。就股票而言,如果该公司盈利能力不断增强,那么该公司在市场上的总体估值也会上升,股票这个金融资产之所以能够创造价值是因为它对应的实物资产在现实经济中创造价值,证券只不过是对实物资产创造的价值有要求权。

第一节　市场异象与套利限制

市场有效理论成立需要满足三个条件:(1)投资者是理性的;(2)偏离理性的偏差是独立的;(3)存在套利,可以消除由非理性带来的偏差。事实上,大部分市场有可能出现这样的情况:大部分投资者做出非理性的投资决策,进而投资者对于理性的偏离有可能是非独立的,那么这些投资者的集体非理性会导致过于乐观或者过于悲观的市场形势,使得市场价格偏离于价值,且这种情况不能被理性、资产雄厚的投资者通过套利来修正,因而在市场上会经常出现许许多多的违背有效市场理论的"市场异象"。

一、市场异象

随着实证研究的进一步深入,各种市场异象被挖掘出来,越来越多的学者认识到有效市场理论的局限性。

1.小公司现象与规模现象

一些研究结果显示,在排除风险因素后,小公司股票的收益率要明显高于大公司股票的收益率。Banz(1981)发现,不论是总收益还是风险调整后的收益率,都存在随公司规模(根据企业普通股股票的市值衡量)的增加而减少的趋势。Keim(1983)等人也进行了类似的研究,发现小公司现象主要发生在每年的1月,特别是1月的头两个星期。因此,这一现象又称为"小公司1月现象"。Siegel(1998)发现,纽约交易所从1926年到1996年的历史记录显示,小公司的股票收益率要高于大公司的股票收益率。

2.期间效应现象

期间效应是指在某些特定时间内进行股票交易可以获得超额收益。比如,Rozeff 和 Kinney(1976)研究发现,1904—1974 年间纽约股票交易所的股价指数 1 月份的收益率明显高于其他 11 个月的收益率。French(1980)、Gibbons 和 Hess(1981)的研究显示,股票在星期一的收益率明显为负值,而在星期五的收益率明显高于一周内的其他交易日。这在有效市场理论看来是不可思议的。

3.股票价格反应不足和过度反应现象

DeBondt 和 Thaler(1985)的研究发现,选择那些最近表现不佳的股票,放弃那些近来表现优异的股票,可以取得超额的投资收益。而且,这些超额收益并不是一种短期现象,而是经过一个较长时间才反映出来,被称为"长期异常收益",即股票价格存在过度反应现象。而 Jegadeesh 和 Titman(1993)、Rouwenhorst(1997)的研究证实了反应不足现象的存在,即投资者并不总是能够将信息反映到当前的股票价格中去。

实证研究表明,这些市场异象在世界许多国家普遍存在,在有效市场下是不会出现上述这些股票收益的规律的,原因是投资者可以利用这些规律获得超额回报,如果所有的投资者这么做,则会使所有的投资者只获得平均回报。经济学家对市场异象给出了很多解释,但是理性的解释都不能令人满意。

二、套利限制

有效市场理论认为,即使有很多个人投资者表现出不理性的行为,"套利交易"也总会让市场有效。比如,专业交易者和对冲基金之类的套利交易者,应该会建立对冲头寸,卖空定价过高的股票、买入定价过低的股票,结果,由非理性的投资者造成的任何错误定价都会迅速得到纠正,理性交易者可以抵消非理性交易者带来的影响。

马科斯·布兰梅尔(Markus Brunnermeier)和施蒂芬·纳吉尔(Stefan Nagel)进行了一项研究,仔细考察对冲基金在 1998—2000 年间的表现,希望发现这些基金的操作是否抑制了投机性股票的价格疯涨。研究结果出人意料。像对冲基金这样成熟老到的投资者在网络泡沫期间并不是一股矫正力量。他们没有狙击泡沫,而是骑上泡沫,实际上助长了泡沫的膨胀。从 1998

年到 2000 年年初,对冲基金始终是网络股的净买入者。他们的策略反映了他们持有的信念,即缺乏经验的投资者的热情蔓延和跟风行为会使定价错误更加严重。他们在这期间玩的游戏就是早先在凯恩斯著名的报纸选美比赛中描述的游戏。

在我国,《财经》杂志在 2000 年 10 月刊登了一篇名为《基金黑幕——关于基金行为的研究报告解析》,跟踪 1999 年 8 月 9 日至 2000 年 4 月 28 日期间,国内 10 家基金管理公司旗下 22 家证券投资基金在上海证券市场上大宗股票交易记录,客观详尽地分析了他们的操作行为——大量违规、违法操作的事实昭然其中。2000 年 8 月 14 日,《中国证券报》发表了中国社会科学院金融和研究中心投资基金课题组的一份研究报告,题为《四问证券投资基金》,提出了四大具有根本性的问题——"证券基金本身具有稳定股市的功能吗?""证券基金本身具有分散股市风险的功能吗""证券基金的收益一定高于股民投资的平均收益吗""发展机构投资者就是发展证券基金吗",专题研究给出的答案全部是否定的。投资基金并没有比普通的投资者更加理性。

在实际的操作中,有时候,卖空操作无法实现,或者说卖空操作会受到严重限制。比如说,卖空操作必须符合交易所的相关规定,在一定的前置条件下才能进行卖空操作;或者,有可能无法找到可以借入的股票;还有,如果定价过高证券的近似替代证券难以找到,套利操作也无法实现。因此,现实中,卖空操作对于股价高估的抑制作用难以实现。

例如,人们认为荷兰皇家石油与壳牌运输是"连体孪生"的公司。1907年,这两家公司同意结成联盟,将 60% 的税后利润分割给荷兰皇家、40% 的税后利润分割给壳牌运输。在有效市场中,相同的现金流理论上应该以相等的估值进行交易,荷兰皇家的市值应该总是壳牌运输的 1.5 倍。实际上,一直以来,荷兰皇家股价对壳牌运输股价的溢价常常达到了 20%。[2]

这个案例的问题在于,两只股票是在不同国家的证券市场进行交易的,这些市场的规则不同,且将来的限制情况也可能不同。即便荷兰皇家与壳牌运输在所有方面被视为等同,在这两只股票之间进行套利也会存在风险。如果荷兰皇家对壳牌运输的交易溢价为 10%,那么恰当的套利操作是卖空荷兰皇家,买入便宜的壳牌运输。不过,这一套利交易有风险,一只定价过高的股票可能会一直涨上去且拉大两只股票间的差价,给做空者造成损失。实际上,美国著名的对冲基金长期资本管理公司在 1998 年崩溃之后其仓位被清盘时,在荷兰皇家与壳牌运输的套利交易中就赔了钱。显然,我们不能完全依赖套利交易来消除市场价格与基础价值之间的偏离。

　　这样的价格差在我国的 A 股和 H 股之间、A 股和 B 股之间也普遍存在，极端时候，某些 A 股价格甚至是 H 股的好几倍。长期存在的现实是：A 股的估值整体上显著高于 H 股和 B 股，只有少数例外。这说明，系统性的价格偏差有可能长时间存在。

第二节　有限理性与群体决策

一、有限理性

　　100 多年来，自由市场提倡者满足于一个基本的假设前提，即人们能够基于完全信息做出完美理性的决策。在微观经济的诸多模式中，人们被假设不受嫉妒、怨恨、拖延、冲动、遗憾、任性、无知甚至失误等负面情绪的影响。换言之，人们不是真正的人类，反而更像是精准的机器，甚至是无所不知、无所不能的神，为了维护自身利益，总能按照设定好的程序做出最佳选择。

　　美国卡内基梅隆大学的教授赫伯特·亚历山大·西蒙（Herbert Alexander Simon）认为，现实世界中有太多的不确定性，即便所有的信息都有效，获得和处理信息的代价也是很高的。虽然完全信息和完全理性可能在经济理论家的思想里茁壮成长，它们在现实世界中却是相对稀缺的。也没有任何确凿的证据证明完全理性在预测实际的经济收入时是必要的，甚至是有用的。

　　西蒙在一定程度上否定了完全理性，但他也并不认为所有的决策完全是非理性的。他创造了"有限理性"这个短语描述实际的决策过程和人们的状态。人们既不是完全正确也不是完全随意的，相反他们是相当有效率的。他们依靠捷径或"经验法则"，甚至依靠似乎常常有问题的"习惯"和直觉做出许多决定。西蒙将此描述为与传统经济学里的最大化行为相对应的满意性行为。

　　西蒙试图提取决策过程中的精髓作为其理论基本元素其实另有目的：他想通过给计算机编程让其可以"思考"，他定义了思考的几大基本要素：浏览数据，寻找模式，将模式存储到记忆中，然后运用这些模式做出推断。就直觉而言,这些步骤本质上是迅速地在潜意识中进行的。直觉源自经验,例如一个棋手在棋盘上认出一个熟悉的模式时,会做出合适的反应。第二种思考则会更多利用正式计算,建立系统的"分析"。西蒙认为大部分决策都包含在这两种类型思考的结合中:直觉和分析。[1]

西蒙在职业生涯之初,他的研究领域是传统经济学,但他对传统经济学家表示失望,认为他们没能认清人类行为有更现实的模型,却试图模仿自然科学的精确性。西蒙后来研究重点围绕着心理概念和人工智能,逐渐向决策理论方向偏移。从 20 世纪 50 年代开始,西蒙将大部分时间用来设计能够"思考"的电脑程序。1957 年,西蒙预言 10 年之内电脑能够打败世界上最优秀的棋手,1978 年,他获得了诺贝尔经济学奖,也因其一生对心理学的杰出贡献获得了 1993 年美国心理协会的奖项,还有 1975 年计算机科学领域的诺贝尔奖——图灵奖,以及其他许多重大奖项。

在西蒙的职业生涯中,其有限理性的概念受到了专业尊重,但却几乎不被经济学家所接受,它没有改变微观经济学的核心。然而,西蒙确实打破了对于理性的禁锢并开启迎接未来挑战的大门,譬如,传统经济学即将面临来自 2002 年诺贝尔经济学获得者尼尔·卡尼曼等学者的挑战。

二、群体决策

在生活中,我们经常依赖于各个领域的专家来做决策,那么,一个很自然的问题是:在有众多人参与的股票市场这样的公众市场,金融或投资专家真的能给我们带来更好的答案吗?或者,有没有可能找到一种有效的方法,以集体的方式去充分利用众多个体的知识呢?

生物学家对蜜蜂的研究表明:尽管没有领导者,但成千上万只蜜蜂却总能协调一致、相互配合。科学家发现:蚂蚁的行为方式可以解决著名的旅行商问题,该问题的目标是为销售员找到一条走遍所有城市的最短路径,通过以蚂蚁觅食模式为基础的蚁群算法(Ant Algorithm),可以为我们提供质量远超过标准方法的结果。

决策市场,比如投票选举市场,把众多个人的已知信息整合为一个共同的信息源。最著名的决策市场是创建于 1988 年的爱荷华电子市场(the Iowa Electronic Markets)对总统选举结果进行的预测。该市场以美国总统候选人的得票率做赌注。预测的准确率相当惊人:在四次大选中,爱荷华电子市场的市价已经成为竞选结果的一个指示器,其准确率超过当时 3/4 的民意调查(总共有近 600 种调查)。[3]

股票市场具有许多与蚂蚁、蜜蜂等群居类昆虫及决策市场相同的特征,比如说,股票指数基金的表现在长期内要好于绝大多数基金经理的表现,简单地模仿市场投资者整体的交易行为,就可以轻松打败这个市场中绝大多数聪明的投资者。但也有不同之处,比如说,在一个蜂群里,每一只蜜蜂是为了追求蜂群利益的最大化而不是个体利益的最大化,这与股票市场正好相反,投资者是在追求自己的利益最大化,价格的变化会引导投资者甚至激发某些极端的行为。决策市场时间范围是有限的,其结果也具有明确的定义,因此它有效地限制了投机的边界。但股票市场的表现具有更大的不确定性,在投资者逐利的过程中,市场更有可能趋于过度。

尽管局部的智慧是有限的,但分散性系统依然能有效地解决复杂问题,市场配置的效率源于市场本身的组织,这样的市场有能力对外界的变化做出合理的调节和适应,要打败一个功能完善的市场,绝不是一件容易的事情。因此,在股票市场投资中,我们要注意观察:当市场投资者趋于异质性的时候,股票价格将趋于有效;而当市场缺乏不同的声音时,极有可能这时候的股票价格变得不再有效,要么是严重高估要么是严重低估。

第三节　金融市场中的认知与行为偏差

传统的主流金融学是建立在投资者是完全理性这一前提假设之上的,有效市场理论、现代投资组合理论,以及论述风险与收益之间关系的各种投资定价理论均不例外。然而,金融是为人服务的,金融市场的表现归根究底是人的行为的结果。人的性格、态度、情绪和立场等等都在冥冥之中制约甚至决定了金融过程的命运。人的认知和行为既受理性的支配,也受情绪的支配,我们既贪婪,又恐惧,投资者的最大敌人就是我们自己。

丹尼尔·卡内曼(Daniel Kahneman)因为"把心理学研究和经济学研究结合在一起,特别是与在不确定状况下的决策制定有关的研究"而获得 2002 年诺贝尔经济学奖,在与阿莫斯·特沃斯基(Amos Tversky)的合作中,提出了行为金融的相关理论。经济学奖没有授给经济学家,这特别引起了人们的关注,而特沃斯基于 1996 年去世,失去了获得诺贝尔奖的机会。行为金融学

并非传统主流金融学的一个分支,它在更好地描述人性方面取代了传统主流
金融学。人类行为,这一亚当·斯密非常看重的经济学核心问题,通过行为经
济学和行为金融学的发展,重新又回到了经济和金融研究的主要视域。

一、前景理论

前景理论(prospect)的基本思想是:相对于未来收益而言,投资者更关心
预期的损失。投资者对风险的态度受到投资机会以何种形式出现的影响。前
景理论提出了 S 型价值函数,强调个人投资受到其主观投资参考点
(reference)的影响。当资产价格高于参考点价格时(投资者主观上处于盈利
状态),投资者是风险规避者,当资产价格低于参考点价格时(投资者主观上处
于亏损状态),投资者是风险偏好的。相比之下,一个完全理性的人被认为只
关心她的全部财富,而不是部分资产的收益和损失。前景理论是一系列观点
的组合,主要有:

1.框架依赖

由于人们对事物的认知和判断过程中存在着对背景的依赖,那么,事物的
表面形式会影响对事物本质的看法。事物的形式(form)被用来描述决策问
题时常称之为框架(frame),如果一个人的决定在很大程度上取决于他所使用
的框架,这就是所谓的框架依赖(framing dependence),由框架依赖导致的认
知与判断偏差就是框架偏差。

试着回答以下的问题并记录你的答案:

情形 1.假如我们给你 1 000 元,你有以下选择:

A.你一定能获得另外的 500 元。

B.你可以抛一枚硬币。如果硬币正面向上,你就获得另外的 1 000 元;但
是如果硬币反面向上,你就什么也没得到。

大部分人会选择 A。

情形 2. 假如我们给你 2 000 元,你有以下选择:

A.你一定损失 500 元。

B.你可以抛一枚硬币。如果硬币正面向上,你损失 1 000 元;但是如果硬
币反面向上,你就什么也没损失。

大部分人会选择 B。

而如果你仔细分析,你会发现在情形 1 和情形 2 中,A 或者 B 的结果是一

样的：如果你选择 A，你肯定能获得 1 500 元，而如果你选择 B，你有 50％的可能性获得 1 000 元，有 50％的可能性获得 2 000 元。如果你是理性的，你就不应该有不同的选择。你有不同的选择，仅仅是因为问题的描述或框架不一样。

2.损失厌恶

Kahneman 和 Tversky 的实验得到的结论是：人们并非厌恶风险，当他们认为合适时，他们会选择赌上一把。人们的主要动机是损失厌恶(loss aversion)，人们并不是那么厌恶不确定性，而是厌恶损失。人们在面对收益和损失时的决策是不对称的，当涉及的是收益时，人们表现为风险厌恶；当涉及的是损失时，人们则表现为风险寻求。正像上例所显示出来的决策模式一样。

在证券市场上，世界范围内一个普遍发生的现象是卖出赚钱的股票要比卖出亏钱的股票多。沃伦·巴菲特曾经给出以下的投资建议："股票不知道你拥有它。你对它有感觉，但是它对你没有感觉。股票不知道你在说什么。投资者不应该情绪化地持有股票。"事实上，当你添加股票到你的投资组合中时，你不自觉地与每只股票建立了个人情感上的联系，结果是，卖掉它们当中任何一只都变得更加困难。这也就是所谓禀赋效应(endowment effect)，这种效应就是人们往往认为自己拥有的东西较之不曾拥有的东西价值更高。因为禀赋效应，人们放弃某物所要求的价钱有时高于他们想要支付的价钱。

在房地产市场上，也能看到这种不愿意接受损失的现象。房价上涨时，房屋的销量上升，房屋往往会很快以报卖价或更高的价格卖出去。然而，在房价下跌期间，房屋销量下滑，房主长时间在市场上压着房子不愿脱手，报卖价还高于市价很多。对损失的极端厌恶有助于解释房屋卖主为何不愿以亏损价将自己的房产卖掉这一现象。除了要靠收入来养家糊口的人之外，绝大多数人赚钱未必都是出于经济动机，金钱也是衡量一个人自身利益与自我成就感的标尺，我们本能地拒绝损失的发生，因为有时候实现损失就意味着承认失败。所以面对赚钱的股票和亏钱的股票，人们更愿意卖出赚钱的股票而保留亏钱的股票，以享受投资成功的喜悦，而推迟面对投资失败的沮丧。

3.心理账户

当人们使用心理账户(mental accounting)时，往往把钱划分到不同的心理账户中。心理账户是我们用于组织和经营生活的账户，它有利有弊，并且有多种来源。生活中人们自然会觉得有些钱会很珍贵，因为它们是靠辛苦劳作和牺牲挣来的；而另一些钱不那么珍贵，因为它们是意外所得，比如捡到的钱或买彩票赚得的钱。但是这些感受明显是不理性的，不管你是如何获得这些钱的,它们都可以用于购买相同数量的商品和服务,它们的价值是一样的。

理性的决策者只会对当前投资的未来结果感兴趣。当有更好的投资项目时,对亏损账户进行额外投资的决策被称为"沉没成本悖论",这是一种代价高昂的错误决策。比如,一家公司投资了一个前景并不看好的项目,但撤销这个项目会给公司的CEO带来履历上的污点,因此,他(她)宁愿利用组织的资源继续赌下去,以期获得期望的收益。高管的动机与公司和股东的利益并不一致。此时,公司会撤换CEO,公司知道对新的CEO来说,他有着不同的心理账户,在评估当前机会的选择时,他更容易忽视过去投资的沉没成本,他更容易采取果断的措施处理这个"鸡肋"项目,从而维护公司和股东的利益。

在生活和工作中,我们会利用心理账户来简化计算、帮助决策,或者享受成功带来的喜悦,或者拒绝失败带来的痛苦,或者避免由于决策失误带来的后悔等等,这是我们面对未来不确定性情况的本能和自然的反应,尽管不一定是完全理性的。

二、过度自信

认知心理学已经证实,人们在不确定的情形下做判断时会有一些方面与理性产生系统性偏离。这些偏差中最普遍的一种是人们往往对自己的信念和能力过于自信、对未来的评估过于乐观。可以说,行为经济学的核心成果就是发现大多数人在预测时都表现得过分自信,在投资中的预测也不例外。

作为一名投资者,如果你对自己的交易技能过度自信,你很可能交易过多。研究人员发现,在各个国家和不同时期,那些相对交易更多的投资者比交易不那么频繁的投资者获得的收益更低,也就是说,更加自信的投资者获得的收益更低。

过度自信的投资者往往低估个股和他们整个投资组合的风险。这方面的过度自信通常源于你认为你较其他投资者拥有信息方面的优势或者是交易技巧等方面的优势。因此,你相信自己会有更好的判断。这种想法就是知识幻觉(illusion of knowledge)。

过度自信导致事后聪明偏差(hindsight bias),也就是把已经发生的事情视为相对必然和明显的——而没有意识到对结果的回顾会影响人们的判断,它使人们认为世界实际上很容易预测,但人们无法说出他们对于一个结果是如何受到信息影响的。

过度自信的反面是所谓的毒蛇咬伤效应（snakebite effect），与中国的俗语"一旦遭蛇咬，十年怕井绳"类似。和投资有关的毒蛇咬伤效应是指投资者在亏损之后不愿意再冒险投资。

投资者过度自信有能力预测公司的未来增长性，这会导致所谓增长型股票普遍具有被高估的倾向。如果令人兴奋的互联网公司、人工智能公司、移动支付公司等能够激发大家的想象力，那么投资者通常会推断相关公司会取得成功，因而预测其将拥有很高的增长率，而且对这些想法所持有的信心比在合理预测的情况下要大得多。高增长性预测会使增长型股票的估值更高，但这些对未来充满希望的美妙预测常常都会落空。公司的盈利可能下降，从而股票的市盈率也可能下降，继而将导致投资绩效非常糟糕。因此，在对令人兴奋的公司进行增长性预测时表现出来的过度乐观，可能是行为金融学家认为"增长型"股票的收益往往逊色于"价值型"股票的一个原因。

因此，丹尼尔·卡尼曼说：我们中的大多数人都认为世界是美好的，但世界却没有想象的那样美好；我们觉得自己的贡献很大，但事实上并没有那么大；我们认为自己设定的目标很容易实现，但其实实现的可能性也没有那么大。我们还容易夸大自己预测未来的能力，进而导致乐观的过度自信，这可能会影响到决策。乐观偏见也许是认知偏见中最重要的一种。如果你性情乐观，就应该既乐观又谨慎，因为乐观偏见可能有益，也可能带来风险。[4]

卡尼曼提出了人们一种普遍的行为倾向：过高估计今后发生的事情所带来的好处和收益，同时会过低估计一件事情在今后发生的时候将会带来的成本和困难。

三、代表性偏差

认知心理学发现，人类的大脑是一个模式探求设备。代表性偏差（representativeness heuristic）是指这样一种认知倾向：人们喜欢把事物分为典型的几个类别，然后，在对事件进行概率估计时，过分强调这种典型类别的重要性，而不顾其他潜在的可能性。比如，投资者认为好公司的股票就是好股票，但其实，如果好公司的股票价格过高，就不是好股票了。

还有，聚集性幻觉（clustering illusion）指人类认为发生在集群中的随机事件，并不是真正的随机事件。比如，投资者在共同基金投资时似乎也有聚集性幻觉。表现特别好的基金每年得到大笔资金。尽管普遍的免责声明称"过去的表现不能保证将来的结果",然而投资者还是明显地追求过去的收益。

典型的形象特征左右我们对于典型性的判断,这样得到的预测有可能是对的,也有可能是错的。代表性偏差的根源在于:它过于喜爱预测不可能发生的事件也就是低基础比率的事件,人们对结果的先验概率不敏感;它同时对于证据的质量不够敏感。因此,针对投资中的代表性偏差,我们的策略是:要以相对合理的基础比率对结果的可能性做出判断,并质疑和不断验证你对于证据的分析。

四、羊群行为

研究表明,一般说来,群体做出的决策往往比个体更好。如果有更多的信息可以分享,并且各种不同的观点都被考虑到,那么群体进行的有根有据的讨论来整合有关的信息,这样会优化决策过程。或许,自由市场的价格机制可以说明经济总体中的群体行为是明智的。由消费者和厂商做出的各种各样的单个决策会引导经济体提供人们希望购买的商品和服务。在回应需求与供给的影响时,价格机制通过亚当·斯密"看不见的手"指导经济体生产出数量合适的产品。

同理,数百万个个人和机构投资者作为一个群体通过买卖决策会使股票价格展现在他们面前的情况是:买入的一只股票较之另外一只股票来说,看上去都一样合算。而且,尽管市场对未来收益的预测常常发生偏差,但这样的预测作为一个整体会比任何单个投资者所做的预测都更准确。也就是说即使单个的个体预测是不准确的,但群体的决策也有可能是准确的。这可能也是大多数积极型基金的绩效难以超过指数型基金绩效的原因。

羊群是一种很散乱的组织,但一旦头羊采取行动,其他的羊也会马上跟进。金融市场中的羊群行为(herd behaviors)是一种特殊的非理性行为,它是指投资者在信息环境不确定的情况下,行为受到其他投资者的影响,模仿他人决策,或者过度依赖于舆论,而不考虑自己拥有的信息的行为。1999 年至2000 年年初的网络泡沫提供了一个经典例证,说明不正确的判断会引导人们集体走向疯狂。当时,市场上到处都在传递着一个富有感染力的信息:互联网的发展正在创造巨大的财富。然后,投资者开始购买普通股,不为别的,只是因为股价在攀升、其他人在赚钱,哪怕根据盈利和股利这类基本面因素来判断股价的上涨根本毫无道理可言。经济史学家查尔斯·金德尔伯格说过:"没什么能比看到朋友发财赚钱更能打破自己舒适安康的心境、扰乱自己的判断了",说的就是这种跟风炒作的现象。

由于羊群行为涉及多个投资主体的相关性行为,很容易导致市场极端情况的出现,比如疯狂的一致性买进或卖出行为会导致市场价格大幅波动和流动性缺乏。羊群行为对于市场的稳定性、效率有很大的影响,也与金融危机有密切的关系,因此,羊群行为引起了学术界和政府监管部门的广泛关注。

Froot,Scharfstein 和 Stein(1992)指出,机构投资者具有高度的同质性,他们通常关注同样的市场信息,采用相似的经济模型、信息处理技术、组合及对冲策略,同时,基金经理还具有相同的激励机制和绩效评价标准,在这种情况下,机构投资者可能对外部信息做出相似的反应,在交易活动中表现为羊群行为。当然,也有专家认为,机构投资者的羊群行为不一定会导致市场的不稳定,而恰恰是信息反映到股价中,从而使市场变得有效的过程。

2018 年 5 月 6 日中国证监会披露,某知名证券节目主持人廖英强被认定操纵"佳士科技"等 39 只股票,遭到高达 1.29 亿元的巨额罚没。廖英强利用其知名证券节目主持人的影响力,在其微博、博客上公开评价、推荐股票,在推荐前使用其控制的账户组买入相关股票,并在荐股后的下午或次日集中卖出,在违法期间操纵证券账户多达 13 个,而违法操纵股票多达 39 只,次数多达46 次,违法获利共 4 310.48 万元。廖英强利用的就是广大投资者跟风"专家"的羊群行为。

五、反馈机制

投资过程是资金流动的过程,也是投资者的心理变化的过程,由于认知、情绪等各种偏差的存在,最终导致市场上资产定价的偏差,而资产定价的偏差会反过来影响投资者对这种资产的认识与判断,这一投资者心理和价格走势之间相互作用的机制就是反馈机制(feed-back)。这种股价与投资者之间的相互作用,被罗伯特·希勒称为"反馈环"(feed back loop)。当各种外部因素与投资者认知、情绪相互影响时,就会导致资产价格的系统性偏差。希勒认为,这种系统性的定价偏差会通过反馈机制而自发形成自然的庞氏骗局。

反馈机制是建立在适应性预期基础上的,即发生反馈是由于过去的价格上涨产生了对价格进一步上涨的预期,或由于价格的上涨使投资者的信心增加。利用反馈机制制定交易策略就是正反馈交易策略,投机者利用反馈机制从中获利并使市场价格的偏差更大。

总体上,行为金融的研究主题可以归纳为三个层次:(1)投资者的个体行为。(2)投资者的群体行为。(3)有限套利和非有效市场。第三个方面的研究主要集中于对市场异象的挖掘和其深层次原因的分析。一系列的理论文章表明,在理性交易者和非理性交易者相互影响的经济体中,非理性对价格的影响是实质性的和长期的。现实中存在许多原因导致传统金融理论中有效市场赖以生存的"套利"难以发挥作用,从而导致市场对信息的反应存在着系统性的偏离。

当然,行为金融的相关理论给出了对一些市场现象的解释,丰富了我们对于人类判断、决策进而与市场价格偏离之间关联的认识,但如何据此进行金融市场的价格预测、价值评估、投资操作与绩效评价,行为金融理论还没有给出一套令人信服的理论解释,这也是行为金融理论难以撼动传统金融理论的根本原因。对于投资者行为及其各种偏差的研究,以及它们如何影响我们的投资,理论上还有很长的路要走。

第四节　投资中如何克服消极心理的影响

投资是一种人类行为,而人类是受心理和情感支配的。在投资中,得到更多的渴望、担心错过的恐惧、与他人比较的倾向、群体的影响以及对胜利的期待,这些因素几乎普遍存在。因此,它们对大多数投资者和市场都有着深远的影响。结果就是频繁的、普遍的、不断重复发生的错误和价格对于价值的大幅偏离,价格与价值的均衡状态反而可能是短暂的和少见的。

许多投资者都具有分析财务和经济数据所必需的知识和技能,但是很少有人能够更加深刻地看待市场的波动并能够承受巨大的心理影响。换言之,在市场上投资者可以通过分析得出基本相似的认知结论,但是,因为各自承受的心理影响不同,他们在这些结论的基础上所采取的行动和策略各不相同,进而更重要的是面对市场的变动,各自的反应和对策也不相同。因此,有可能最大的投资错误不是来自于信息因素或分析因素,而是来自于心理因素。因此,心理因素导致了投资结果的巨大差异。抵制这些消极心理因素的影响,是提高投资绩效的重要途径。因此,从这个意义上讲,投资者最大的敌人不是你的交易对手,而是你自己。

1.对金钱的渴望

大多数人投资的目的就是赚钱,是让生活变得更加美好。努力赚钱、追求金钱并没有错,对金钱的渴望也是投资者最重要的交易动机。事实上,对利润的渴望也是驱动市场及整体经济运转的最重要因素之一。然而,危险产生于当渴望变成贪婪的时候。对于贪婪,韦氏词典将其定义为"对财富或利润过度的或无节制的、通常应受谴责的占有欲"。贪婪是一种不知道满足的渴望。

贪婪是一股极其强大的力量。它强大到可以压倒常识、风险规避、谨慎、逻辑、对过去教训的痛苦记忆、决心、恐惧以及其他所有可能令投资者远离困境、保持理性的要素。在投资中,贪婪时常驱使投资者加入疯狂逐利的人群,在价格上涨中不断追加购买,并最终付出惨重的代价。

从理性的角度,投资者应该进行交易的几个主要原因包括:信息优势、流动性、税收、投资组合的再平衡和风险敞口的调整。此外,道听途说的消息、名嘴推荐股票的宣传和某些上市公司在高速公路旁边树立的广告牌,都不应该成为投资者进行交易的原因。[5]

2.恐惧

与贪婪相对应的是恐惧。在投资领域,这个词并不代表理性的、明智的风险规避。相反,恐惧就像贪婪一样,意味着过度,因此,恐惧更像恐慌。恐惧是一种过度忧虑和担心,妨碍了投资者采取本应采取的积极行动。

在恐惧中,投资者很容易忘了自己是出于什么样的理由买进股票的,在周围的人们纷纷卖出股票、价格大幅跌落的情况下,也跟进卖出此前一直看好的股票,而不是伺机以合理的价格买进股票。因此,巴菲特认为好的投资者,应该在别人贪婪时恐惧,在别人恐惧时贪婪,就是说明在投资中要尽力避免这两种情绪,冷静面对价格的狂热和剧烈的波动。

投资者尤其是散户从贪婪到恐惧的心理变化,表现出的市场行为是追涨杀跌,他们利用的是股票价格过去变化的信息,而不是未来的、尚未反映到股价上的信息,因此,散户在投资中跑输大盘甚至大幅亏损是普遍现象。

3.忽视逻辑和历史

自欺欺人是最简单的,因为人们总是相信他所希望的,看到他想看到的。相信某些基本面的限制因素不再起作用以及公允价值不再重要等等的信念,相信这次与以往都不一样,是每一个泡沫以及随之而来的价格崩溃的核心。在投资过程中,需要大量的怀疑,怀疑不足会导致投资损失。在事后剖析金融灾难的时候,有两句话屡次出现:"好到不像真的"和"他们在想什么"。

投资者在贪婪的驱使下,轻易地摈弃或忽略了以往的教训。用约翰·肯尼斯·加尔布雷斯的话来说,是"极端短暂的金融记忆"使得市场参与者意识不到这些模式的复发性与必然性:当相同或相似的情况再次发生时(有时仅仅相隔几年),通常会被年轻的、永远超级自信的新一代当作金融领域以及更广阔的经济领域的创新发现而受到追捧。在人类的活动领域内,历史的作用可能很少像在金融领域内这样无足轻重,就像传说中鱼的记忆很短一样。

"这次不一样"的综合征的本质很简单,它源自人们心中一种根深蒂固的信条,即金融危机是一件在别的时间、别的国家,发生在别人身上的事情,它不会发生在我们自己身上。原因在于我们做得比别人好,比别人更聪明,同时我们也从历史错误中吸取了教训。于是我们宣称旧的估值规律已经过时。[6]

没有任何策略能够长时间带来无风险的高收益,也没有人知道未来的所有答案,投资者只是普普通通的人而已。市场是不断变化的,并且就像许多其他的事物一样,但是,人性中的贪婪、恐惧、健忘、短视等等不足,将持续地左右我们的投资决策和投资行为。

4.从众

在动物中,群体性行为很多,这可能是至关重要的生存策略,通过基因一代又一代地传承下来;但在适应环境的多样性和变化的过程中,又会发展出不同于以往的群体行为。人类也是一样,个人与其他人保持一致的比例很高,即使其他人是明显错误的,这可能是一种本能和适应社会的策略。换言之,群体对个人的影响力是非常大的,并且这样的影响有可能投资者本人都没有意识到。而金融市场只有少数人赚钱的现实告诉我们:应该对群体共识的正确性持保留态度,真理有可能是掌握在少数人手里的。

在投资中,从众的压力和赚钱的欲望一次又一次地致使人们放弃自己的独立判断和怀疑精神,将与生俱来的风险规避抛诸脑后。任何投资只要变成人们交谈中广泛议论的话题都可能对你的财富造成特别的危害,无一例外。在一个时期最热门的股票、基金或者房地产,在接下来的时期里都很可能是表现最差的。因此,要避免跟风行为。

5.嫉妒

无论贪婪的负面力量有多大,它还有激励人们积极进取的一面,与之相比,嫉妒中与别人相比较的负面影响更胜一筹。这就是我们所谓的人的天性里危害最大的一个方面。

一个在孤立环境下感觉快乐的人,当他看到别人做得更好时,可能会变得痛苦不堪,华尔街有句名言,"有谁在看到同事、朋友、邻居在股市里莫名其妙地发了财,而这些人又不及自己聪明,还能够按捺得住"?在投资领域,投资者大多难以坐视别人赚钱比自己多这一事实,从而产生投资的冲动。从理性的角度看,交易最大的驱动力应该是信息,或者是信息上的优势。

即使最好的投资者都会以收益来评判自己。用风险来评判很困难,因为风险无法衡量,且最终人们看到的只是投资的收益。人们怎么可能因为每年赚16%而不开心,赚3%反倒高兴呢?答案是我们都有与别人进行比较的倾向,这种倾向会对原本建设性、分析性的投资过程产生不利影响。

6.自负

投资市场是一个满是自负的世界。由于风险承担在上升的市场中能够获得回报,自负能够令投资者采取更加积极的行动,以期通过高企的业绩来彰显自己。投资者往往对自己的判断过于自信,并且为了追求自己的财务幸福感总是过度交易。

相比之下,善于思索的投资者会默默无闻地辛勤工作,在好年份里赚取稳定的收益,在坏年份里承担更低的损失。他们避开高风险行为,因为他们清楚自己的不足并经常自省。谦卑、审慎和风险控制路线并不是那么光鲜亮丽,在短期内不会带来太多的自我满足,但往往是创造长期财富的最佳准则。换言之,那些有耐心的投资者,那些能够推迟满足自己愿望的投资者比那些忍不住一定要即刻实现愿望的投资者更为成功。

一般来说,踏入投资业的人都聪明过人、学识丰富、见多识广并精于计算。他们精通商业和经济的微妙之处,也了解众多复杂的理论。多数投资者都能够得到关于投资标的价值和前景的合理结论。

但是,还有心理因素和群体影响的介入。在大多数时间里,资产被估价过高并持续增值,或者估价过低并持续贬值。最终,这种倾向会对投资者的心理、信念和决心造成不利影响。你舍弃的股票别人却因此而获利,而你买进的股票在日益贬值,你认为危险或者愚蠢的概念——热门新股、无收益的高价科技股、高杠杆的抵押贷款衍生品——日复一日地被宣扬和传播。

随着定价过高的股票走势更好,或者定价过低的股票持续下跌,正确的做法变得更简单:卖掉前者,买进后者。但是,人们不会这样做。自我怀疑的倾向与别人成功的传闻混杂在一起,形成一股使投资者做出错误决定的强大力量,当这种倾向的持续时间增长时,其力度也会增大。通常价格的列车会继续向前冲出很远,最初的价格判断看起来更像是错误的而不是正确的。这种情况可以理解,但是难以忍受。巨大的市场亏损往往源于心理偏差而不是分析失误,理性者有可能屈服于情感的破坏力量。

在投资中,需要控制好情绪和自负,这是最困难的事,但其带来的回报却十分可观。仅凭精通投资中的人性之道并不足以获得成功,一旦其与熟练的分析结合起来,就会得到丰厚的回报。格雷厄姆说,"你之所以做对了事,是因为你依据的事实无误,你的推理过程是正确的。"

总之,我们要对热门建议保持冷静,避免跟风行为;保持谦逊,避免过度交易;汲取历史的经验教训,也不要相信万无一失的策略。也许,投资者所犯的系统性错误可能为不受情绪和情感影响的理性投资者提供了战胜市场的机会。

投资过程中的煎熬、忍耐、怀疑、坚持与喜悦,真正像唐朝诗人刘禹锡在《浪淘沙·莫道谗言如浪深》中描述的淘金中所经历的:千淘万漉虽辛苦,吹尽狂沙始到金!

延伸阅读　　　　　　　　　　　　　　　拉普拉斯的"恶魔"

200年以前,决定论一直是科学界的主宰。受牛顿学说的启示,科学家们大多接受顺时针宇宙的概念。法国皮埃尔·西蒙·德·拉普拉斯(Pierre Simon de Laplace)在著名的《概率的哲学观》(A Philosophical Essay on Probabilities)一文中,对这种思想进行了概述:

如果有一个智者,他能在任何时候通晓一切可以主宰自然界的力量,熟知这个自然界构成部分之间的相互位置,如果他能把现实融入自己的思维,洞悉现实背后的规律,那么,他就能把一切现实浓缩成唯一的公式,有了这个公式,他就能描述宇宙中万事万物的运动,从无比宏大的物体,到趋近无限的原子,概莫能外。对于这样一个智者,宇宙中不存在任何不确定的事物;未来将和过去一样,清晰无误地展现在他面前。

今天,哲学家和科学家把这个智者称为"拉普拉斯的恶魔"。我们可以通过精细的计算去回顾过去、面对今天并预知未来,这一直是颇具诱惑力的思想,毫无疑问,它将继续诱惑着我们,因为它恰好和我们的因果论偏差不谋而合。

但复杂的适应性系统却不支持如此简单的计算。我们可以认为,很多复

213

杂系统都处于自组织临界状态。"自组织"就意味着没有主导者,这样的系统源于诸多基本个体的相互作用。"临界性"体现为非线性。更具体地说,系统中的波动幅度(原因)并不总是和波动带来的效应(结果)成比例。小规模波动很可能会招致大幅度的结果,反之亦然。

沙堆效应形象地说明了这一点。假设我们把沙子撒在一个平面上。开始时并没有太大的变化,沙粒遵从基本的物理规律。但是,一旦沙堆达到一定的高度和坡度,它就会进入自组织的临界状态。再继续向沙堆上撒沙就有可能导致或大或小的崩塌。但崩塌的规模却并不一定与撒沙的数量成比例。

只需要把沙子替换成信息,我们就可以用这个比喻来说明投资问题。某些情况下,一个信息可能会对市场毫无干扰,而在另一种情况下,同样的信息却有可能造成市场的聚变。信息追随模型(Model of Information Cascades)可以为我们认识其中的原因提供一些启示。

摘自迈克尔·莫布森.魔鬼投资学[M].广东经济出版社,2007:282-283.

第十章注释

[1]托马斯·卡里尔.智慧资本[M].中信出版集团,2016:443,135.

[2]伯顿 G.马尔基尔.漫步华尔街[M].机械工业出版社,2009:195.

[3]迈克尔·莫布森.魔鬼投资学[M].广东省出版社,2007:242.

[4]丹尼尔·卡尼曼.思考,快与慢[M].中信出版集团,2012:230.

[5]朱宁.投资者的敌人[M].中信出版社,2014:46.

[6]卡门 M.莱因哈特,肯尼斯 S.罗格夫.这次不一样:八百年金融危机史[M].机械工业出版社,2012:1.